Archa Verbi
Yearbook for the Study of Medieval Theology
4 (2007)

IDEST DEUTERO
NOMII
Moyses & Aaron in tabernaculo foederis dñi
A E C

Archa Verbi

Yearbook for the Study of
Medieval Theology

4 (2007)

Aschendorff Verlag Münster

Archa Verbi
Annuarium Societatis Internationalis pro Studiis
Theologiae Medii Aevi promovendis

Annuaire de la Société Internationale pour l'Étude de la Théologie Médiévale
Annuario della Società Internazionale per lo Studio della Teologia Medievale
Anuario de la Sociedad Internacional para los Estudios de la Teología Medieval
Jahrbuch der Internationalen Gesellschaft für Theologische Mediävistik
Yearbook of the International Society for the Study of Medieval Theology

Abbildungsnachweis:
Frontispiz: Bildarchiv Foto Marburg, LA 2463/60, Goderannus Bibel, Tournai, Grand Séminaire, 1 (Lobbes 1984), f. 77[r]

Satz: Christiane Storeck (Hugo von Sankt Viktor-Institut mit TUSTEP)

Gesamtherstellung: Druckhaus Aschendorff, Münster, 2008
Gedruckt auf säurefreiem, alterungsbeständigem Papier ♾
ISSN 1612-3964
ISBN 978-3-402-10212-1

TABULA

DISSERTATIONES

NUNTII

RECENSIONES

ABKÜRZUNGEN UND SIGLEN

CChr.CM	Corpus Christianorum. Continuatio mediaevalis
CChr.SL	Corpus Christianorum. Series Latina
CSEL	Corpus Scriptorum Ecclesiasticorum Latinorum
PL	Patrologiae latinae cursus completus, accurante JACQUES-PAUL MIGNE
MGH, Auct. ant.	Monumenta Germaniae Historica, Auctores antiquissimi
TRE	Theologische Realenzyklopädie

Die in den Bibliographien verwendeten Siglen sind entnommen dem TRE-*Abkürzungsverzeichnis*, 2., überarbeitete und erweiterte Auflage, zusammengestellt von SIEGFRIED M. SCHWERTNER, Berlin/New York 1994.

Archa Verbi 4 (2007) 7–24

Die Kraft des Metrums
Geschichte und Rationalität in der *Grammatica Rabani*

von Michele C. Ferrari

Im Jahre 1349 schickte Francesco Petrarca seinem Bruder Gerardo, der als Kartäuser lebte, ein Gedicht. Er schenkte ihm eine Ekloge und fügte einen langen Brief hinzu, in dem er die Bedenken Gerardos gegen die profane Dichtung im voraus zu entkräften versuchte. In dieser berühmten Epistel »über den Stil der Väter und über die Beziehungen zwischen Theologie und Poesie, mit einer kurzen Erklärung der ersten Ekloge seines *Bucolicum carmen*, die er ihm geschickt hat«,[1] knüpfte Petrarca an die seit alters her in christlichen Kreisen geführte Diskussion über Sinn und Berechtigung nicht nur der Poesie, sondern insgesamt der weltlichen, aus der römisch-heidnischen Antike geerbten Wissenschaft im Verhältnis zur eingehenden Beschäftigung mit der Heiligen Schrift. Diese – so die seit Jahrhunderten vertretene Meinung der Rigoristen – führe alleine zur wahren, das Seelenheil spendenden Erkenntnis.

Petrarca eröffnete mit seinem Brief zwar ein neues Kapitel in der langen Debatte, die von den Humanisten im 14. und 15. Jahrhundert fortgeführt wurde,[2] griff aber dabei auf im Mittelalter verbreitete Argumente zurück, die dahin zielten, allegorische Verfahren als berechtigten Zugang zu einem tieferen, heilsgeschichtlich relevanten Sinn zuzulassen, die er im Brief unbescheiden auf seine eigenen bukolischen Hexameter anwendete:

> Die Dichtung ist keineswegs eine Feindin der Theologie. Du staunst? Beinahe würde ich sagen, daß die Theologie die Poesie über Gott ist. Denn ist es nicht poetisch, Christus einen Löwen, ein Lamm oder einen Wurm zu nennen?[3]

Die Poesie bediene sich derselben Mittel wie die Theologie, der Allegorie nämlich. Aber es gebe mehr. Den Versen und insbesondere dem Hexameter komme ein besonderer Rang zu:

1 Fam. 10, 4. Die Forschung geht davon aus, daß der Brief Ende 1349 verfaßt wurde (Mann 1977; vgl. auch Petrarca nel tempo, S. 279). Für den Text der Ekloge vgl. nach wie vor Petrarca *Bucolicum carmen* (1906). Petrarca *Bucolicum carmen* (1990) ist eine Wiedergabe des Autographen in der Handschrift Rom, Biblioteca apostolica vaticana Vat. Lat. 3358. Zwei kritische Editionen sind von Margrith Berghoff (vgl. Berghoff 2007) und Domenico De Venuto in der neuen *Edizione nazionale* von Petrarcas Werken unter der Leitung von Michele Feo zu erwarten.

2 Zu dieser Debatte nenne ich als Orientierung nur Curtius 1948, S. 221–234; Buck 1952, S. 67–87; Mésoniat 1984.

3 Fam. 10, 4, 1: »Theologie quidem minime adversa poetica est. Miraris? Parum abest quin dicam theologiam poeticam esse de Deo« (Petrarca *Familiari* 2, S. 301).

Auch die Väter des Alten Testamentes bedienten sich des heroischen und anderer Versmaße, so Moses, Hiob, David, Salomon und Hieremias; die Psalmen Davids, die ihr Tag und Nacht singt, sind bei den Juden metrisch, so daß ich den Psalmisten weder zu Unrecht noch vergröbernd den Dichter der Christen zu nennen wagte.[4]

Dieselbe Meinung fände man im übrigen auch bei Hieronymus.

Die rechtfertigende Idee des sakralen Charakters des Hexameters, die den modernen Leser überrascht und die Petrarca hier mit Nachdruck vertritt, gehört zum frühen Repertoire der christlichen Apologetik. Schon Philo Judeus um 50 nach Christus und der von unserem Autor ausdrücklich genannte Flavius Josephus zwei Generationen später äußerten sich in diesem Sinne.[5]

Doch war tatsächlich Hieronymus jener Autor, welcher diese Meinung mehrmals aufgriff und sie der lateinischen Welt weitergab. Im Prolog zum Buch Hiob führt er sie bis ins philologische Detail aus. Er schreibt darin:

Vom Beginn des Buches [d.h. vom Beginn des Buches Hiob] bis zu den Worten Hiobs bei den Juden gibt es Prosa. Dann von den Worten Hiobs, wo er sagt: ›Verloren sei der Tag, an dem ich geboren, und die Nacht, darin man sprach: Ein Mensch ist empfangen‹ [Iob 3, 3] bis zur Stelle, wo vor Ende des Buches geschrieben steht: »›Darum strafe ich mich selbst und tue Buße in Staub und Asche‹« [Iob 42, 6, kurz vor dem Ende des Buches], sind es Hexameter, die mit Daktylus und Spondeus laufen und aufgrund der Eigenschaften der Sprache oft auch andere Füße aufnehmen, die freilich nicht aus denselben Silben, aber aus denselben Quantitäten bestehen.[6]

Gemäß James Kugel, der dem umstrittenen Thema der *biblical prosody* mehrere Studien gewidmet hat, ist diese Idee weder ganz falsch noch ganz richtig. Die Struktur der hebräischen Sprache könne zu einer solchen Deutung von Textstellen führen, welche einen ausgeprägten poetischen Charakter aufwiesen und somit bei den fremdsprachlichen Rezipienten den Eindruck erweckten, in gebundener Rede verfaßt zu sein.[7]

Vom Gebrauch des Hexameters bei den Juden kann nicht die Rede sein, doch die Auffassung, sie seien die Erfinder der metrischen Dichtung, faszinierte jahrhundertelang. Dank Hieronymus und – auf ihn fußend – Isidor[8] wurde diese Auffassung zum Allgemeingut der kulturtheoretischen und poetolo-

4 Fam. 10, 4, 6: »Et Veteris Testamenti Patres heroyco atque aliis carminum generibus usi sunt: Moyses, Iob, David, Salomon, Ieremias; Psalterium ipsum daviticum, quod die noctuque canitis, apud Hebreos metro constat, ut non immerito neque ineleganter hunc Christianorum poetam nuncupare ausim« (Petrarca *Familiari* 2, S. 302–303).

5 Baroway 1935, S. 66–71.

6 Hieronymus *Praefatio in Iob*: »A principio itaque voluminis usque ad verba Iob apud Hebraeos prosa oratio est. Porro a verbis Iob in quibus ait: ›Pereat dies in qua natus sum et nox in qua dictum est: Conceptus est homo‹ usque ad eum locum, ubi ante finem voluminis scriptum est: ›Idcirco ipse me reprehendo et ago paenitentiam in favilla et cinere‹, exametri versus sunt, dactilo spondeoque currentes et propter linguae idioma crebro recipientes et alios pedes non earundem syllabarum, sed eorundem temporum« (*Biblia sacra iuxta vulgatam versionem*, S. 731).

7 Kugel 1981; Kugel 1990a; Kugel 1990b.

8 Isidorus *Etymologiae* 1, 39, 11.

gischen Reflexion im Abendlande. Im Frühmittelalter vertraten sie zwar keine Grammatiker, wenn man von Bonifatius (gest. 754) absieht,[9] aber Dichter wie Julian von Toledo (gest. 690)[10] oder Aldhelm von Canterbury (gest. 709).[11] Noch 1647 begegnet man ihr im Buch *de arte poetica natura ac constitutione* des Gerard Vossius (1577–1649).[12]

Dazu äußert sich auch der Autor, der im Mittelpunkt dieser Ausführungen steht. Er sagt:

> Man muß zuerst bemerken, daß – wie vom überaus beredten und vertrauenswürdigen Geschichtsforscher herausgefunden wurde – die Pflege der Dichtung älter bei den Juden als bei den Heiden war. Denn Moses, der das Buch Exodus und das Buch Deuteronomium in Hexametern verfaßte (wie Flavius Josephus und Origines berichten) wird von all denjenigen, welche die Griechen für sehr alt halten, als der älteste bezeichnet: (Er ist somit älter) als Homer und Hesiod und der Trojanische Krieg [...].[13]

Die aus dem *Chronicon* des Eusebius/Hieronymus modifiziert übernommene Passage[14] stammt aus einem Text, der unter dem Namen des Hrabanus Maurus und mit dem Titel *Excerptio de* Arte grammatica *Prisciani* gedruckt wurde (also »Auszüge aus der *Ars grammatica* des Priscian«).

Beides – Verfasserschaft und Titel – sind unsicher, ja der Titel stimmt offenbar mit dem Inhalt nicht überein. Denn dieser in der Patrologia latina 66 Spalten umfassende Text ist keine reine Zusammenstellung von Auszügen aus den umfangreichen *Institutiones grammaticae* in 18 Büchern des Priscian aus dem 6. Jahrhundert nach Christus, ja er ist überhaupt keine Grammatik, sondern eine Abhandlung über die Prosodie und die Metrik der lateinischen Sprache, die mit Elementen einer Grammatik und einer Poetik in Form eines längeren Diomedes-Abschnittes über die literarischen Gattungen angereichert ist, wie die Reihenfolge der Kapitel zeigt:

[I]
De voce
De littera
De syllaba
De primis syllabis
Item de mediis syllabis
De nominativo singulari

9 Bonifatius *Ars grammatica*, S. 111.

10 Bischoff 1966, S. 293.

11 Aldhelmus *Enigmata*, S. 379.

12 Zur Theorie der »biblischen Prosodie« in der Renaissance siehe die nach wie vor lesenswerten Beiträge von Israel Baroway (Baroway 1935; Baroway 1950).

13 Hrabanus *Grammatica*, Sp. 666: »Primumque notandum quod – sicut a disertissimis et veracissimis historiarum scrutatoribus exquisitum est –, antiquiorem apud Hebraeos quam apud Gentiles fuisse carminum curam. Nam Moyses, qui Exodi et Deuteronomii cantica exametro (sicut Iosephus et Origenes scribunt) composuit, ab omnibus, quos Graeci antiquissimos putant, senior deprehenditur: Homero scilicet et Hesiodo, Trojanoque bello [...]«. Ich zitiere aus der vorläufigen Edition, die ich vorbereite, gebe aber im folgenden immer die PL-Spalte an.

14 Eusebius/hieronymus *Chronicorum libri duo*, S. 4.

De obliquis casibus
De pronomine
[De verbo]
De participio
De coniunctione
De praepositionibus
De productione seu correptione casuum

[II]
De vi ac varia potestate metrorum
[De genere poematum]
Glossae verborum in Donatum maiorem
De genere
De numero
De figura
De casibus
De verbis anomalibus
De pedibus (mit Liste der Versmaße).

Der Verfasser schöpft aus einer Reihe von spätantiken und frühmittelalterlichen Quellen: der schon genannte Diomedes, ein im Frühmittelalter und namentlich im Umfeld Karls des Großen beliebter Grammatiker des 4. Jahrhunderts (Karl erhielt ein Widmungsexemplar dieser Schrift 780 von Abt Adam von Masmünster),[15] der berühmte Donat, natürlich der Grammatiker Priscian, der auch auf prosodisch-metrischem Feld eine *auctoritas* war,[16] aber auch Beda der Ehrwürdige aus dem frühen 8. Jahrhundert werden exzerpiert, modifiziert und montiert zu einem durchlaufenden Text, dessen inhaltlicher Höhepunkt der Abschnitt »Über die Kraft und die unterschiedlichen Eigenschaften des Metrums« (*De vi ac varia potestate metrorum*) ist, jener Abschnitt, aus dem das oben angeführte Zitat stammt.

Was den Autor im ersten, bei weitem umfangreicheren Teil interessiert, sind nicht Etymologie und grammatikalische Valenz, obwohl er stellenweise darauf eingeht, sondern ausschließlich der prosodische Wert der einzelnen Kategorien, von denen reichlich Beispiele gegeben werden. So liest man etwa im Kapitel »Über das Pronomen«:

Also sind Pronomina, die in *-o*, *-e*, *-is*, *-er* oder *–us* enden kurz, wie *ego, ille, ipse, iste, is, meus, tuus, suus, noster,* vester; wenn sie in *-u* enden, sind sie lang, das heißt, *tu* wird mit einem als lang betonten Akzent ausgesprochen; wenn sie in *-e* enden, gelten sie den Dichtern als *anceps*, so daß sie manchmal im Vers kurz, manchmal als lang gemessen werden [...].[17]

15 Manitius 1911, S. 247. Siehe Law 1982, S. 20 und *passim*. Dammer 2001 stand mir nicht zur Verfügung.

16 Leonhardt 1989, S. 79, weist z.B. auf den Gelehrten Petrus von Cremona aus dem 13. Jahrhundert hin, der »in ähnlicher Weise Priscians Grammatik für die Prosodielehre exzerpierte«.

17 Hrabanus *Grammatica*, Sp. 644: »Igitur pronomen in nominativo singulari *o* vel *e* vel *is* vel *er* vel *us* terminatum corripitur, ut *ego, ille, ipse, iste, is, meus, tuus, suus, noster, vester, u* quoque terminatum producitur, id est, *tu* et circunflexo accentu pronuntiatur; *e* litera finitum poetis commune habetur et modo in versu corripitur, modo producitur [...]«.

Das Werk verfügt über keinen Prolog (was angesichts der Bedeutung solcher Vorworte auch in grammatikalischen Texten bedauerlich ist),[18] aber im Kapitel über das Pronomen wendet sich der Verfasser an seinen »süßesten Knaben Lucilius«, und vor dem Abschnitt *De vi ac varia potestate metrorum* begegnet man einer ähnlichen Anrede, in der von unterschiedlichen *libelli* die Rede ist: es steht somit fest, daß das Werk zweiteilig konzipiert war.

Wir wissen nicht, ob Hraban tatsächlich der Verfasser war. Wir dürfen jedoch annehmen, daß die *Excerptio de* Arte grammatica *Prisciani* ein frühmittelalterlicher Text ist.

Dafür sprechen die Anlage des Werkes und die Parallelen, die zu anderen grammatikalischen Texten des 8. bis 9. Jahrhunderts aufgezeigt werden können (nicht zuletzt, was die Quellen angeht), wobei die *Excerptio* – das hat schon Maria Rissel 1976 gezeigt[19] – als ein eigenständiges Werk anzusehen ist – was auch immer wir unter diesem Begriff in dieser Zeit und für solche gelehrten Abhandlung grammatikalischer oder prosodischer Natur verstehen wollen, die Luigi Munzi als *opere impersonali per definizione* bezeichnet.[20]

Auch die *Excerptio* ist kein genialer Wurf einer Autorenpersönlichkeit im modernen Sinne, sondern die in ihrer Zeit übliche, aber raffinierte und durchaus souveräne Collage unterschiedlicher Quellen. Ihr Ziel ist es, das Erbe vor allem aus der Spätantike wiederzugeben, sie strebt also keine Erneuerung der prosodisch-metrischen Denkweise an. Die Intertextualität ist hier Prinzip.[21]

Die Art und Weise, wie die Auszüge aus den unterschiedlichen Prätexten zusammengefügt werden, erinnert an das Verfahren, das die meisten Exegeten des 9. Jahrhunderts in ihren Bibelkommentaren angewendet haben.[22] Dazu gehört bekanntlich auch Hrabanus Maurus.[23]

Auch die Überlieferungsgeschichte des Textes rückt die *Excerptio* in die Nähe des Fuldaer Abtes. Noch gegen Ende des 16. Jahrhunderts bewahrte die Fuldaer Bibliothek die Handschrift einer *Grammatica* oder *Ars grammatica*

18 Zu den Prologen bei den Grammatikern vgl. Munzi 1992.

19 Rissel 1976, S. 93–162. Zur *Excerptio* siehe ferner Leonhardt 1989, S. 77–79 und S. 198, der auf wichtige Neuerungen in Hrabans Werk hinweist, sowie Ferrari 1999, S. 94–99. Nach mündlicher Aussage von Michel Perrin am 20. Juli 2007 in Mainz hält auch Louis Holtz die *Excerptio* für ein Werk Hrabans, wie er 2006 in einem Vortrag in Amiens, dessen schriftliche Fassung mir nicht zur Verfügung stand, erläuterte.

20 Munzi 1992, S. 104.

21 Zum Topos des *opus collaticium* bei Grammatikern vgl. u.a. Munzi 1992, S. 116–117.

22 Siehe dazu Rissel 1976, S. 96–102.

23 Eine umfassende Monographie zu Hrabans Exegese hat neulich Silvia Cantelli Berarducci vorgelegt (Cantelli Berarducci 2006), eine bemerkenswerte Leistung auf einem Feld, auf dem sich in den letzten Jahren nach Überwindung früherer Vorurteile über Hraban als verachtungswürdigen Plagiator mehrere Autoren versucht haben. Ich nenne nur Le Maître 1990; Savigni 1992; Savigni 1994; Savigni 1998; Verstrepen 2003. Die editorische Tätigkeit hält hier nicht Schritt, aber es ist immerhin eine gute Ausgabe eines wichtigen Bibelkommentars zu verzeichnen (Hrabanus *Expositio in Matthaeum*).

Hrabans auf, die unserem Text entsprach. Wir können das mit Sicherheit behaupten, weil das Vatikanische Verzeichnis aus der Mitte des 16. Jahrhunderts (Pal. lat. 1928) ihre Incipit und Explicit nennt:

Nr. 500: Rabanus de arte grammatica. P. Autoritas philosophorum ostendit proprietatem vocis in aeris percussione esse, quocunque modo ictus fiat. Condite gaza polo, saccos vacuate gazarum / Aula tenet Christum Christi si pectoris«.[24]

Allerdings trägt das Werk im Basler Verzeichnis aus dem ausgehenden 15. Jahrhundert (F III 42) den Titel *Grammatica Rabani*.[25]

Man vermutet, daß der dort verzeichnete Codex die einzige Handschrift des Textes war. Er lag wahrscheinlich dem belgischen Philologen und Kirchenväter-Kenner Jacques de Joigny de Pamèle (1536–1587), besser bekannt unter dem latinisierten Namen Jacobus Pamelius, vor, als er sich anschickte, eine Gesamtausgabe von Hrabans Werken herauszugeben. Er kam aber nicht mehr dazu, und es ist das Verdienst des Jesuiten Georg Colvener (1564–1649), diese Edition vierzig Jahre nach Pamèles Tod in den Druck gegeben zu haben.[26]

Die komplizierte Entstehungsgeschichte dieser Ausgabe könnte dafür verantwortlich sein, daß die *Grammatica Rabani* (wie ich sie fortan nennen möchte) den Eindruck eines schlecht tradierten und/oder interpolierten Textes erweckt. So erscheint ein Kapitel über das Verb ohne Titel zwischen den Abschnitten *De pronomine* und *De participio*, die Zugehörigkeit und die Position der Donat-Glossen sind problematisch,[27] und weder die Angaben über den behandelten Stoff noch die Ankündigung dessen, was noch zu behandeln ist, entsprechen dem vorliegenden Textbestand. Maria Rissel spricht daher nicht unberechtigt von »Unfertigkeit und gestörter Stoffanordnung«, zumindest was den letzten Teil angeht, und weist auf »die mangelnde Übereinstimmung zwischen der Inhaltsübersicht des Einleitungsabschnittes und der tatsächlichen Anlage des überlieferten Werkes« hin.[28] Das ist mehr als die übliche fehlende Systematik frühmittelalterlicher Traktate, sondern eine textintern kaum zu erklärende Unordnung.

Der Zustand des überlieferten Textes rechtfertigt freilich die Ablehnung einer Verfasserschaft Hrabans nicht. Dasselbe gilt für die Tatsache, daß die *Grammatica Rabani* im Basler Verzeichnis nicht unter den eigens zusammengestellten *libri Rabbani archiepiscopi*, sondern unter den *libri logycales et grammaticales* aufgeführt wird, in denen offensichtlich hoch- und spätmittelalterliche Logik-Traktate wie jene des Petrus Hispanus enthalten sind.[29] Das kann

24 Christ 1933, S. 158 und den Kommentar dazu S. 243.

25 Schrimpf 1992, S. 167 (Nr. 741). Dieser Katalog ist der erste, der das Werk nennt.

26 Falk 1902, S. 15.

27 Zu den Donat-Glossen in der *Grammatica Rabani* siehe Rissel 1976, S. 99–100 und S. 115.

28 Rissel 1976, S. 101.

29 *Libri Rabbani archiepiscopi*: Schrimpf 1992, S. 122–125 (Nr. 202–234); *libri logycales et gramaticales*: Schrimpf 1992, S. 166–168 (Nr. 724–745), hier S. 167 (Nr. 741).

nämlich viele unterschiedliche, bibliothekstechnische Gründe haben. Im Inventar von 1561 macht z.B. der Codex den *ordo tertius* mit Werken von Hieronymus und Hrabanus aus.[30]

Wenn Hraban nicht der Verfasser ist, wie etwa Margaret Gibson dachte,[31] kann man vielleicht an einen Autor seines Kreises denken. Falls es noch gelingen sollte, den Lucilius, an den sich der Verfasser wendet, in Fulda oder Umgebung zu identifizieren, wäre zumindest der Fuldaer Ursprung gesichert.[32]

Aber man kann durchaus andere, gewichtige Argumente ins Feld führen, die für Hraban als Autor der *Grammatica Rabani* sprechen. Dafür muß das schon erwähnte Kapitel »Über die Kraft und die unterschiedlichen Eigenschaften des Metrums« näher betrachtet werden, das gleichzeitig den Schlüssel zur Interpretation des Gesamtwerkes liefert.

Das Gedankengut dieses Abschnitts kommt in ähnlicher und zum Teil wörtlicher Form in unbestreitbar echten Werken Hrabans, nämlich in seinem Handbuch für die Kleriker *De institutione clericorum* aus dem Jahr 819 als auch in der großen Enzyklopädie *De rerum naturis* von 842 vor.[33]

30 Christ 1933, S. 255: »6. Rabanus de arte grammatica, 4°. 7. Idem super cantica, 4°. 8. Omeliae Rabani super epistolas et evangelia, fol.«

31 Gibson 1992, S. 18–19.

32 Ich gehe davon aus, daß es sich bei diesem Namen um einen Beinamen handelt, wie sie in karolingischen Kreisen gepflegt wurden (vgl. Holtz 1997, S. 72–74; Garrison 1998; Ferrari 2005a, S. 585–587). So hieß Alcuin Flaccus (d.h. Horaz), Modoin Naso (d.h. Ovid) usw. Die Karolinger kannten Lucilius zwar nur dem Namen nach (die Werke gingen schon in der Spätantike verloren), dafür war er ihnen wegen ihrer Beschäftigung mit Horaz geläufig (zur Lucilius-Rezeption vgl. Ferrari 1998).

33 Hrabanus *Institutio clericorum* 3, 18 (ed. Zimpel, S. 469–470): »Metricam autem rationem, quae per artem grammaticam discitur, non ignobile est scire, quia apud Hebraeos psalterium, ut beatus Hieronymus testatur, ›nunc iambo currit, nunc alchaico personat, nunc sapphico tumet, nunc semipede ingreditur. Deuteronomium vero et Esaiae canticum necnon Salomon et Iob hexametris et pentametris versibus, ut Iosephus et Origines scribunt, apud suos composita decurrunt‹ [Eusebius/Hieronymus *Chronicorum libri duo*, S. 4]. Quam ob rem non est spernenda haec, quasi gentilis communis ratio, sed quantum satis est perdiscenda, quia utique multi evangelici viri insignes libros hac arte condiderunt et Deo placere per id satagerunt, ut fuit Iuvencus, Sedulius, Arator, Alcimus, Clemens, Paulinus, Fortunatus et ceteri multi.« (Es ist bemerkenswert, daß diese Passage mit Ausnahme des Hieronymus-Zitates von Hraban verfaßt und nicht exzerpiert wurde.); Hrabanus *De rerum naturis* 15, 2 (*De poetis*): »Poetae unde sint dicti, sic ait Tranquillus igitur: ›Cum primum homines iuxta initium christianitatis, exuta feritate, rationem vitae habere coepissent, seque ac deos suos nosse, cultum aedilicium ac sermonem necessarium commenti sibi utriusque magnificentiam, ad religionem deorum excogitauerunt. Igitur ut templa illis domibus pulchriora et simulacra corporibus ampliora faciebant, ita eloquio etiam quasi augustiore honorandos putaverunt laudesque eorum et verbis illustrioribus et iucundioribus numeris extulerunt‹« (korrigierter Text nach der Abschrift der Handschriften Karlsruhe, Badische Landesbibliothek Aug. 96 und Aug. 68, die William Schipper ins Netz gestellt hat, vgl. www.mun.ca/rabanus/ [7. August 2007]. Diese Fassung unterscheidet sich von der notorisch unzuverlässigen Ausgabe in der PL 111, dort Sp. 419).

Darüber hinaus entspricht die Theorie des sakralen Hexameters der Auffassung von Dichtung, welche Hraban mit seinem Erstling, dem *Buch des Heiligen Kreuzes*, schon um 810 niederschrieb.

In diesem komplexen und trotz des neuerlichen Interesses, das ihm entgegengebracht wird, nach wie vor in seiner Bedeutung unterschätzten Gedichtzyklus mit Selbstkommentar ging es Hraban ums Ganze.[34] Seine 28 Figurengedichte sind eine Beschreibung des Kosmos in Kreuzform, welche dem Leser über den Text und das gleichberechtigte Bild Zugang zur Struktur der Wirklichkeit in ihrer wahrnehmbaren Gestalt gewährt. Er erläutert darin die zahlenmäßigen Proportionen der Welt als Ausdruck des göttlichen Ordnungssinnes und greift dabei auf das Alte und das Neue Testament zurück.

Mit anderen Worten ist das *Buch des Heiligen Kreuzes* ein exegetisches und gleichzeitig ein selbstexegetisches Werk, aber – und das ist das Wichtigste – in Versen.

Den Hauptteil darin bilden die Figurengedichte, deren Reihenfolge nicht willkürlich ist, sondern dem Ablauf der Heilsgeschichte folgt, von der Schöpfung der Welt im ersten Gedicht bis hin zur Beschreibung der Lobeshymnen der Heiligen im Paradies im 25. Gedicht.[35] Hier bespricht Hraban keine heilsgeschichtlich relevanten Zahlen mehr, weil er jene Endzeit beschreibt, in der keine Welt und kein Kosmos mehr besteht, sondern lediglich das herrliche Leben der Heiligen bei Gott.

Wie ich anderswo zu zeigen versucht habe, revitalisierte Hraban mit seinem *Buch des Heiligen Kreuzes* das im Abendland spätestens seit Platons *Ion* bekannte Bild des Dichters als Prophet.[36]

Dies tut Hraban freilich in einem völlig veränderten Kontext, in einer christlichen Gesellschaft, jener des Frühmittelalters, in der die Kommunikation zwischen Gott und den Gläubigen über das Medium des autorisierten Interpreten geht. Dieser Interpret ist der karolingische *magister*, der überaus gebildete Exeget, der das Wort Gottes durch seine Erklärungen der Christengemeinde offenbart und somit eine entscheidende Position im strukturierten christlichen Wissensraum einnimmt.

Die Neuheit im *Buch des Heiligen Kreuzes* besteht darin, daß diese Offenbarung nicht nur inspirierte Züge trägt, sondern auch in Versform daherkommt: die Glaubensgeheimnisse werden in Hexametern erläutert.

Die *Grammatica Rabani* ist in diesem Kontext zu sehen. Darin äußert sich das in der karolingischen Epoche verbreitete Interesse für die Sprache in all ihren Ausformungen. Es gibt zwischen dem 4./5. Jahrhundert und dem 12. Jahr-

34 Zum *Buch des Heiligen Kreuzes* nenne ich nur: Taeger 1970, S. 3–86; Müller 1973; Reudenbach 1984; Reudenbach 1986; Perrin 1989; Ernst 1991, S. 222–332; Spilling 1992; Ferrari 1999; Chazelle 2001, S. 75–131; Ferrari 2001; Ernst 2003; Perrin 2004; Ferrari 2005b; Ferrari 2006. Wilhelmy 2006 enthält vor allem einen wertvollen ikonographischen Apparat, darunter eine Reproduktion in Farbe aller Figurengedichte aus der wichtigen Handschrift Rom, Biblioteca apostolica vaticana Reg. lat. 124.

35 Zur Struktur des Buches des Heiligen Kreuzes vgl. Ferrari 1999, S. 101–165.

36 Ferrari 2006.

hundert nach Christus kein Zeitalter, das sich in annähernd vergleichbarem Ausmaße der Beschreibung und Erklärung des sprachlichen Mediums angenommen hatte.[37]

Es ist ein enzyklopädisches, universalistisches Interesse insofern, als alle Möglichkeiten der Sprache erörtert werden. Das Medium wird darin regelrecht durchleuchtet.

Es ist derselbe totale Anspruch auf rationale Wiedergabe der Welt, dem wir im *Buch des Heiligen Kreuzes* begegnen. Das hängt schon mit dem dort unübertrefflich virtuos realisierten Gedanken zusammen, das Universum in Versen zu beschreiben. Das Versmaß ist ein geordnetes und geregeltes rationales Mittel, dessen unveränderliche, mit Maß und Zahl vergleichbare Struktur als *metrica ratio* ein ideales Instrument zur Wiedergabe der zahlenmäßigen Verhältnisse der wahrnehmbaren Welt ist.[38]

Die *ratio* ist ein prominentes Thema der Karolingerzeit. Die frühere Forschung kennt den Begriff des »Karolingischen Rationalismus«, der stellenweise überstrapaziert wurde. Einige Texte aus dem 9. Jahrhundert sind unter diesem Gesichtspunkt mißverstanden worden, etwa zurückhaltende Aussagen über den Reliquienkult oder über die Interpretation von Naturphänomenen.[39]

Es ist für uns als unfreiwillige Nachfolger der Aufklärung nicht einfach zu verstehen, was in dieser Zeit unter *ratio* bzw. *ratiocinatio* (also ungefähr ›rationaler Diskurs‹) verstanden wurde. Sicher handelt es sich in keiner Weise um Denkprozesse, welche von der inspirierten Botschaft Gottes, wie sie im Alten und Neuen Testament niedergeschrieben wurde, abstrahierten, ja sich von der *auctoritas* der Bibel abwenden.

Vielmehr ist es eine systematische Erörterung von dringenden, durchaus auch aus der sozialen Praxis stammenden Fragen (wie die fabulösen Erzählungen über den Ursprung von Hagel und Gewitter in einer Schrift des Hraban-Zeitgenossen Agobard von Lyon)[40] aufgrund der biblischen Aussagen, die keineswegs in Frage gestellt werden.

Es gilt dabei, ein möglichst breites Spektrum von Quellen zu nutzen. Die karolingische Exegese zeichnet sich oft durch eine atemberaubende Kenntnis der Bibel und ihrer patristischen Kommentare aus.

Auf ähnliche Weise verfährt der Verfasser der *Grammatica Rabani*, der, wie wir gesehen haben, eine Anzahl von Grammatikern ausschöpft, die er in exegetischer Manier zusammenmontiert. Aber es geht hierbei nicht nur um ein formales Verfahren, um das fleißige, lobenswerte, aber mechanische Zusammenkleistern von Exzerpten.

Die *Grammatica Rabani* zeigt auf einem spezifischen und zuerst äußerst spezialisiert anmutenden Gebiet, jenem der Prosodie und der Metrik, wie ein Wissensraum konstruiert wird, in dem das klassische Erbe und die christliche

37 Zur Grammatik der Karolinger nenne ich nur Holtz 1981, Law 1982 und Law 1996.

38 Ferrari 1999, S. 71–99.

39 Zum Karolingischen Rationalismus bleibt Liebeschütz 1951 grundlegend, auch wenn man heutzutage seine Ansichten kaum mehr teilen wird.

40 Ferrari 2003.

Tradition zu einer in diesem Falle textuellen Einheit geformt werden. Es geht dem Autor zuerst zweifelsohne um eine Verschmelzung der beiden Traditionen. Aber welcher Traditionen? Und mit welchem Ziel?

Der Autor schreibt eine prosodische Abhandlung, die in der Aussage gipfelt, der lateinische Hexameter sei eine inspirierte Erfindung der Juden und dadurch ein autorisiertes Mittel, um höhere Wahrheiten zu vermitteln. Dabei rekurriert er auf die christliche Tradition der Kirchenväter, insbesondere auf Hieronymus.

Die Annahme eines sakralen Ursprungs des metrischen Verses liefert sowohl den geschichtlichen Background als auch eine rationale Begründung für Werke wie das *Lob des Heiligen Kreuzes*, welche einen exegetischen, autoritativen Anspruch erheben. Denn die Sakralität der Ausdruckmittel schöpft einen erheblichen Teil ihrer Wirkungskraft aus ihrem Charakter als historisches Ereignis; umgekehrt wird die von der Aura der *auctoritas* beleuchtete Historie zum rationalen, weil gottgewollten Konstrukt.

Es geht somit um eine historische Perspektivierung und zugleich um eine rationale Historisierung, die allerdings nicht zur neutralen Anwendung freigegeben wird, sondern eine Hierarchie der Werte festigt. Die bewußte Übernahme des heidnischen Erbes dient letztendlich dazu, es aufzuheben – ein völlig aussichtsloses Unterfangen, hier wie anderswo: der Widerspruch zwischen profanem Wissen und heilsgeschichtlicher Zielsetzung wird im ganzen Mittelalter bestehen und als Anfechtung für den wahren Christen empfunden werden.

Der Verfasser der *Grammatica Rabani* weist auf diesen grundsätzlichen Widerspruch auf besondere Weise hin.

Zuerst – das haben wir gesehen – behauptet er, daß Moses der erste war, der Hexameter verwendet hat. Aber im Text folgt unmittelbar ein ganz anders gearteter Ausschnitt. Es handelt sich um eine Passage aus dem Teil über die Dichter des in seiner Ganzheit verlorenen Werkes *de viris illustribus* des Römers Sueton, die in etwas freier Übersetzung lautet:

> Tranquillius [sic, d.h. C. Suetonius Tranquillus], ein antiker Schriftsteller, berichtet auf diese Weise über die heidnischen Dichter und ihre Werke: ›Als die Menschen, nachdem sie ihre Wildheit abgelegt hatten, begannen, ihr Leben rational zu führen und ihrer selbst und ihrer Götter bewußt zu werden, schufen sie sich mit passenden Mitteln sowohl eine geeignete Verehrungsform und den dazu notwendigen Wortschatz als auch die zu beiden passende Pracht und den kultischen Apparat für ihre Götter. Wie sie die Tempel aufbauten, die schöner als ihre Wohnungen waren, und errichteten Statuen, die größer als ihre Körper waren, so dachten sie auch, daß die Götter durch eine Sprache zu ehren seien, die erhabener (als die Alltagssprache) sein sollte und sangen ihr Lob mit ausgewählten Wörtern und feierlichen Versmaßen.‹[41]

41 Hrabanus *Grammatica*: »Tranquillius [sic] igitur, vetustae scriptor historiae, sic de poetis gentilium et de poematibus refert: ›Cum primum homines, exuta feritate, rationem vitae habere coepissent seque ac deos suos nosse, cultum modicum ac sermonem necessarium conuenientibus [commenti Isid.] sibi utriusque magnificentiam et [ad Isid.] religionem deorum suorum excogitauerunt. Igitur [ut Isid.] templa illis domibus pulchriora et simulacra corporibus ampliora faciebant, ita eloquio etiam quasi augustiore honorandos

Der Verfasser der *Grammatica Hrabani* wird den Sueton-Passus bei Isidor im 8. Buch gelesen haben,[42] wie es ein halbes Jahrtausend später noch Petrarca für seinen Brief an den Bruder Gerardo tun wird.[43] Das Zitat fügt er indes nicht ein aus primär einem gelehrt-antiquarischen Impetus heraus, wie man sich ihn bei einem Karolinger durchaus vorstellen kann; vielmehr kann er mit dieser Passage seine Argumentation inhaltlich vertiefen. Er verbindet die Entstehung der Dichtung, die, wie schon erwähnt, selbst als eine rationale Ausdruckweise gilt, mit der allgemeinen *ratio vitae*, mit der Einführung einer rationalen Lebensform also, wodurch der Mensch sich endgültig zu einem erhabenen Lebewesen entwickelt. Dichtung erscheint in dieser Passage als der erhöhende Ausdruck fortgeschrittener menschlicher Existenz.

So liefert der Heide Sueton die Begründung für die Schaffung einer sakralen und durch das Versmaß rational geregelten Sprache, die nicht lediglich ein rituelles Instrument für den Kult liefert, sondern das historisch verankerte, privilegierte Medium für die Kommunikation mit der Gottheit ist. Das geeignete Mittel zur Gottesverehrung – heißt es hier – ist die Dichtung, der als solche eine aufmerksame Pflege gebührt. Wie heißt es in der *Institutio clericorum* Hrabans? Es sei nicht ehrenrührig, die *metrica ratio* zu kennen, der sich David, Salomon, Hiob und andere Bibelschriftsteller bedient hätten:

> Aus diesem Grund ist sie nicht als eine bei den Heiden verbreitete rationale Ausdruckweise (*gentilis communis ratio*) zu verachten, sondern man muß sie, so viel es genügt, durch und durch lernen, weil viele Männer, welche die Botschaft des Evangeliums verbreiteten, ruhmreiche Bücher dank dieser Kunst [das heißt metrisch] schufen und dadurch sich mit Eifer bemühten, Gott zu gefallen.[44]

Die *Grammatica Rabani*, die, das sei noch einmal in Erinnerung gerufen, eine prosodische und metrische Abhandlung ist, stellt der Autor nicht nur als ein technisches Lehrbuch für angehende Dichter dar, sondern im augustinischen

putauerunt laudesque eorum et verbis illustrioribus et iocundioribus numeris extulerunt […]‹« (PL 111, Sp. 666–667). Ich übersetze die etwas schiefe Fassung dieser Passage, wie sie in der *Grammatica Rabani* gemäß der Edition von Pamelius bzw. Colvener vorkommt, ohne die Schwierigkeiten, die sie bietet, zu verschweigen. Die Eingriffe gegenüber Isidor schaffen insofern einen neuen Sinn, als durch die Umwandlung der Präposition *ad* in die Konjunktion *et* der Charakter des heidnischen Kultes als pure Erfindung unterstrichen wird. Ich halte hingegen die Ergänzung von *ut* aus Isidor wegen der Korrelation für notwendig. In der Enzyklopädie folgt Hraban allerdings Isidor (vgl. oben, Anm. 33).

42 Isidorus *Etymologiae* 8, 7, 1–2. Isidor scheint die einzige Quelle dieses Ausschnittes zu sein (vgl. Suetonius *Reliquiae*, S. 4). Die Verbreitung der Passage dank Isidor verbietet Spekulationen über eine unmittelbare Benutzung des Originaltextes durch einen Autor in Fulda oder Hersfeld, wo Sueton mit den *opera minora* des Tacitus aufbewahrt wurde (Texts and Transmission 1986, S. 404–405).

43 Fam. 10, 4, 5: »Proximus [in einer Reihe von *auctoritates*] Tranquillus, rerum curiosissimus indagator; tertium non adderem nisi qui is, ut reor, familiarior est tibi. Horum igitur et Ysidorus, breviter licet et ipso teste Tranquillo, meminit Ethimologiarum libro octavo« (Petrarca *Familiari* 2, S. 302).

44 Siehe Anm. 33.

(und alcuinischen)[45] Sinne als zugelassenes, ja empfehlenswertes Propädeutikum zur *laus dei* in metrischer Form. Dichtung wird somit zu einem wichtigen Baustein, um jene Integration von – historisch und inhaltlich betrachtet – unterschiedlichen Traditionen zu erreichen, welche die Schaffung eines christlichen Wissensraumes ermöglicht.[46]

Bibliographie

Quellen

Hrabanus Maurus

De rerum naturis

Hrabanus Maurus: *De rerum naturis libri XXII*, Abschrift der Handschriften Karlsruhe, Badische Landesbibliothek Aug. 96 und Aug. 68, die William Schipper ins Netz gestellt hat, vgl. www.mun.ca/rabanus/ [7. August 2007].

Expositio in Matthaeum

Hrabanus Maurus: *Expositio in Matthaeum*, cura et studio Bengt Löfstedt (CChr. CM 174A), Turnhout 2000.

Grammatica

Hrabanus Maurus: *Excerptio de* Arte grammatica *Prisciani* (PL 111, Sp. 613–678).

Institutio clericorum

Hrabanus Maurus: *De institutione clericorum libri tres.* Studien und Edition von Detlev Zimpel (Freiburger Beiträge zur mittelalterlichen Geschichte 7), Frankfurt a. M. 1996.

Isidorus *Etymologiae*

Isidorus Hispalensis episcopus: *Etymologiarum sive Originum libri XX*, recognovit brevique adnotatione critica instruxit Wallace Martin Lindsay, 2 vol. Oxonii 1911.

45 Siehe hierzu den Beitrag von Georg Wieland in diesem Band.

46 Ich danke meinem Mitarbeiter, Herrn Bernhard Hollick (M.A.), der die Edition der *Grammatica Rabani* unterstützt und den Text ins Deutsche übersetzt, für die Recherchen und die kritische Lektüre dieses Aufsatzes.

Weitere Quellen

ALDHELMUS *Enigmata*
TATUINUS, EUSEBIUS (HWAERBERHTUS) WIREMUTHENSIS, BONIFATIUS (WINFREDUS), ALDHELMUS SCIREBURNENSIS: *Ars/Aenigmata*, ed. MARIA DE MARCO, FRANÇOIS GLORIE (CChr. SL 133), Turnholti 1968.

Biblia sacra iuxta vulgatam versionem
Biblia sacra iuxta vulgatam versionem, adiuvantibus BONIFATIO FISCHER (et al.) recensuit et brevi apparatu instruxit ROBERTUS WEBER. Editio tertia emendata quam paravit BONIFATIUS FISCHER cum sociis I.H. FREDE ET AL., 2 Bde., Stuttgart 1985.

BONIFATIUS *Ars grammatica*
BONIFATIUS (VYNFRETH): *Ars grammatica*, ed. GEORGE JOHN GEBAUER, BENGT LÖFSTEDT (CChr. SL 133B), Turnholti 1980.

EUSEBIUS/HIERONYMUS *Chronicorum libri duo*
Die Chronik des HIERONYMUS, hg. und in zweiter Auflage bearbeitet von RUDOLF HELM. Dritte unveränderte Auflage mit einer Vorbemerkung von URSULA TREU (Eusebius Caesariensis, Werke 7), Berlin 1984.

HIERONYMUS *Praefatio in Iob*
Biblia sacra iuxta vulgatam versionem, 1, 731–732.

PETRARCA *Bucolicum carmen* (1906)
FRANCESCO PETRARCA: *Il* Bucolicum carmen *e i suoi commenti inediti*, a cura di ANTONIO AVENA, Padova 1906.

PETRARCA *Bucolicum carmen* (1990)
DOMENICO DE VENUTO: *Il* Bucolicum carmen *di F. Petrarca*. Edizione diplomatica dell'autografo Vat. Lat. 3358 (Testi e studi di cultura classica 5), Pisa 1990.

PETRARCA *Familiari 2*
FRANCESCO PETRARCA: *Le familiari*, edizione critica per cura di VITTORIO ROSSI. Vol. secondo: Libri V-XI, Firenze 1934.

SUETONIUS *Reliquiae*
C. SUETONIUS TRANQUILLUS: *Praeter Caesarum libros Reliquiae*, ed. AUGUSTUS REIFFERSCHEID. Inest *Vita Terentii* a FRIDERICO RITSCHELIO emendata atque narrata, Leipzig 1860.

ABHANDLUNGEN

BAROWAY 1935
ISRAEL BAROWAY: »The Hebrew Hexameter: A Study in Renaissance Sources and Interpretation«, in *English Literary History 2* (1935) 66–91.

BAROWAY 1950
ISRAEL BAROWAY: »The Accentual Theory of Hebrew Prosody. A Further Study in Renaissance Interpretation of Biblical Form« in *English Literary History 17* (1950) 115–135.

BERGHOFF 2007
MARGRITH BERGHOFF: »Petrarcas bukolische Dichtung« in *Petrarca latino*, hg. DINA DE RENTIIS und MICHELE C. FERRARI, Heidelberg (im Druck).

BISCHOFF 1966
BERNHARD BISCHOFF: *Mittelalterliche Studien.* Ausgewählte Aufsätze zur Schriftkunde und Literaturgeschichte 1, Stuttgart 1966.

BUCK 1952
AUGUST BUCK: *Italienische Dichtungslehren vom Mittelalter bis zum Ausgang der Renaissance* (Beihefte der Zeitschrift für Romanische Philologie 94), Tübingen 1952.

CANTELLI BERARDUCCI 2006
SILVIA CANTELLI BERARDUCCI: *Hrabani Mauri Opera exegetica.* Repertorium fontium (Instrumenta patristica et mediaevalia 38), 3 vol., Turnhout 2006.

CHAZELLE 2001
CELIA CHAZELLE: *The Crucified God in the Carolingian Era.* Theology and Art of Christ's Passion, Cambridge 2001.

CHRIST 1933
KARL CHRIST: *Die Bibliothek des Klosters Fulda im 16. Jahrhundert.* Die Handschriften-Verzeichnisse (Beiheft zum Zentralblatt für Bibliothekswesen 64), Leipzig 1933.

CURTIUS 1948
ERNST ROBERT CURTIUS: *Europäische Literatur und lateinisches Mittelalter,* Bern/München 1948.

DAMMER 2001
RAPHAEL DAMMER: *Diomedes grammaticus* (Bochumer altertumswissenschaftliches Colloquium 51), Trier 2001.

ERNST 1991
ULRICH ERNST: *Carmen figuratum.* Geschichte des Figurengedichts von den antiken Ursprüngen bis zum Ausgang des Mittelalters (Pictura et poesis 1), Köln/Weimar/Wien 1991.

ERNST 2003
ULRICH ERNST: »Die Kreuzgedichte des Hrabanus Maurus als multimediales Kunstwerk. Textualität, Ikonizität, Numeralität«, in *Wissen und Neue Medien. Bilder und Zeichen von 800 bis 2000,* hg. von ULRICH SCHMITZ und HORST WENZEL (Philologische Studien und Quellen 177), Berlin 2003, 13–37.

FALK 1902
FRANZ FALK: *Beiträge zur Rekonstruktion der alten Bibliotheca Fuldensis und Bibliotheca Laureshamensis.* Mit einer Beilage: Die Fuldaer Handschriften-Kataloge aus dem 16. Jahrhundert. Neu hg. und eingeleitet von CARL SCHERER (Beihefte zum Centralblatt für Bibliothekswesen 26) Leipzig 1902.

FERRARI 1998
MICHELE C. FERRARI: »*Dum profluit est lutulentus.* Thiofrido, Alcuino e la metrica della *Vita S. Willibrordi*«, in *Umanesimi medievali,* 1998, 129–141.

FERRARI 1999
MICHELE C. FERRARI: *Il* Liber s. crucis *di Rabano Mauro. Testo, immagine, contesto* (Lateinische Sprache und Literatur des Mittelalters 30), Bern 1999.

FERRARI 2001
MICHELE C. FERRARI: »Alcuin und Hraban. Freundschaft und *auctoritas* im 9. Jahrhundert«, in Mentis amore ligati. *Lateinische Freundschaftsdichtung und Dichterfreundschaft in Mittelalter und Neuzeit.* Festgabe für Reinhard Düchting zum 65. Geburtstag, hg. von BORIS KÖRKEL, TINO LICHT und JOLANTA WIENDLOCHA, Heidelberg 2001, 81–92.

FERRARI 2003
MICHELE C. FERRARI: »*Aura levatitia.* Naturbeherrschung und Naturexegese im Frühmittelalter«, in *Natur im Mittelalter. Konzeptionen – Erfahrungen – Wirkungen.* Akten des 9. Symposiums des Mediävistenverbandes (Marburg, 14.–17. März 2001), hg. von PETER DILG, Berlin 2003, 63–177.

FERRARI 2005a
MICHELE C. FERRARI: »Potere, pubblico e scrittura nella comunicazione letteraria dell'alto medioevo«, in *Comunicare e significare nell'alto medioevo* (Settimane di studio della Fondazione Centro italiano di studi sull'alto medioevo 52), Spoleto 2005, 575–614.

FERRARI 2005b
MICHELE C. FERRARI: »Die Welt im Buch. Hrabanus Maurus und sein *Buch des Heiligen Kreuzes*«, in *Große Texte des Mittelalters.* Erlanger Ringvorlesung 2003, hg. von SONJA GLAUCH, Erlangen 2005, 9–33.

FERRARI 2006
MICHELE C. FERRARI: »Dichtung und Prophetie bei Hrabanus Maurus«, in *Hrabanus Maurus. Gelehrter, Abt von Fulda und Erzbischof von Mainz,* hg. von FRANZ J. FELTEN und BARBARA NICHTWEISS. Mit Beiträgen von KARL KARDINAL LEHMANN [et al.], (Neues Jahrbuch für das Bistum Mainz 2006), Mainz 2006, 71–91.

GARRISON 1998
MARY GARRISON: »The Social World of Alcuin: Nicknames at York and at the Carolingian Court«, in *Alcuin of York: Scholar at the Carolingian Court.* Proceedings of the third Germania Latina conference held at the University of Groningen, May 1995, ed. by L. A. J. R. HOUWEN and A. A. MAC DONALD (Mediaevalia Groningana 22), Groningen 1998, 59–79.

GIBSON 1992
MARGARET GIBSON: »Milestones in the study of Priscian, circa 800 – circa 1200«, in *Viator 23* (1992) 17–33.

HOLTZ 1981
LOUIS HOLTZ: *Donat et la tradition de l'enseignement grammatical. Etude sur l'*Ars Donati *et sa diffusion (IVe-IXe siècle)* (Institut de recherche et d'histoire des textes: Documents, études et répertoires), Paris 1981.

HOLTZ 1997
LOUIS HOLTZ: »Alcuin et la réception de Virgile au temps de Charlemagne«, in *Einhard. Studien zu Leben und Werk.* Dem Gedenken an Helmut Beumann gewidmet, hg. von HERMANN SCHEFERS (Arbeiten der Hessischen Historischen Kommission, N. F. 12), Darmstadt 1997, 67–80.

KUGEL 1981
JAMES L. KUGEL: *The Idea of Biblical Poetry: Parallelism and its History*, New Haven 1981.
KUGEL 1990a
JAMES L. KUGEL: »Poets and Prophets: An Overview«, in *Poetry and Prophecy*, 1990, 1–25.
KUGEL 1990b
JAMES L. KUGEL: »David the prophet«, in *Poetry and prophecy*, 1990, 45–55.
LAW 1982
VIVIEN LAW: *The Insular Latin Grammarians*, Woodbridge 1982.
LAW 1996
VIVIEN LAW: *The Origin and Development of the Study of Language in the West*, London 1996.
LE MAÎTRE 1990
PHILIPPE LE MAÎTRE: »Les méthodes exégétiques de Raban Maur«, in *Haut moyen âge. Culture, éducation, société.* Etudes offertes à Pierre Riché, Paris 1990, 343–352.
LEONHARDT 1989
JÜRGEN LEONHARDT: *›Dimensio syllabarum.‹ Studien zur lateinischen Prosodie und Verslehre von der Spätantike bis zur frühen Neuzeit.* Mit einem ausführlichen Quellenverzeichnis bis zum Jahr 1600 (Hypomnemata. Untersuchungen zur Antike und zu ihrem Nachleben 92), Göttingen 1989.
LIEBESCHÜTZ 1951
HANS LIEBESCHÜTZ: »Wesen und Grenzen des Karolingischen Rationalismus«, in *Archiv für Kulturgeschichte 33* (1951) 17–44.
MANITIUS 1911
MAX MANITIUS: *Geschichte der lateinischen Literatur des Mittelalters.* Bd.1 (Handbuch der Altertumswissenschaft IX.2.1), München 1911.
MANN 1977
NICHOLAS MANN: »The Making of Petrarch's *Bucolicum carmen*: A Contribution to the History of Text«, in *Italia medioevale e umanistica 20* (1977) 127–182.
MÉSONIAT 1984
CLAUDIO MÉSONIAT: *Poetica theologia. La* Lucula noctis *di Giovanni Dominici e le dispute letterarie tra '300 e '400* (Uomini e dottrine 27), Roma 1984.
MÜLLER 1973
HANS-GEORG MÜLLER: *Hrabanus Maurus – De laudibus sanctae crucis.* Studien zur Überlieferung und Geistesgeschichte mit dem Faksimile-Textabdruck aus Codex Reg. lat. 124 der Vatikanischen Bibliothek (Beihefte zum Mittellateinischen Jahrbuch 11), Ratingen 1973.
MUNZI 1992
LUIGI MUNZI: »Il ruolo della prefazione nei testi grammaticali latini«, in *Problemi di edizione e di interpretazione nei testi grammaticali latini.* Atti del colloquio internazionale (Napoli, 10–11 dicembre 1991), a cura di LUIGI MUNZI, Roma 1994, 103–126.

PERRIN 1989
MICHEL PERRIN: »Le *De laudibus sanctae crucis* de Raban Maur et sa tradition manuscrite au IXe siècle«, in *Revue d'histoire des textes 19* (1989) 191–240.

PERRIN 2004
MICHEL PERRIN: »La poésie de cour carolingienne, les contacts entre Alcuin et Hraban Maur et les indices de l'influence d'Alcuin sur l'*In honorem sanctae crucis*«, in *Annales de Bretagne 111/3* (2004) 333–351.

Petrarca nel tempo 2003
Petrarca nel tempo. Tradizione, lettori e immagini delle opere. Catalogo della mostra Arezzo, Sottochiesa di San Francesco, 22 novembre 2003 – 27 gennaio 2004, a cura di MICHELE FEO, Pontedera 2003.

Poetry and prophecy 1990
Poetry and prophecy: The Beginnings of a Literary Tradition, ed. by JAMES L. KUGEL, Ithaca 1990.

REUDENBACH 1984
BRUNO REUDENBACH: »Das Verhältnis von Text und Bild in *De laudibus sanctae crucis* des Hrabanus Maurus«, in *Geistliche Denkformen in der Literatur des Mittelalters,* hg. von KLAUS GRUBMÜLLER, RUTH SCHMID-WIEGAND und KLAUS SPECKENBACH (Münstersche Mittelalter-Schriften 51), München 1984, 282–320.

REUDENBACH 1986
BRUNO REUDENBACH: »*Imago – figura.* Zum Bildverständnis in den Figurengedichten von Hrabanus Maurus«, in *Frühmittelalterliche Studien 20* (1986), 25–35.

RISSEL 1976
MARIA RISSEL: *Rezeption antiker und patristischer Wissenschaft bei Hrabanus Maurus. Studien zur karolingischen Geistesgeschichte* (Lateinische Sprache und Literatur des Mittelalters 7), Bern/Frankfurt a. M. 1976.

SAVIGNI 1992
RAFFAELE SAVIGNI: »L'interpretazione dei libri sapienziali in Rabano Mauro: tradizione patristica e *moderna tempora*«, in *Annali di storia dell'esegesi 9* (1992) 557–587.

SAVIGNI 1994
RAFFAELE SAVIGNI: »Istanze ermeneutiche e ridefinizione del canone in Rabano Mauro: il commentario ai Libri dei Maccabei«, in *Annali di storia dell'esegesi 11* (1994) 571–604.

SAVIGNI 1998
RAFFAELE SAVIGNI: »*Sapientia divina* e *sapientia humana* in Rabano Mauro e Pascasio Radberto« in *Umanesimi medievali,* 1998, 591–615.

SCHRIMPF 1992
Mittelalterliche Bücherverzeichnisse des Klosters Fulda und andere Beiträge zur Geschichte der Bibliothek des Klosters Fulda im Mittelalter, hg. von GANGOLF SCHRIMPF in Zusammenarbeit mit JOSEF LEINWEBER und THOMAS MARTIN (Fuldaer Studien 4), Frankfurt a. M. 1992.

SPILLING 1992
HERRAD SPILLING: Opus Magnentii Hrabani Mauri in honorem sanctae crucis conditum. *Hrabans Beziehung zu seinem Werk* (Fuldaer Hochschulschriften 18), Frankfurt a. M. 1992.
TAEGER 1970
BURKHARD TAEGER: *Zahlensymbolik bei Hraban, bei Hincmar – und im* Heliand? *Studien zur Zahlensymbolik im Frühmittelalter* (Münchener Texte und Untersuchungen zur deutschen Literatur des Mittelalters 30), München 1970.
Texts and Transmission 1986
Texts and Transmission: A Survey of the Latin Classics, ed. by L. D. REYNOLDS. Contributors: P. K. MARSHALL et al. Reprinted with corrections, Oxford 1986.
Umanesimi medievali 1998
Gli umanesimi medievali. Atti del II Congresso dell'Internationales Mittellateinerkomitee [...], a cura di CLAUDIO LEONARDI (Millennio medievale 4/Atti di congressi 1), Firenze 1998.
VERSTREPEN 2003
JEAN-LOUIS VERSTREPEN: »L'exégèse de Raban Maur et sa méthode dans le Commentaire des quatre livres des rois«, in *Recherches augustiniennes 33* (2003) 169–178.
WILHELMY 2006
WINFRIED WILHELMY: *Rabanus Maurus. Auf den Spuren eines karolingischen Gelehrten*, hg. von HANS-JÜRGEN KOTZUR, Mainz 2006.

Archa Verbi 4 (2007) 25–44

Rationalité des choix (littéraires, graphiques et théologiques) de Hraban Maur dans ses poèmes figurés

par Michel Jean-Louis Perrin

Les poèmes figurés de Hraban ont pour modèle ceux que Porfyrius Optatianus composa vers 325 à l'attention de l'empereur Constantin ; dans ce genre poétique, les contraintes de tous ordres sont particulièrement fortes, et elles révèlent les choix de l'auteur beaucoup mieux que si le texte était entièrement libre. Nous souhaitons proposer un court récapitulatif de ce qui nous semble important à cet égard.[1]

Certains points sont d'emblée évidents : par exemple, le choix du poème figuré et non pas du poème pur et simple parce que c'est un exploit offert à Dieu et qui permet la »meditatio« / »ruminatio« de celui qui lit, contemple et prie tout à la fois. Le choix même de Porfyrius comme modèle implique le choix d'une poésie curiale, et toutes proportions gardées, Hraban se situe par rapport à la croix du Christ comme Porfyrius à Constantin; sous cet angle, le Christ est une sorte d'empereur céleste (en se rappelant ici que comparaison n'est pas raison). De même, le choix de l'»opus geminum« est expliqué dans la Préface du livre 2: il s'agit de rendre clair ce que le poème dit d'une manière complexe (voire obscure ...). De même encore, la page d'»explicatio« qui fait face à chaque poème se justifie par la nécessité d'apporter une »expositio« en prose et un guide de lecture des »uersus intexti« ...[2]

L'usage de l'étymologie fait aussi partie de la rationalité, en réunifiant le signifiant et le signifié dans une logique explicative, très conforme à l'usage antique et carolingien, beaucoup moins évidemment aux préoccupations phonétiques et linguistiques de nos contemporains.[3] On retrouve là une conception et un usage rationnel du langage, qui pourrait trouver bien des prédécesseurs dans l'Antiquité classique.

D'autres questions suggèrent des réponses moins évidentes: y a-t-il des passages où Hraban s'explique sur la rationalité de ses choix? Pourquoi le vers plutôt que la prose (et vice-versa)? Pourquoi tel type de vers plutôt que tel autre (hexamètre, pentamètre, distiques, asclépiades ...)? Le pouvoir du vers est-il approprié au but recherché? Hraban est poète de Dieu[4] malgré ses insuffisances. Peut-on parler d'une logique du langage, d'une poétique de Hraban?

1 Sur le genre du poème figuré, voir l'»opus magnum« d' Ernst 1991.

2 Cf. *In honorem sanctae crucis, Prologus,* A 7.

3 Voir par exemple *In honorem sanctae crucis,* C 4, les étymologies des Chérubins et des Séraphins.

4 Voir *In honorem sanctae crucis,* B 28, C 28, D 28.

Comment conçoit-il le rapport du texte et de l'image? surtout dans les débats contemporains et immédiatement antérieurs (la querelle autour des images et de l'iconoclasme, les *Libri Carolini*...)

1. Le sens premier de »ratio« étant »calcul«,

il est évident que l'*in honorem* présente sous cet angle une alliance exceptionnelle entre langage et rationalité. Ce point a été depuis longtemps remarqué:[5] la parole se »coule dans le moule« du nombre:

1.1. le nombre vingt-huit comme étant le nombre des poèmes composant le cycle a été choisi parce qu'il est »perfectus«.[6] On retrouve même la somme des diviseurs de 28 dans le cycle: 14 poèmes de 37 lettres, 7 de 35, 4 de 39, 2 de 36, et 1 de 41. Valeur arithmologique, sans nul doute, mais aussi théologique, comme Hraban s'en explique ultérieurement dans le *De rerum naturis.*[7] Le canevas des 28 poèmes (qui constituent une sorte d'histoire sainte) est évidemment calqué, dans sa logique interne, sur cette répartition. Mais les chiffres commentés par Hraban ne vont pas dans un ordre (croissant ou décroissant) qui serait immédiatement apparent ; on ne peut pas dire non plus que Hraban a placé d'abord les 14 poèmes de 37 lettres, et ainsi de suite dans l'ordre décroissant. Il faut avouer qu'aucun ordre n'apparaît ici. Aucun paramètre n'est déterminant ... même si on peut relever que certaines contingences purement matérielles ont dû être prises en compte ici ou là.

1.2. la taille des figures (géométriques ou autres) est calculée pour contenir le nombre de lettres convenant au nombre de lettres d'un vers latin (hexamètre la plupart du temps, soit entre 35 et 41 lettres).

1.3. les poèmes figurés manifestent souvent (vingt fois sur vingt-huit) explicitement dès leur titre qu'ils sont construits autour d'un nombre: B 3: 9; B 5 = 4 carrés; B 6: 4 vertus; B 7: 4 cercles de 36 lettres; B 8: 12 (mois / signes / vents); B 9: 365 (l'année); B 10: 70; B 11: 5 (le Pentateuque); B 13: 276; B 14: 5231 (les années entre la création du monde et la Passion, avec 4 zêtas, 4 taus, 4 chis, avec l'utilisation de leur valeur chiffrée); B 15 = l'agneau et les 4 Évangélistes; B 16: 7 (les dons de l'Esprit); B 17: 8 (les Béatitudes évangéliques); B 18: 40 (4 triangles de 10 lettres; B 19: 50 (= 5 croix de saint André); B 20: 120 (= 4 lambdas de 30 lettres (lambda = 30 en grec); B 21 = le monogramme, qui vaut 1260 + 1335; B 23 = 24 (4 triangles de 6 lettres); B 24: 144. Cette symbolique des nombres à connotation sacrée se veut une traduction abstraite de l'ordre du monde; en ce sens l'*in honorem* est un poème qui exprime la totalité du monde et de son histoire.[8]

1.4. la largeur ou le nombre des lettres de chaque vers est choisie rationnellement également: ce nombre est la plupart du temps impair, parce que la

5 Taeger 1970; Zimmermann/Vuillemin-Diem 1983–1984; Ernst 1991; à titre général sur le nombre: Meyer/Suntrup 1987.

6 Hraban s'explique sur le sujet en *In honorem sanctae crucis,* C 28,64–69, Isidore de Séville, »et alii«.

7 18, 3.

8 On peut lire les réflexions éclairantes de Caillet 2006, p. 137.

nécessité d'avoir une croix (donc une barre verticale au centre) au milieu de sa figure, avec à gauche et à droite, deux parties symétriques: donc un chiffre pair, plus une unité.

1.5. en outre, le nombre de lettres du vers (imposé par ce nouveau lit de Procuste) a aussi des incidences sur le »modus dicendi« de Hraban; nous avons constaté que, plus le vers comportait de lettres, plus les élisions étaient nombreuses ...[9] Le poème B 9, avec ses 41 lettres de large, constitue une sorte de »record« en la matière: sur 41 vers, 2 seulement ne comportent pas d'élision, 17 une, 17 deux et 3 trois:

B 19,20: »/ Ora crucis conplet, cels(i) ibas baratr(um) orb(em) ara /« B 19,36: »/ Iam fremit, hac pell(i) una d(e) exili(o) hinc ualeat iam /« B 19,40: »/ Nempe Patris natum, uer(um), alm(um) atq(ue) arce supernum /«

Cela démontre que certaines lettres sans doute existent pour l'oeil, mais qu'il faut les supprimer pour l'oreille (sinon le vers serait faux).

Dans les »versus intexti« (il s'agit toujours d'hexamètres!), 3 élisions encore en C 4, 76 (47 lettres) et 82 (46 lettres), C 19, 94 (50 lettres). Et même 4 en C 12,78 (50 lettres), le »record«, sauf erreur de notre part:

»/ Sancta metr(o) atq(ue) art(e) en decet ut sint carmina Christ(o) hinc /«

Il est permis de penser que les limites raisonnables des acrobaties poétiques sont ici atteintes, sinon dépassées ... fût-ce pour chanter la gloire de la croix. Dans cet esprit, afin de montrer que Hraban s'en était sans doute rendu compte – mais quand le vin est tiré, il faut le boire ...–, nous proposons ce soupir de l'auteur dans la version en prose d'un de ses poèmes qui a dû être un des plus difficiles à rédiger, à savoir celui qui porte le numéro 17. Dans un passage de la version en prose qui ne correspond à rien dans le poème, on lit en effet ceci:[10] »Hoc ego miser latina lingua describo.« Le bénéfice que Hraban compte en tirer dans le présent et dans le futur compensera sa peine:[11] »ut ipse refectio mentis meae sit in praesenti et in futuro satietas aeterna.« Il ne faudrait sans doute pas déduire de ce soupir que Hraban aurait pu écrire à la gloire de la croix en »althochdeutsch«, car la dignité du sujet imposait certainement à ses yeux (ceux d'Alcuin aussi, sans nul doute, »et alii«) le choix du latin.

1.6. le choix des figures et de leur forme précise est lui aussi rationnel, si on veut compter les lettres que chaque figure enserre. C'est facile quand il s'agit d'un carré ou d'un cercle, moins quand on remarque la forme particulière des heptagones,[12] des hexagones allongés,[13] des pentagones qui ressembent à des carrés auxquels on ajoute un triangle.[14] Les polygones ont des côtés égaux, mais ils ne sont pas inscriptibles dans un cercle. Or Hraban cite[15] quelques

9 Voir notre Introduction à notre édition de 1997, *In honorem sanctae crucis*, p. LXIV.

10 En D 17, 31.

11 Exactement en D 17, 31–33.

12 B 21.

13 B 9.

14 B 24.

15 En C 19, 20–24.

lignes du *De arithmetica* de Boèce[16] à propos des nombres dits »impariter pares«. Cela invite à regarder de plus près le traité de Boèce. On voit d'emblée que les chiffres correspondant au triangle (6, 10 et 36), au carré (36), au pentagone (35), à l'hexagone (91), à l'heptagone (18) figurent dans le tableau de Boèce (en 2,17). En outre, la forme particulière du pentagone et celle de l'hexagone chez Boèce[17] se retrouvent à l'identique chez Hraban, ce qui impose de penser que ce dernier s'en est inspiré directement. Et donc, logiquement, qu'il a disposé d'un texte de Boèce à Tours auprès d'Alcuin, et à Fulda ... La forme particulière des figures géométriques et son importance au début de la genèse des figures concernées, laquelle ayant sa nécessité dans l'élaboration par Hraban de son cycle, rend pratiquement nécessaire qu'il ait pu disposer d'un exemplaire de Boèce et qu'il ait pu méditer sur ce qu'il pouvait en faire: nous sommes ici dans la protohistoire de la composition.

Le langage se fait donc nombre dans l'*in honorem.* Evidemment, dans sa »ruminatio«, le lecteur assemble en quelque sorte progressivement les différents éléments de chaque poème et de l'ensemble du cycle: c'est un puzzle théologique et esthétique dont il s'agit de retrouver la cohérence.

2. La »ratio« dans ses rapports avec le langage rejoint aussi des considérations non numériques (le visuel, l'auditif et le graphique):

2.1. »ratio« dans le choix de la pourpre et de l'or pour l'exécution du manuscrit *Vaticanus Reginensis* 124 (à la suite de Porfyrius d'ailleurs); il en va de même pour les couleurs; le manteau de Louis le Pieux est couleur jacinthe (alors qu'on s'attendrait à la pourpre impériale)[18] parce que c'est la couleur de la robe des rois-prêtres de l'Ancien Testament. La couleur des fleurs qui représentent les dons de l'Esprit Saint (hyacinthe, pourpre, byssus, écarlate)[19] suit logiquement le texte d' *Exode.*[20] Notons au passage que cela n'est pas toujours vrai: les quatre cercles qui représentent les saisons[21] n'ont pas les couleurs traditionnelles (bleu pour l'automne, blanc pour l'hiver, vert pour le printemps, pourpre pour l'été; dans l'*in honorem,* les couleurs deviennent respectivement: ocre, bleu, rouge et bleu dans la plupart des manuscrits du IXe siècle)[22] ... Dans le cas de ce dernier poème, les couleurs (qui ne sont pas identiques dans tous les manuscrits du IXe siècle), ont sans doute une valeur plus décorative que véritablement signifiante.

16 Boethius *Institutio arithmetica,* 1, 11.

17 Voir la représentation dessinée de l'hexagone dans l'éd. Boethius *Institutio arithmetica* (p. 104). On remarque que l'heptagone de Hraban (B 21) correspond à un hexagone chez Boèce dont on aurait tronqué une pointe en lui enlevant un triangle (l'heptagone n'est d'ailleurs pas représenté chez Boèce). De même, les octogones de B 17 sont des carrés, à chaque angle desquels on enlève un triangle de 3 points.

18 En A 5.

19 En B 16.

20 28, 33.

21 B 7.

22 Gosserez 2007, p. 94–117 (ici, p. 102); pour les couleurs de *In honorem sanctae crucis,* B 7, voir aussi notre article dans la *Revue d'Histoire des Textes* 19, 1989 (voir infra annexe 2).

2.2. »ratio« dans le choix des types d'écriture, qui est fait, au moins dans les manuscrits du IXe siècle, pour différencier par une écriture »plus noble« le texte des »versus intexti« (capitales rustiques ou onciales) qui s'oppose ainsi à celui des »carmina figurata«, manifestant d'emblée ainsi visuellement que les premiers donnent supérieurement le sens de l'ensemble. On relèvera aussi que leur reprise dans les pages de droite (celles des »explicationes«, que nous appelons par convention C) se distingue également par un choix de caractères différent du reste du texte. De même pour la couleur …

2.3. Après le sens de la vue, celui de l'ouïe: Hraban est sensible à la nature des sons; selon lui, celle-ci possède une rationalité spécifique. Ainsi, à propos de la croix: »/ Nomine tu asperior …«,[23] et: Nomine licet sis asperior ipsis,[24] cum cruciatum resones …«.[25] Autrement dit, l'âpreté du son du mot »crux« (qui tient au choc des consonnes: C+ R et C + S) s'explique par l'âpreté du supplice de la croix que le nom même de »crux« évoque. L'explication est d'origine grammaticale: voir en effet PS.-AVG.[26] *De dialectica*:[27] »Quis item asperitatem non et ipso nomine asperam iudicet ? Lene est auribus, cum dicimus uoluptas, asperum est, cum dicimus crux.« On a reconnu là un fragment du *De grammatica* de Varron.[28] Autrement dit, la chose signifiée correspond au signe donné par le mot (au sens phonétique et matériel du terme, »aer ictus« chez les Stoïciens précisément[29]). Le texte d'Augustin (?) fait comprendre que cela correspond au rationalisme des Stoïciens, raillé par Cicéron:

Stoici autumant, quod Cicero in hac re irridet, nullum esse uerbum cuius non certa ratio explicari possit … Perspicis enim haec uerba ita sonare, ut res quae his uerbis significantur. Sed quia sunt res quae non sonant, in his similitudinem tactus ualere, ut si leniter uel aspere sensum tangunt, lenitas uel asperitas litterarum ut tangit auditum, sic eis nomina pepererit. Certains sons sont râpeux et »accrochent« l'articulation, d'autres glissent.[30]

Hraban fait écho clairement ici à la tradition grammaticale latine.[31] L'origine varronienne du *De dialectica* d'Augustin (?) est claire, à cause de la nature de l'exposé (la doctrine stoïcienne) et les mots qui la désignent.[32] Le texte du *De dialectica* et celui de l'*Excerptio* correspondent: mêmes exemples, mêmes notions d'»asperitas« et de »lenitas«. Or le *De dialectica* ne cite jamais Varron,

23 *In honorem sanctae crucis,* B 2, 33.

24 »ipsis« renvoie aux arbres exotiques odoriférants, dont le nom heurte l'euphonie habituelle du latin.

25 D 2, 43–44.

26 Le texte est classé dans les »spuria« d'Augustin par la *CPL,* n° 361. Nous écrivons donc: Augustin (?).

27 AUGUSTINUS *De dialectica,* 6 (1412).

28 Page 146, 6. L'indication est donnée par le THLL 4, 1255, I. 23–25, s. v. »crux«.

29 Par exemple, dans KEIL GLK : DIOMEDE *de arte grammatica* 2, *de voce* (p. 420).

30 On peut penser que ce qui est râpeux est connoté négativement (comme la plupart des mots en »-ax«, »-ox«, »-ux«), tout comme un style »rocailleux« (à l'opposé, ce qui est lisse, poncé »ad unguem« par le travail de la »lima« …).

31 Nous devons la référence au *De arte Grammatica Prisciani,* ainsi que la réflexion qui suit, à la science et à l'amitié de Louis Holtz.

32 Par ex., 4 occurrences du mot *dicibile* dans la PL 32, p. 1410.

alors que Hraban attribue la doctrine à Varron. Par quel intermédiaire au juste? Il faut penser à un texte antique aujourd'hui perdu, lequel avait comme le *De dialectica* pour source (vraisemblablement indirecte, car Varron ne citait pas les *Géorgiques*![33]) un traité de Varron perdu. En l'espèce, Augustin (?) n'est pas la source de Hraban. D'autre part, la rencontre entre l'*in honorem* et l'*Excerptio* renforce la thèse de l'authenticité hrabanienne de ce dernier, en dépit du glissement des notions,[34] car la cause de l'»asperitas nominis« est précisément l'»asperitas consonantis« (voir en outre dans le *De dialectica* la notion intermédiaire d'»asperitas litterarum«). Enfin, nulle part, sinon chez Hraban, ne reparaît ce thème précis emprunté à Varron.«[35]

Mais on notera aussi que Hraban[36] cite le nom de Prosper d'Aquitaine comme »modèle« pour le choix d'un »opus geminum«. Or on lit chez ce dernier:[37] »/ Nec crucis asperitas poterat terrere uolentem /«, et ce vers est cité par deux fois comme exemple par Aldhelm dans l'*epist. ad Acircium.*[38] Et Hraban connaît et utilise Aldhelm, ce qui donne une seconde piste possible pour la source directe de Hraban.

2.4. le choix du type de figures pour former une croix: il faut quatre branches, compte tenu de la forme de la croix. Cela impose des figures qui vont
par 4: B 4; B 5; B 6; B 7; B 12; B 13; B 18; B 20; B 21; B 23; B 24;
ou par un multiple de 4: B 17 (les huit Béatitudes);
ou par 5 = la même chose avec une unité au milieu: B 3 (»crux« / »salus«); B 9 (quatre hexagones et une unité au milieu); B 10; B 11; B 14 (le gamma est au milieu); B 15 (l'Agneau); B 16 (l'esprit de courage est au milieu); B 19; B 25 (les huit lettres d'Alleluia sont réparties par deux; amen est au milieu).

Les »versus intexti« doivent donc se plier à cette »ratio« très particulière. En plus d'une logique arithmétique (le nombre de lettres d'un vers en général et d'un hexamètre en particulier ne peut pas varier à l'infini), il y a en quelque sorte une logique géométrique.

A cet égard, le dessin du poème 9 offre une particularité remarquable: il s'agit de représenter graphiquement le nombre des jours de l'année (365 jours plus le bissextile). Problème: Hraban s'inspire[39] d'Augustin, *De Trinitate*,[40] sans doute à travers Bède, *De temporum ratione.*[41] Ces deux auteurs montrent qu'en ce domaine, tout va par six. Mais la croix a quatre branches, et

33 AUGUSTINUS *De dialectica*, PL 32, 1412: »dixit ... et Virgilius, 'Reboant silvae' (*Georg. lib.* 3, v.223)«

34 Dans *In honorem sanctae crucis*, il s'agit de l'»asperitas nominis«; dans l'*Excerptio*, de l'»asperitas consonantis.«

35 L'idée de l'expressivité des sons remonte au *Cratyle* de Platon. On trouvera des références supplémentaires dans le livre de COLLART 1954, dont les p. 73–75 sont consacrées précisément à l'expressivité des sons.

36 *In honorem sanctae crucis*, D 0.

37 PROSPER D'AQUITAINE *Epigramm*, 71, 5.

38 S. ALDHELMUS *Epistola ad Acircium*, 205 C et 219 A.

39 Voir C 9.

40 AUGUSTINUS *De Trinitate*, 4, 4, 8.

41 BEDA VENERABILIS *De temporum ratione*, 39, 469C–470B.

non pas six. Comment faire? Si l'on prend quatre figures géométriques égales, le calcul donne: (91x4)+1=365. Or dans le *De arithmetica* de Boèce, 91 correspond à un hexagone allongé identique à ce que l'on voit dans l' *in honorem* …

Autre particularité: Hraban choisit le distique élégiaque pour la barre verticale de la croix (ce qui implique un hexamètre de 49/50 lettres, et un pentamètre de 41/42 lettres!), et une autre formule pour la barre horizontale. Comme il ne s'explique pas sur ses raisons, le mystère demeure. A moins qu'après avoir écrit ses deux distiques, il ait reculé devant la perspective de renouveler son exploit … Relevons aussi que le passage où Hraban donne la formule métrique qu'il utilise[42] ressemble fortement aux *Etymologies* d'Isidore de Séville:[43] »quorum duo prima quasi sapphico metro scripta sunt, quia tres uersiculos, qui sibi nexi sunt et ab una tantum littera incipiunt, heroicum comma concludit.« De même pour le *De arte metrica* de Bède,[44] à ceci près que le découpage du vers n'est pas exactement le même chez Bède (trochée, spondée, dactyle, et deux trochées) et chez Hraban (trochée, spondée, trochée, iambe, bachiaque, soit ᵕ––), le dernier vers de la strophe étant identique. On remarquera que la formule de Bède et celle de Hraban reviennent au même, avec un découpage différent.

2.5. la »ratio« dans l'*in hon.* s'exprime par dans le positionnement des figures et des »uersus intexti« à l'intérieur des »carmina figurata«. Contentons nous de quelques exemples sur ce plan:

En B 1 (le Christ est représenté »in modum crucis«): dans ses yeux et son nombril, on lit la lettre O; on peut voir – c'est le mot! – une adéquation entre la forme circulaire des organes représentés et la forme de la lettre O. »Vmbilicus«[45] désignant ce qui constitue le milieu, on peut remarquer que, depuis le O du nombril – si on l'inclut dans le décompte des lettres – jusqu'aux côtés gauche et droit, ainsi que jusqu' en haut de B 1, il y a 20 lettres, et 28 jusqu'en bas. L'étymologie se vérifie donc ici dans 3 cas sur 4. Comme Hraban n'en parle pas dans l'»explicatio« (= C 1), il est prudent de ne pas tirer de conclusions excessives de cette remarque.

Les quatre carrés de B 5 sont à lire dans l'ordre:[46] on lit d'abord le bas en allant de droite à gauche par rapport à la croix (c'est-à-dire de gauche à droite pour le lecteur), à savoir les patriarches et les prophètes, et ensuite les 2 carrés du haut, toujours de droite à gauche, à savoir les apôtres et les martyrs. On voit donc que l'Ancien Testament apparaît à la fois comme inextricablement lié au Nouveau (dans le même tissu de lettres), mais aussi subordonné à lui. On monte de l'Ancien Testament au Nouveau comme on monte à Jérusalem … Topologie, théologie et symbolisme fusionnent ici.

42 C 9, 69–76.

43 Isidorus Hispaliensis *Etymologia*, 6, 2, 23.

44 Beda Venerabilis *De arte metrica*, 18, 171 C.

45 Au moins depuis Varro *De lingua latina* 7,17 (p. 97): »quod is medius locus sit terrarum, ut umbilicus in nobis …«.

46 C 5, fin.

En B 6, »in arce crucis« se trouve dans le triangle du haut, »in dextro« dans le triangle de droite (par rapport à la croix) et »in laeuo« dans celui de gauche …

En B 16, la branche verticale de la croix permet de lire de bas en haut la succession des dons de l'Esprit, qui va de »timor Domini« à »sapientiae et intellectus«, conformément à *Psalm.*,[47] mais contrairement à l'ordre descendant d'*Isaie*[48] ; ces deux textes sont cités dans l'»explicatio« correspondante, mais Hraban a choisi l'ordre ascendant pour traduire l'ascension spirituelle de celui qui médite sur son texte. De même on progresse en allant de droite à gauche sur la figure (c'est-à-dire de gauche à droite par rapport à la croix).

En B 17, il faut lire la succession des huit octogones qui expriment les huit Béatitudes en allant de bas en haut, puis de droite à gauche par rapport à la croix.

Au total, c'est une sorte de topologie sacrée qui apparaît: en outre, la droite et la gauche sont inversées pour celui qui prend en main le manuscrit parce que le point de référence est le Christ et plus précisément sa croix …

3. Choix littéraires et métriques:

3.1. Le choix de réunir dans une même œuvre du vers et de la prose: Hraban a choisi rationnellement de s'exprimer suivant le genre littéraire de l'»opus geminum«,[49] à l'imitation de Prosper d'Aquitaine et de Sedulius.[50] Les vers des vingt-huit poèmes figurés expriment la gloire de la croix; on se rappelle la valeur proprement curiale et impériale des vers figurés depuis Porfyrius Optatianus, et l'usage de ce type de poésie par exemple chez Venance Fortunat. L'aspect numérique manifeste que pour Hraban ces poèmes sont du langage visualisé rationnellement.

Dans cette perspective, les »declarationes« ou explications qui font face aux poèmes figurés se proposent de: »uniuscuiusque figurae 'rationem' in sequenti sibi pagina prosaico stylo intimare«:[51] cette partie a pour fonction d'expliciter la rationalité théologique, spirituelle, symbolique des poèmes. Le deuxième livre permet une compréhension plus facile.[52] A ces noms que Hraban cite lui-même, il faut probablement ajouter celui d'Alcuin. On sait depuis longtemps que le projet de l'*in honorem* commence à Tours sous l'impulsion d'Alcuin. Or Hraban réutilise en A 8 (le poème figuré qui signe l'œuvre et constitue son en-tête) la préface de la *Vita sancti Willibrordi,* qui est précisément un »opus geminum« (mais qui ne comporte pas de »carmina figurata«). Le choix de Hraban en ce sens constitue en quelque sorte un hommage signifiant à son ancien maître mort en 804.

47 *Psalm.* 111, 10.

48 *Isai.* 11, 1–2.

49 Art. »Mémoire des textes et réécritures multiples à l'époque carolingienne …« (voir Annexe 2).

50 *In honorem sanctae crucis,* D 0.

51 A 7, 55.

52 Cela est bien connu: voir D 0, notamment 18–19.

3.2. le choix du type de vers: l'hexamètre est généralement choisi pour former le champ des poèmes figurés, ainsi que pour les »versus intexti«, sauf mention particulière de Hraban. L'hexamètre s'impose pour chanter la croix parce que c'est le vers du grand genre (épopée, tragédie); le cycle poétique de Hraban ressortit de ces deux genres; on peut ajouter ici que l'aspect didactique de son œuvre, qui explique la référence à Lucrèce dans son prologue, renvoie lui aussi au grand genre – Quintilien en est le témoin –. Par comparaison, le poème-signature, qui fait appel à la Muse et appelle l'indulgence sur l'auteur (lieu commun de l'»humilitas« et de la »captatio beneuolentiae«) est rédigé en distiques élégiaques (comme le poème-préface alcuinien de la *Vita sancti Willibrordi*): équivalent du choix d'un style au moins »mediocris«, sinon »humilis«.

3.3. les autres mètres: B 26, 19 est repris en C 26, 158: c'est un hexamètre quand le vers est lu normalement et un pentamètre quand il est lu à l'envers. L'acrobatie métrique et le texte même du vers sont calqués sur un poème où Porfyrius donne libre cours à son habileté métrique pour briller devant l'empereur Constantin.[53] Cette situation se retrouve dans le texte suivant: en B 27, 18, repris en C 27, 126 – il s'agit encore d'un hexamètre, donc d'un vers »héroïque« –, mais cette fois-ci, on peut le lire dans les deux sens. On retrouve encore Porfyrius, et précisément le même poème acrobatique.[54] Donc à la base, le même texte de Porfyrius donne deux exemples d'acrobaties métriques complémentaires, et les deux poèmes de Hraban sont eux-mêmes consécutifs et significativement complémentaires, puisqu'il s'agit de l'Ancien Testament et du Nouveau. Cela n'est évidemment pas gratuit, mais porteur d'une profonde rationalité théologique: chanter la croix du Christ mérite de tenter un exploit poétique hors du commun.

Pour les autres vers, le raisonnement est plus difficile à cerner. Voici ce que l'on trouve:

des tétramètres dactyliques (A 5/6)
des strophes sapphiques (B 9)[55]
des adoniques (A 5/6)
des asclépiades ou archiloquiens (A 5/6 + B 28)
des hémistiches dactyliques (B 28)
un dikolon dactylique (B 9)

Pourquoi ce choix? Pourquoi tel vers ici et tel autre là? Le *de arte metrica* de Bède – ou un texte analogue – n'est sûrement pas loin : on relève chez Hraban le sapphique (comme chez Bède § 18), le tétramètre catalectique (comme chez Bède § 19); l'hexamètre iambique (comme chez Bède § 20); le tétramètre iambique (comme chez Bède § 21) et l'anacréontique (comme chez Bède § 22). Mais cela ne nous dit pas pourquoi Hraban a choisi ici un type de vers et ailleurs un autre.

53 Voir Porfyrius *Carmina,* 15, 11 (p. 62), prosa 15. 11–13 (p. 61).

54 Voir Porfyrius *Carmina,* 15, 9 (p. 62), prosa 15. 9–10 (p. 61).

55 Nous en avons parlé ci-dessus, p. 25.

En outre, la présence de Bède sur ce point ne s'impose pas de manière absolue. En effet, le schéma métrique du sapphique chez Bède:

–⏑ –– –⏑⏑ –⏑ –⏑

–⏑⏑ –⏑

est différent – certes uniquement dans sa présentation métrique – de celui de Hraban:

–⏑ –– –⏑ ⏑– ⏑– ⏑

–⏑⏑ –⏑

Est-ce cependant suffisant, en sens inverse, pour songer à l'utilisation par Hraban d'un autre manuel que celui de Bède?

On trouve ailleurs chez Hraban des considérations susceptibles de donner des critères de choix, ainsi dans le *De institutione clericorum*:[56]

Metricam autem rationem, quae per artem grammaticam discitur non ignobile est scire, quia apud Hebraeos psalterium, ut beatus Hieronymus testatur, *nunc iambo currit, nunc alchaico personat, nunc sapphico tumet, nunc semipede ingreditur. Deuteronomium uero et Esaiae canticum* necnon Salomon et Iob *hexametris et pentametris uersibus scribunt, apud suos composita decurrunt.*[57]

Isidore de Séville[58] a visiblement déjà puisé à la même source d'information:

Nam in more Romani Flacci et Graeci Pindari, nunc alii iambo currunt, nunc Alcaico personant, nunc sapphico nitent trimetro, uel tetrametro pede incedentes.

Mais faut-il pour autant croire que Hraban a tenu compte d'une différence de statut entre les différents vers utilisés, ce à quoi Jérôme est encore sensible ? Compte tenu des exemples que l'on peut relever dans le *De arte metrica* de Bède, je reste un peu sceptique ... Il n'est pas du tout évident qu'une stylistique corresponde à un type spécifique de vers.

4. Des considérations d'ordre plus général pour acheminer vers la conclusion:

4.1. Il existe un lien entre »ordo«, »numerus« et »ratio«, comme on le voit dès *in hon., prologus* A 7, 29: l'auteur invite chacun à voir la texture de l'œuvre (»textum«); A 7, 53: que chacun suive l'ordre (»ordinem«) de la rédaction. Hraban tient à tout cela. Cette notion d'importance de l'ordre revient souvent dans son œuvre: il a choisi volontairement un ordre d'exposition que le lecteur doit respecter, par exemple dans l'*in Leviticum*,[59] l'*in Paralip.*,[60] le *Martirologium*[61] et le *liber poenitentiae*.[62]

56 Voir *De institutione clericorum*, 3, 18 (= le chap. intitulé *De arte grammatica et speciebus eius* = p. 468–469 de l'éd. Detlev Zimpel 1996).

57 Hieronymus *Chronicon*. Le passage emprunté à Jérôme est en italiques.

58 Isidorus Hispaliensis *Etymologia*, 6, 2, 17.

59 *Expositionum in Leviticum*, 246 D.

60 *Commentaria in Paralipomenon*, 280.

61 *Martirologium*, 1121.

62 *Poenitentium liber*, 1399.

4.2. Hraban insiste fortement et fréquemment sur l'utilité de ce qu'il a écrit. C'est un vrai leitmotiv notamment de ses préfaces: l'exposition rationnelle des différents auteurs qu'il recopie vise à l'utilité du lecteur, comme dans l'*in Matth.*[63]; l'*in Reg.*[64], l'*in epist. Pauli*[65], l'*in Matth.*[66] Vient s'y ajouter ici un souci de »dispositio« et de choix souvent délibéré des couleurs. On est ainsi fondé à affirmer que Hraban s'est soucié de l'utilisation pratique de ses livres comme livres de travail.

4.3. Au total, un souci de rationalité émerge partout dans le rapport aux langues, notamment dans le *De rerum naturis*: ainsi l'explication logique des »linguae gentium«;[67] les noms des peuples ont par leur étymologie une valeur symbolique, signifiante; en ce sens, dire, c'est faire ...;[68] dans le même sens, à propos des différents mètres dont il parle dans l'*excerptio Prisciani*:[69] il veut expliquer »ipsius metri uim et subtilissimam positionem.« Ne pourrait-on voir dans ce travail un essai de rationalisation des faits de langue et notamment de métrique?

4.4. L'union de l'écriture à une matière précieuse est encore rationnelle. Comme l'a montré une exposition récente à la Bibliothèque Nationale de France et le catalogue »Trésors carolingiens, Livres manuscrits de Charlemagne à Charles le Chauve«,[70] les manuscrits or et pourpre sont pour ainsi dire la même chose que les vases sacrés: l'aspect extérieur confirme l'importance du contenu.[71] Dans le même sens, la »journée« organisée le 4 mai 2007 à la Bibliothèque Nationale de France a rappelé que l'or, l'argent et la pourpre participent d'une sémiotique de la puissance. En plus, l'or et l'argent représentent la lumière, et si la couleur est matière, elle est aussi lumière, comme on le dit depuis Denys l'Aréopagite et les travaux de Georges Duby et de Michel Pastoureau. Les matières précieuses et lumineuses du livre soulignent sa dimension d'objet sacré: les livres, au même titre que les reliquaires, servent à l'évocation de personnes sacrées. Les poèmes figurés de Hraban et leurs exemplaires luxueux destinés à être offerts à des personnages éminents comme l'empereur et le pape entrent complètement dans ce type de logique.

4.5. L'union entre langue, écriture, d'une part, et la »ratio« d'autre part, doit être complétée, dans le cas de l'*in honorem* au moins, par tout ce qui concerne l'image. C'est l'occasion de rappeler que ces différents éléments ont un but spirituel, puisque tout tourne autour de la piété pour la croix. Autrement dit, on est à la fois dans le littéraire, l'ornemental, le figuratif et le symbolique; tous éléments probablement indissociables dans l'esprit de l'auteur.[72]

63 *Commentariorum in Mattheum*, 727.
64 *Commentaria in Regum*, 9.
65 *In epistolas Pauli*, 1273.
66 *Commentariorum in Mattheum*, 730 A.
67 16, 1 = *PL* 111, 435–437 B.
68 16, 2 = *PL* 111, 437 C–445 B.
69 *De arte Grammatica Prisciani*, 666 B-C sq..
70 Page 46 B.
71 Page 47 A.
72 Voir Felten/Nichtweiss 2006, p. 26.

Dans le même sens, on peut dire que Hraban accorde une sainteté à la croix, parce que la matérialité de la croix (par l'image peinte sur la page du livre) a un rôle pour aider à la contemplation de Dieu. En un mot, l'attention au corps, à la matérialité, au concret, au réel a un rôle pédagogique.[73] L'importance du nombre à cet égard peut se comprendre – *mutatis mutandis* – d'une manière similaire: c'est aussi un moyen de passer du visible à l'invisible. Or c'est une idée chère à Hraban qui la reprend en de multiples endroits:[74] *De institutione clericorum*,[75] *in Matth.*,[76] *de computo;*[77]

Nous retrouvons donc »in fine«, à partir d'une réflexion sur la langue et la raison, le rapport du texte à l'image, »quaestio saepissime uexata«. Comment interpréter la position de Hraban qui s'exprime dans différents textes imparfaitement superposables? Je pense qu'un moyen de résoudre au moins partiellement les difficultés consiste à accepter deux niveaux de sens:

4.5.1. Le niveau théorique, où le texte est supérieur à l'image: C 1, 1–23:[78] alliance de l'image et du texte; l'image est évoquée avant le texte, parce que c'est ce qu'on voit en premier. On passe de l'image au texte – du concret au concept:

> imago Saluatoris membrorum suorum positione consecrat nobis … crucis formam, ut in eius nomine credentes et eius mandatis oboedientes, per eius passionem spem uitae aeternae habeamus, ut, quotiescumque crucem aspiciamus, ipsius ⟨crucem⟩ recordemur, … utque recogitemus, quod … redempti sumus … sanguine … Christi, ut simus sancti …, ut per haec efficiamur diuinae consortes naturae …

Il s'agit bien ici de l'image que l'on voit en B 1; l'image de la croix ne serait pas sacrée s'il ne s'agissait de la croix du Christ. De même que, selon les *Libri Carolini*, la peinture d'une femme portant un enfant ne peut être reconnue comme celle de Marie sans un »titulus« qui l'indique. Les trois »ut« indiquent la finalité de cette représentation: un rappel s'adressant au sensible pour nous conduire à la vie éternelle. La finalité théologique de l'ensemble vient ensuite (l. 16–23):

73 Le congrès de juillet 2006 (Lille-Amiens), en cours de publication en 2007, a mis l'accent sur ce point.

74 Voir Kotzur 2006, p. 29 A. On pourrait ajouter des références plus générales à Denys l'Aréopagite et aux travaux de Georges Duby, notamment sur saint Bernard et Suger.

75 *De arte Grammatica Prisciani*, 666 B-C sq. 2, 39 = »de Pascha domini« = p. 391, 37–38 éd. Zimpel, qui renvoie à Isidorus Hispaliensis *De ecclesiasticis officiis*, 1, 32 (31) (= CCL 113. p. 35, I. 2 – p. 38. I. 70); et Augustinus *Epistola ad Ianuarium*, 55, 1, 2 (CSEL 34.2) et Augustinus *In Iohannem Tractatus*. 55 (CCL 36, p. 463, I. 1 sq.).

76 *Commentariorum in Mattheum* 4, 13, 5, 952 C = *CCCM* 174 (éd. B. Löfstedt), p. 398, l. 53–54.

77 93 = *Commentariorum in Mattheum*, 925 A.

78 A la différence de »Rabanus Maurus …«, Kotzur 2006, p. 28 B, je ne crois pas que *In honorem sanctae crucis*, C 1, 57–59 exprime la position de Hraban sur les images. En effet, il s'agit dans ce passage précis d'une citation d'Isidore concernant les »nomina Christi«, où il parle de la situation du Fils par rapport au Père, et non pas de la position de Hraban concernant les images.

Sunt … in ipsa pagina nomina eiusdem Redemptoris nostri uersibus conprehensa, … ut ostenderetur, quod idem mediator Dei et hominum, et Patri est in deitate consubstantialis atque coaequalis, et matri in humanitate suscepta connaturalis atque consimilis …

Donc les »nomina Christi« écrits dans des lettres servent à montrer (le choix du verbe »ostendere«, qui ressortit à la fois du domaine de la perception et de l'intellection, n'est sans doute pas gratuit) que le Christ est à la fois Dieu et homme. Autrement dit, on est dans le domaine du concept, de la théologie. On peut le considérer comme supérieur à celui du sensible, tout en considérant que l'un mène à l'autre. On notera en outre qu'ici le Christ »embrasse« visuellement le poème figuré (ses mains et ses pieds dépassent même le cadre du poème) pour celui qui ouvre le livre, ce qui signifie que le Christ et sa croix »investissent« le monde, et donc que tout cela a une signification cosmologique et théologique.

Le poème bien connu que Hraban envoie à Hatto, où il s'adresse à l'intelligence de son confrère, va dans le même sens.[79] En un mot, l'écrit, c'est le vrai, et la peinture, c'est l'illusion – donc le faux, comme le dit le vers 5 –; si l'on s'exprimait en termes platoniciens, dans le premier cas, on est dans le monde des idées, et dans le second, dans la caverne.

4.5.2. Mais au niveau du réel pratique, l'image garde une grande valeur sensible, pastorale, pragmatique pour les fidèles (à qui on ne peut parler »ex abrupto« de théologie abstraite). Lors du congrès Hraban de 2006, ce point a été bien mis en relief notamment par E. Palazzo pour la liturgie; sur ce plan, liturgie, reliques, luxe des objets sacrés vont dans le même sens que les images et l'union des images et des textes, celui d'un appel à la sensibilité des fidèles …[80] Il en va de même encore pour la langue et le choix du vers. Toutes choses égales par ailleurs, on peut comparer tout cela à ce qu'Augustin disait dans les *Confessions*, à propos des blandices corruptrices de la poésie,[81] des chants, et de la beauté en général.[82] Converti, il se reprocha d'avoir jugé la Bible indigne d'être comparée à la majesté du beau style cicéronien;[83] Hraban est peut-être plus indulgent – au moins dans sa pratique – à l'égard du sensible, en considérant son utilité pastorale et pédagogique … Le jugement sur la chose dépend de la manière dont on se place, dans l'absolu et dans la réalité. On peut parler aussi de l'aspect théologique et de l'aspect pastoral (non pas opposés en réalité, mais complémentaires): au fond, il s'agit de la même chose, mais considérée sous deux angles différents. En ce sens, Dieu peut être lisible et visible.[84] On a exprimé des idées voisines à propos de la couleur, jugée favorablement en tant que lumière, et moins en tant que

79 Voir infra annexe 1.

80 La communication de Haubrichs, p. 45–67, insiste sur le souci pastoral des »illitterati« chez Hraban.

81 Augustinus *Confessiones,* 1, 20–21.

82 Augustinus *Confessiones,* 10, 8.

83 Augustinus *Confessiones,* 3, 9.

84 Voir la fin de la communication de Mechthild Dreyer, p. 127–141.

matière.[85] Enfin, et il faudrait sans nul doute approfondir la conjecture que je propose maintenant en tant que telle, ne pourrait-on pas comparer l'attitude de Hraban sur ce point – et, à travers lui, celle des écrivains carolingiens – dans la continuité de celle des auteurs de l'Antiquité et de l'Antiquité Tardive (qui ont souvent une charge pastorale et écrivent dans une certaine urgence), qui ne font pas d'exposé systématique et général sur une question théorique, mais qui répondent à une question qui se pose »hic et nunc«. De même que, pour un Ancien, un philosophe n'est pas celui qui écrit des livres sur des questions philosophiques, mais qui vit conformément à une philosophie:[86] autrement dit, pour comprendre Hraban, il faut entrer dans les préoccupations de son temps ...

5. Les préoccupations et la finalité spirituelles et théologiques

A propos même du mot »crux«, Hraban en retourne significativement les connotations négatives : on retrouve ainsi jusque sur le plan de la phonétique le retournement spirituel de saint Paul:[87] folie aux yeux des hommes, sagesse aux yeux de Dieu; sagesse aux yeux des hommes, folie aux yeux de Dieu. La langue, mais aussi l'image et le nombre à d'autres titres, sont des traductions – de valeur inégale, certes – ou des facettes de la raison, de la vérité, du réel, et de Dieu en fin de compte. Ces différentes manières de dire Dieu nous donnent accès à l'aspect rationnel d'une pastorale qui est aussi une pédagogie.

Annexe 1

Carmen 38 (= *MGH Poet. lat.* 2, p. 196 = *PL* 112, 1608 B-C avec une omission des vers 10 et 11, à cause d'un saut du même au même entre les deux »atque« v. 9 et 11). Le fait d'appeler Hatto Bonosus implique que Hraban se voit par rapport à Hatto dans le même rapport que Jérôme à Bonose,

Nam pictura tibi cum omni sit gratior arte,
Scribendi ingrate non spernas posco laborem.
Psallendi nisum, studium curamque legendi,
Plus quia gramma ualet quam uana in imagine forma,
Plusque animae decoris praestat quam falsa colorum,
Pictura ostentans rerum non rite figuras.
Nam scriptura pia norma est perfecta salutis,
Et magis in rebus ualet, et magis utilis omni est,
Promptior est gustu, sensu perfectior atque
Sensibus humanis, facilis magis arte tenenda.

85 Sur cette question, de grande importance pour appréhender comment les médiévaux comprenaient la couleur, et le rôle des différentes positions dans les querelles théologiques, voir les travaux de Michel Pastoureau, et particulièrement Pastoureau 2000, p. 42 B.

86 Voir sur ce point les travaux de Pierre Hadot, et notamment Hadot 1995.

87 *I Cor.* 1, 25.

Auribus haec seruit, labris, obtutibus atque,
Illa oculis tantum pauca solamina praestat,
Haec facie uerum monstrat, et famine uerum,
Et sensu uerum, iucunda et tempore multo est,
Illa recens pascit uisum, grauat uetusta,
Deficiet propere ueri et non fide sequestra est.
....

Proposition de traduction

Même si la peinture a plus de grâce à tes yeux que tout art,
Je t'en prie, ô ingrat, ne méprise pas la peine du copiste,
L'effort du chanteur, le travail attentif du lecteur,
Car la lettre a plus de valeur que la forme qui est vide dans l'image.
Elle procure plus de beauté spirituelle que la fausse peinture des couleurs
Qui, du réel, ne montre – et encore incorrectement – que les contours.
Car la sainte écriture est la règle parfaite du salut,
Elle a plus de force efficace, elle est plus utile en toute circonstance,
Plus rapide que le goût et plus parfaite que le sens
Et les sens humains, elle est plus facile à posséder que l'art.[88]
L'une est au service des oreilles, des lèvres, et des yeux,
L'autre n'apporte que peu de consolations aux yeux ⟨seuls⟩.
L'une montre le vrai par son aspect, sa prononciation,
Et par sa signification[89] elle est agréable dans la multitude des instants,
Fraîche, l'autre repaît les yeux ; ancienne, elle les fatigue,
Elle fait vite défaut et ne suit pas la foi dans le vrai.
...

Annexe 2

Pour la commodité, voici la liste de nos articles autour de Hraban Maur qui sont bien éparpillés, en attendant un livre de synthèse à venir ...

– Le »De laudibus sanctae crucis« de Raban Maur et sa tradition manuscrite au IXe siècle, dans la *Revue d'Histoire des Textes* 19, 1989 (paru en 1990), p. 191–240, avec 3 p. de planches et 11 p. d'annexes.

– Le »De laudibus sanctae crucis« de Raban Maur: de la codicologie à la théologie en passant par la poétique, communication du 20 mai 1989 à la Société des Études Latines, paru dans la *Revue des Études Latines* 67, 1989 (1990), p. 213–235.

– »A propos des 'cruces' du 'De laudibus sanctae crucis' de Raban Maur. Quelques réflexions sur la méthode à suivre«, pour l'ouvrage *De Tertullien aux Mozarabes* (= *Mélanges* Jacques Fontaine), octobre 1992, collection des *Études Augustiniennes*, tome 2, p. 217–228.

88 Je comprends qu'il est plus facile d'apprendre à écrire que d'apprendre à peindre.

89 Triple valeur positive donc de la lettre à l'égard du vrai: l'aspect (= la forme que l'on voit); le son (cf. supra à propos de »crux«), le sens (= la signification de ce qui est écrit). Autrement dit: on lit avec les yeux, on entend ce qui est lu ⟨à voix haute⟩, et on comprend le texte.

– »De la poésie à la spiritualité en passant par l'arithmologie. Un exemple de poésie carolingienne, le 'De laudibus sanctae crucis' de Raban Maur«, paru dans la revue napolitaine *Koinônia* 16, *2,* 1992 (1993), p. 147–160.

– »D'Isidore de Séville à Raban Maur: de la prose à la prose en passant par la poésie. Un exemple tiré du 'De laudibus sanctae crucis' de Raban Maur«, paru dans les *Mélanges José Oroz,* Salamanca 1993, p. 711–723.

– »Les problèmes de composition des 'carmina figurata' du 'De laudibus sanctae crucis' de Raban Maur. Un exemple tiré du poème XXII «, paru dans les *Mélanges* André Crépin (= collection *Wodan* 20), Greifswald 1993, p. 297–306.

– »Voyage à travers le bestiaire de Raban: un exotisme bien tempéré«, communication au colloque »Mondes nouveaux, nouveaux mondes au Moyen Age« (Amiens, 3–5 avril 1992), paru dans les *Actes* (= collection *Wodan* 21), Greifswald, 1994, p. 101–106.

– »L'iconoclasme et ses prolongements carolingiens au début du IXe siècle en Occident dans l'œuvre de Raban Maur«, communication présentée au Congrès de l'APLAES (Amiens, 21–23 mai 1993), parue dans les *Actes* en 1994, p. 81–89.

– »La pauvre veuve et le poil des chèvres. Voyage à travers la notion d'imitation et le 'locus humilitatis' dans les marges d'Ernst-Robert Curtius. Un exemple carolingien tiré d'Alcuin et de Raban Maur«, communication au colloque sur »L'unité de la culture européenne au Moyen Age« (24–26 septembre 1993, Strasbourg), parue dans les *Actes (coll. Wodan),* Greifswald 1995, p. 95–102.

– »L'idéologie pendant le Haut Moyen Age latin«, communication à la session d'été d'Aussois pour CLELIA (30.08.94), publiée sous le titre *Religion et politique carolingienne: un exemple pris chez Raban Maur, Lalies,* 1995, p. 181–192.

– »La composition de l''In honorem sanctae crucis' de Raban Maur: possibilités et limites de l'explication de la structure de l'œuvre«: communication à la Société des Études Latines le 13 mai 1995, parue dans la *Revue des Études Latines* 73 (1996) p. 199–212.

– »La représentation figurée de César-Louis le Pieux chez Raban Maur en 835: religion et idéologie«, paru dans *Francia* 24/1 (1997) p. 39–64.

– »En guise de marginalia de Raban Maur, In honorem sanctae crucis, Corpus Christianorum, Continuatio Mediaevalis, t. 100 et 100 A«, dans la *Revue Mabillon, n.s.* 9 (1998) p. 255–263.

– »La couleur bleue dans l'In honorem sanctae crucis de Raban Maur«, communication du 5 mai 2000 pour la Rencontre »Figures de la couleur dans les mondes médiévaux«, parue dans *Études Médiévales* 3 (2001) p. 39–45.

– »Regards croisés sur la couleur, de l'Antiquité au Moyen Age, autour de quelques notes de lecture«, paru dans le *Bulletin de l'Association Guillaume Budé* 2 (juin 2001) p. 153–170.

– »Présence de l'Antiquité à travers l'In honorem sanctae crucis de Raban Maur«: communication au colloque de Padoue-Venise »Présence de l'Antiquité«, (28 septembre–1er octobre 199, parue dans *Médiévales* 4 (2002) p. 269–278.

– »La mer dans l'œuvre de Raban Maur. Quelques aperçus tirés de l''In honorem sanctae crucis' et du 'De rerum naturis'«, communication pour le colloque »Les religieux et la mer« (= CAHMER-CREDIHR, Lille, 21–24 septembre 2001), dans la coll. *Histoire Médiévale et Archéologie* 16 (2004) p. 5–10.

– »Bède le Vénérable, une source invisible de l'in honorem sanctae crucis de Raban Maur (810)«, communication pour le colloque »Bède le Vénérable: bilan et perspectives«, Lille-Amiens, 3–6 juillet 2002 = *Bède le Vénérable entre tradition et postérité* (édd. MARTINE AUBRY, STÉPHANE LEBECQ, Michel PERRIN, OLIVIER SZERWINIACK), Lille 2005, p. 231–245.

– »Nouveaux apports à la connaissance de l'In honorem sanctae crucis de Raban Maur (810). Banques de données et genèse d'un texte«, communication à la Société Nationale des Antiquaires de France, 5 novembre 2002, dans le *Bulletin de la Société des Antiquaires de France.*

– »La poésie de cour carolingienne. Les contacts entre Alcuin et Hraban Maur et les indices de l'influence d'Alcuin sur l''In honorem sanctae crucis'«, pour le colloque international »Alcuin à Tours« (Tours, 4–6 mars 2004) = *Actes* du colloque »Alcuin à Tours«, éd. par PH. DEPREUX et BRUNO JUDIC = *Annales de Bretagne et des Pays de l'Ouest* 111, 3 (2004), p. 333–351.

– »Le nombre et ses utilisations carolingiennes. Numérologie antique et biblique, Théologie, poétique et esthétique: l'exemple de l''in honorem sanctae crucis' de Hraban Maur au début du IXe siècle«, communication au colloque de Nancy (14 mai 2004) »Le rôle des nombres, de l'Antiquité au XVIIe siècle«, à paraître dans les Actes (éd. JEANNE DION), 2008. Cette communication a été reprise et élargie le 30 juin 2004 pour répondre à l'invitation D'ÉRIC PALAZZO, Directeur du Centre d'Études Supérieures de Civilisation Médiévale (= CESCM) de Poitiers, à la session de juillet 2004. J'y ai parlé aussi de »L''In honorem sanctae crucis' de Raban Maur: l'édition et sa problématique; apport des CD-ROM à la compréhension de la genèse de l'œuvre et à son insertion dans la culture carolingienne.«

– »Virgile vu par un maitre carolingien de l'école de Laon: à propos du manuscrit Laudunensis 468 (f. 1v–5v) et de Martin d'Irlande« dans »Champs fructueux. Images du legs, esthétique et religieux de la Picardie«, textes réunis et présentés par GÉRARD GROS, Amiens 2007, p. 37–83

– »Hraban Maur et Rome: l'exemple d'un grand ecclésiastique à l'époque carolingienne«, communication au colloque »Roma illustrata: Images et représentations de la Ville«, Caen, 6–8 octobre 2005

– »Hraban Maur et la Bible, dans »Biblia. Les Bibles en latin au temps des Réformes«, volumes dir. par MARIE-CHRISTINE GOMEZ-GÉRAUD, Paris (PUPS) 2008, p. 57–67.

– »Les lectures de Hraban Maur pour l''In honorem sanctae crucis'. Ébauche d'un bilan«: communication pour le congrès »Hraban Maur et son temps«, Lille-Amiens, 4–8 juillet 2006, à paraître dans les *Actes.*

– »Variations sur l'image de Rome aux VIIIe et IXe siècles : les exemples de Bède, Alcuin et Hraban Maur«, communication au colloque »L'image de Rome«, Paris 27–28 janvier 2006, à paraître dans *Camenae* 2008.

– »Mémoire des textes et réécritures multiples à l'époque carolingienne : un exemple pris chez Hraban Maur dans l'In honorem sanctae crucis«, communication au colloque »Ecritures latines de la mémoire, de l'Antiquité au XVIe siècle«, Paris 4–6 mai 2006, à paraître dans *Camenae* 2008.

– »Deux sermons de Hraban sur les reliques: les noces de Clio et de Philologie«, communication pour le congrès »Le phénomène littéraire«, Lille 1er–2 décembre 2006, à paraître dans les *Actes*.

Bibliographie

Sources

Hrabanus Maurus

Commentariorum in Mattheum

Hrabanus Maurus: *Commentariorum in Mattheum libri octo* (PL 107, 727–1123).

Commentaria in Paralipomenon

Hrabanus Maurus: *Commentaria in libros II Paralipomenon* (PL 109, 279–539).

Commentaria in Regum

Hrabanus Maurus: *Commentaria in libros IV Regum* (PL 109, 9–279).

De arte Grammatica prisciani

Hrabanus Maurus: *Excerptio de arte Grammatica prisciani* (PL 111, 614–675).

De institutione clericorum

Hrabanus Maurus: *De institutione clericorum libri tres*, Studien u. Edition von Detlev Zimpel (*Freiburger Beiträge zur Mittelalterlichen Geschichte* 7), Frankfurt a.M. 1996.

Expositionum in Leviticum

Hrabanus Maurus: *Expositionum in Leviticum libri septem* (PL 108, 245–586).

In epistolas Pauli

Hrabanus Maurus: *In epistolas beati Pauli* (PL 111, 1273–1616).

In honorem sanctae crucis

Hrabanus Maurus: *In honorem sanctae crucis*, éd. Michel Jean-Louis Perrin, (CCCM [1997] 100 + 100 A).

Martirologium

Hrabanus Maurus: *Martirologium* (PL 110, 1121–1187).

Poenitentium liber

Hrabanus Maurus: *Poenitentium liber* (PL 112, 1397–1431).

Autres

Aldhelmus *Epistola ad Acircium*
Aldhelmus: *Epistola ad Acircium* (PL 89, 205C+219A).
Augustinus *Confessiones*
Augustinus: *Confessiones* (PL 32, 659–868).
Augustinus *De dialectica*
Augustinus: *Principia dialecticae,* PL 32, 1409–1420.
Augustinus *De trinitate*
Augustinus: *De trinitate* (PL 42, 819–1098).
Augustinus *Epistola ad Ianuarium*
Augustinus: *Epistola ad Ianuarium* (CSEL 34,2).
Augustinus *In Iohannem Tractatus*
Augustinus : *In Iohannis Evangelium* (CCL 36).
Beda Venerabilis *De arte metrica*
Beda Venerabilis: *De arte metrica* (PL 90, 149–186).
Beda Venerabilis *De ratione temporum*
Beda Venerabilis: *De ratione temporum* (PL 90, 293–578).
Boethius *Institutio arithmetica*
Boethius: *Institutio arithmetica,* éd. J.-Y. Guillaumin, Paris 1995.
Hieronymus *Chronicon*
Hieronymus: *Chronicon* (PL 68, 80A).
Isidorus Hispaliensis *Etymologia*
Isidorus Hispaliensis: *Etymologia* (PL 82, 73–728).
Isidorus Hispaliensis *De ecclesiasticis officiis*
Isidorus Hispaliensis *De ecclesiasticis officiis* (CCL 63).
Keil GLK
Grammatici Latin, éd. G. Keil, t. 1–8, Hildesheim 1961 (reprint).
Porfyrius *Carmina*
Porfyrius: *Carmina,* éd. Johannes Polara, CSLP, Torino 1973.
Prosper d'Aquitaine *Epigrammata*
Prosper d'Aquitaine: *Epigramm* (PL 51, 520 B).
Varro *De lingua latina*
Varro: *De lingua latina,* éd. Georg Götz et Friedrich Schöll, Leipzig 1910.

Auteurs modernes

Caillet 2006
Jean Pierre Caillet: *L'art carolingien* (Tout l'art. Histoire), Paris 2006.
Collart 1954
Jean Collart: *Varron grammairien latin* (Publications de la Faculté des lettres de l'Université de Strasbourg 121), Paris 1954.
Ernst 1991
Ulrich Ernst: »Carmen figuratum – Geschichte der Figurengedichts von den antiken Ursprüngen bis zum Ausgang des Mittelalters«, dans *Pictura et poesis* 1, Köln/Weimar/Wien, 1991.

FELTEN/NICHTWEISS 2006
Hrabanus Maurus. Gelehrter, Abt von Fulda und Erzbischof von Mainz, hg. von FRANZ FELTEN, BARBARA NICHTWEISS, Mainz 2006.
FERRARI 1996
MICHELE CAMILLO FERRARI: »Hrabanica. Hrabans 'de laudibus sanctae crucis' im Spiegel der neueren Forschung«, dans *Kloster Fulda in der Welt der Karolinger und Ottonen,* hg. von GANGOLF SCHRIMPF, Frankfurt a. M. 1996, p. 493–526.
FERRARI 1999
MICHELE CAMILLO FERRARI: »Il 'liber sanctae crucis' di Rabano Mauro. Testo – immagine – contesto«, dans *Lateinische Sprache und Literatur des Mittelalters* 30 (1999).
GOSSEREZ 2007
LAURENCE GOSSEREZ: »Le phénix coloré (d'Hérodote à Ambroise de Milan)«, dans *Bulletin de l'Association Guillaume Budé* 1 (2007).
HADOT 1995
PIERRE HADOT: *Qu'est-ce que la philosophie antique?,* Paris 1995.
KOTZUR 2006
Rabanus Maurus. Auf den Spuren eines karolingischen Gelehrten, hg. von HANS-JÜRGEN KOTZUR, Mainz 2006.
MEYER/SUNTRUP 1987
HEINZ MEYER, RUDOLF SUNTRUP: *Lexikon der mittelalterlichen Zahlenbedeutungen,* München 1987.
PASTOUREAU 2000
MICHEL PASTOUREAU: *Bleu. Histoire d'une couleur,* Paris 2000.
TAEGER 1970
BURCKHARDT TAEGER: »Zahlensymbolik bei Hraban, bei Hincmar und im 'Heliand'? Studien zur Zahlensymbolik im Frühmittelalter«, dans *Münchener Texte und Untersuchungen zur deutschen Literatur des Mittelalters* 30 (1970).
ThLL
Thesaurus Linguae Latinae, Berlin 1949.
ZIMMERMANN/VUILLEMIN-DIEM 1983–1984
Mensura: Maß, Zahl, Zahlensymbolik im Mittelalter, hg. von ALBERT ZIMMERMANN, GUDRUN VUILLEMIN-DIEM (Miscellanea Medievalia 16), Berlin/New York 1983/84.

Archa Verbi 4 (2007) 45–67

Theodiske Schriftlichkeit und die Zentren Fulda und Mainz zur Zeit des Hrabanus Maurus

von Wolfgang Haubrichs

Beginnen wir mit einer Begriffsbestimmung: Wenn ich in der Überschrift und im Folgenden von *theodisk* rede, so geschieht das, weil man zur Karolingerzeit noch nicht eigentlich von *Deutsch* reden kann: Franken, Bayern, Alamannen, Sachsen, Thüringer haben ihre eigene Sprache, die erst in Jahrhunderten zu *Deutsch* zusammenwachsen wird, auch wenn dieses Wort sich aus dem älteren *theodisk* ableitet. Dieses Wort, latinisiert *theodiscus*, bezeichnet die germanischen Volkssprachen im Gesichtsfeld des Karolingerreichs, die germanische Volkssprachigkeit der Zeit.

Wer sich nun fragt, wo denn in der lateinischen, klösterlichen und klerikalen Kultur der Karolingerzeit der Ort volkssprachiger Überlieferung sei, der muß sich zweierlei vor Augen führen: zum einen, daß die althochdeutschen Texte nur einen winzigen Randbereich der in ihrem Hauptstrom lateinischen Überlieferung der Zeit ausfüllen; so finden sich auch unter den Büchern der besprochenen großen karolingischen Bibliothekskataloge kaum einmal (nur auf der Reichenau) althochdeutsche Schriften. Zum zweiten aber ist auch die klerikale Literatur nur ein, wenn auch mit hohem Prestige ausgestatteter Randbereich der illiteraten Kultur der Laien. Die Spannung, die zwischen klerikaler und laikaler Kultur bestand, kommt dabei in den geringen Spuren volkssprachiger Schriftlichkeit, wie sie die Zeit Karls des Großen und seines unmittelbaren Nachfolgers hinterlassen haben, noch kaum zum Austrag. Diese Spannung entbindet kreativ erst dann volkssprachige Literatur, als Angehörige der christlich-klerikalen Elite die Kontaktzonen beider Kulturen aktiv zu gestalten beginnen und mit Heiligenlied und Bibeldichtung einheimische Gattungen zu verdrängen suchen.

Die frühen volkssprachigen Texte der Karolingerzeit leben in zwei Bereichen: Zum einen lassen sie sich einordnen in den Funktionszusammenhang der Klöster, vor allem in die Intentionen ihrer Schulen. Sie sind mit volkssprachiger Glossierung, mit Übersetzungen des Ordensgesetzes der Benediktsregel, der klösterlichen liturgischen Lieder, der Psalmen und der Evangelien (von Vorläufern abgesehen) nichts anderes als die Frucht karlischer Reformen, die nämlich in erster Linie der Lateinreform des Kreises um Karl, von dem ein Poet sagt, daß er mit gleichem Eifer seine Feinde wie auch die Fehler in der Sprache bekämpft habe, ihre Reife verdankt. Nicht der Volkssprache also dienen Glossierungen und Übersetzungen, sondern der Verbesserung des Lateins der im Gebrauch der Muttersprache aufgewachsenen Zöglinge des Klosters. Sie sollen aus *theodisci* zu *latini,* aus Muttersprachlern zu Adepten der Vatersprache des mittelalterlichen Europas gemacht werden. Nur so erklärt sich die sklavische, Wort für Wort vorgehende, die Regeln der althochdeutschen Sprache mannigfach verletzende Übersetzungstechnik der meisten Texte dieser Gruppe. Auf die inhaltliche Auswahl der glossierten oder übersetzten Texte wirkt ferner das Bemühen des karlischen Kreises um Reinigung der biblischen Texte und Hebung des Standards biblischer Kenntnisse bei den Klerikern, um Vereinheitlichung der monastischen Regel und Liturgie, um Verbesserung der Schule und Standardisierung der dort zu lesenden und zu bearbeitenden antiken und christlichen Autoren. So dienen diese Zeugnisse der Volkssprache alle auf einer unteren, aber fundamentalen und daher notwendigen Ebene der Klosterschule, einer Schule, in welche jene Mönche gingen, die Chroniken und Epen schrieben, die wie Hraban ihre Theologie an den *patres* (»Vätern«) schulten und festigten, antike Literatur überlieferten, bewerteten, edierten und kommentierten, die schließlich die liturgischen, poetisch-musikalischen Wunder der Sequenzen von St. Amand und St. Gallen hervorbrachten. Ein zweiter Bereich früher Volkssprachigkeit ergibt sich aus den ebenfalls in der karlischen Reform neu formulierten Aufgaben und Pflichten des christlichen Herrschers, das ihm anvertraute Volk zum Heil zu führen. Neben die *correctio litterarum* (»Besserung schriftlicher Bildung«) tritt so die *correctio mentis* (»Besserung des Geistes«) der Untertanen: Die Gläubigen sollen in ihrer ganzen Breite christliche Grundwahrheiten einsehen und verstehen können. Nach dem Auseinandertreten von lateinischer Gelehrten- und romanischer Volkssprache, und schon gar bei den germanischen *gentes* des Frankenreiches ist dieses Ziel nur über die Volkssprache zu erreichen. In diesem Bereich haben daher die überlieferten Übersetzungen liturgischer und katechetischer Gebrauchstexte (wie Taufgelöbnisse, Credo, Paternoster, Gebete, Beichten) sowie volkssprachiger Predigten ihren funktionellen Ort (s. Abbildung 1).

Die wichtigsten Klöster und viele bischöfliche Zentren des ostfränkischen Reiches und des deutschsprachigen Teiles des lotharingischen Mittelreiches sind, wenn nicht an der Produktion, so doch an der Überlieferung althochdeutscher Texte beteiligt (Fulda sogar an der Tradierung des einzig erhaltenen althochdeutschen Heldenliedes, des ›Hildebrandsliedes‹), allen voran freilich die durch ihre Bibliotheksausstattungen und durch die Qualität ihrer Schulen ausgezeichneten Klöster Fulda, Reichenau, St. Gallen, Murbach, Weißenburg und Lorsch sowie die bayerischen Bischofsresidenzen Regensburg (mit dem Kloster St. Emmeram) und Freising (mit dem Kloster Weihenstephan), schließlich das rheinische Mainz (mit dem Kloster St. Alban). Dabei ist die volkssprachige Produktion im wesentlichen konzentriert auf das neunte und die ersten Jahrzehnte des zehnten Jahrhunderts, von da ab läßt sie nach und erschöpft sich im Tradieren des Vorhandenen.

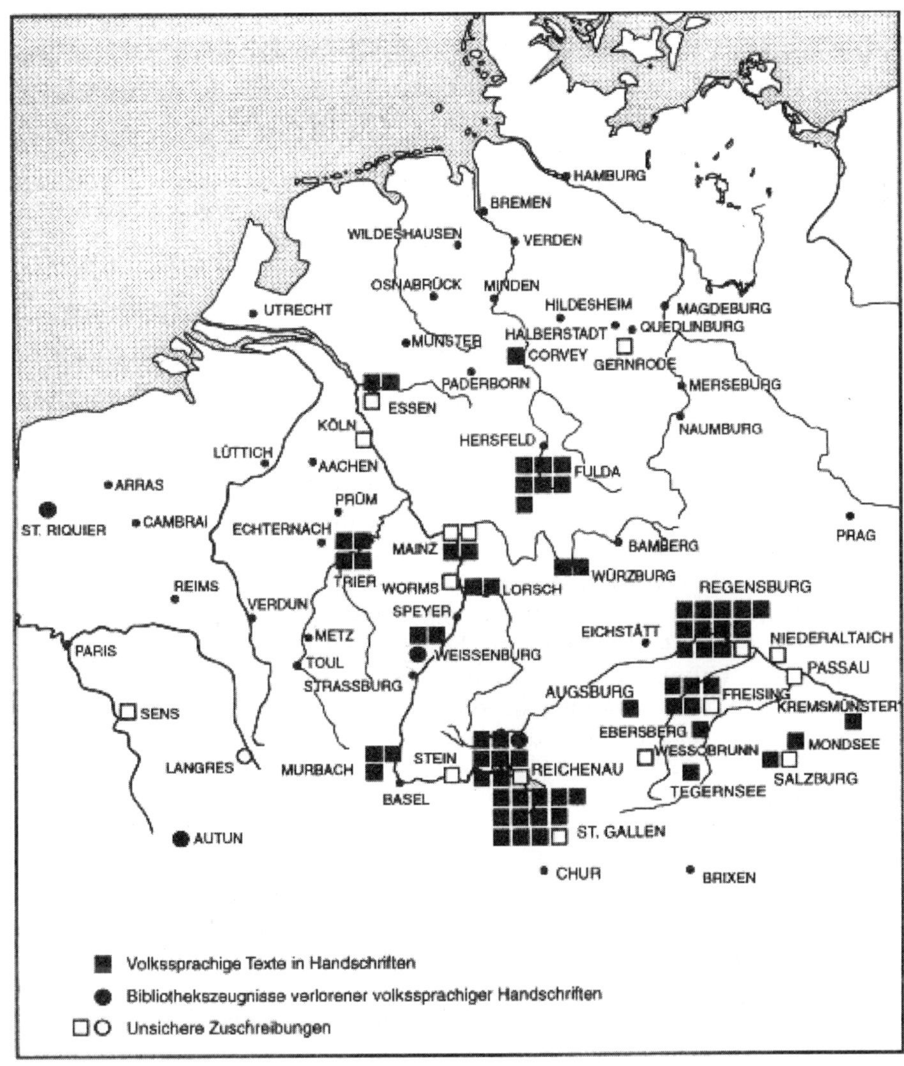

Abbildung 1
Althochdeutsche und altniederdeutsche Schreiborte

Texte zum Gebrauch der Klosterschule

Zu den Texten zum Gebrauch der Klosterschule gehört auch das Evangelium in der Schule. Etwa um das Jahr 170 hatte der Syrer Tatian – man weiß nicht, ob in syrischer oder griechischer Sprache – die vier kanonischen Evangelien zu einer Harmonie des Lebens und Wirkens Jesu verwoben. Sein Werk, die Überführung der vier anerkannten Zeugen des Heilsgeschehens in eine fortlaufende Erzählung, wurde früh ins Lateinische übersetzt. Die altlateinische Evangelienharmonie wiederum, die selbst nicht erhalten ist, glich im sechsten

Jahrhundert Bischof Victor von Capua († 554) an den inzwischen kanonisch gewordenen Vulgata-Text des Evangeliums in der Übersetzung des Hieronymus an. Diese Bearbeitung des *unum ex quattuor euangelium conpositum* (»ein Evangelium aus vieren zusammengesetzt«), der schon Victor eine Vorrede, die Kanontafeln (Register der Parallelstellen in den vier Evangelien), die Überschriften der Kapitel und im Textcorpus selbst Marginalkonkordanzen (mit Nachweis der Herkunft des benutzten Textes und weiterer Parallelstellen) beigab, erwarb der mit der Reorganisation der fränkischen Kirche und der Mission der theodisken *gentes* beauftragte Angelsachse Bonifatius während eines Romaufenthalts. Nahezu als eine Reliquie gelangte das wertvolle subantike, in prächtiger Unzialis, spätrömischer Majuskelbuchschrift, geschriebene Buch nach dem Märtyrertode des Missionars († 754) in seine Gründung Fulda.

Alles Leben der Mönche läuft auf das Wort Gottes zu. Die »gute Botschaft«, das Evangelium Christi, war Ziel aller Mühen und Studien des Mönches. Sie war – noch jenseits der Regel des Benedikts – die Norm seines Verhaltens und Lebens, das in die *imitatio Christi* (»Nachfolge Christi«) münden sollte. *Regula therero búachi uns zeigot hímilrichi* (»Das Gesetz dieser Bücher weist uns zum Himmelreich«) formulierte der Mönch Otfrid von Weißenburg, ein Schüler Fuldas.[1] Es wundert nicht, daß man in Fulda mit und an der Evangelienharmonie arbeitete: textkritische Streichungen und Ergänzungen in der Victor-Handschrift, drei erhaltene und die Edition neu und nach Maßstäben der karolingischen Liturgie und Bibelwissenschaft organisierende Abschriften des neunten Jahrhunderts, davon eine offensichtlich im Auftrage des mit dem Fuldaer Abt Hraban korrespondierenden und zusammenarbeitenden Erzbischofs Hinkmar von Reims (845–882), zeugen von dieser Arbeit am *Tatian*. Wird so schon der in karolingischer Zeit nur durch Vermittlung des Fuldaer Victor-Codex überlieferte lateinische *Tatian* zu einer geistigen Kennmarke des Bonifatiusklosters, so ist doch die erstaunlichste und früheste Frucht der Fuldaer Arbeit an der praktischen Bedürfnissen nach Vermittlung der evangelischen Inhalte entgegenkommenden Evangelienharmonie in der ›Lateinisch-althochdeutschen Tatianbilingue‹ erhalten, in welcher dem lateinischen Text des Victor von Capua auf jeder Seite der Handschrift Zeile für Zeile und Wort für Wort eine althochdeutsche Übersetzung in einer zweiten Kolumne gegenübergestellt wurde (s. Abbildung 2).

Im Codex Sangallensis 56 (G) ist wohl das Original der Fuldaer Tatian-Bilingue – eine Bilingue nennt man einen zweisprachigen Text – erhalten. Es richtet sich in Aufbau und Anlage getreulich – bis zur Übernahme von Fehlern – nach dem Victor-Codex. Geschrieben wurde der Sangallensis – wohl nach Vorlage je getrennter lateinischer und althochdeutscher Konzepte – von sechs Fuldaer Händen des 2. Viertels des 9. Jahrhunderts. Zwei von ihnen, darunter Schreiber γ, der auch sprachlich besondere Wege geht, scheinen die Schriftkunst in anderen Zentren erlernt zu haben, haben sich aber dem Fuldaer Stil angeglichen. Vorreden, Kanontafeln und Kapitelverzeichnis fügte ein Mainzer Schreiber hinzu, was bei den engen Beziehungen zwischen dem

1 Otfrid von Weissenburg *Liber evangeliorum* 1962, Ad Ludovicum, v. 91, S. 3.

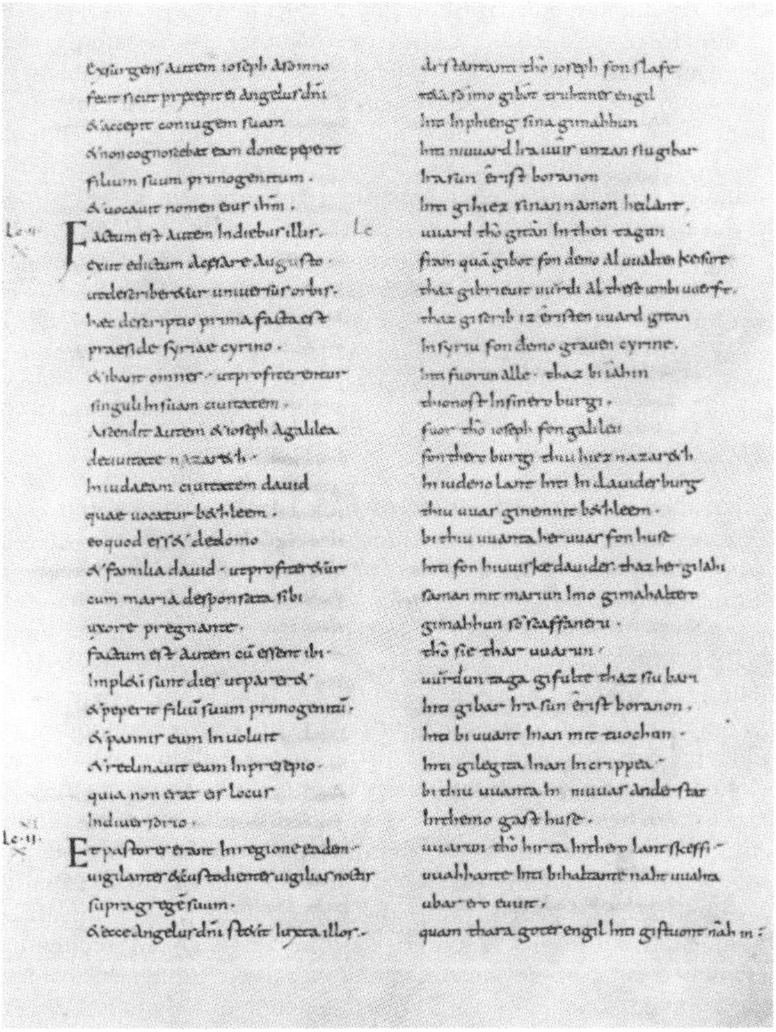

Abbildung 2
»Althochdeutscher Tatian«, Stiftsbibliothek St. Gallen, Cod. 56, p. 35,
(Fulda, 2. Viertel des 9, Jhd.)

Bonifatiuskloster und dem Bischofssitz des Bonifatius nicht überrascht. Auch die Sprache weist auf Fulda (nach 825). Der althochdeutsche Text ist im Wesentlichen eine Übersetzung der in der St. Galler Handschrift erhaltenen lateinischen Fassung. Die Fuldaer Tatian-Bilingue hatte – wie manches andere Werk aus der Zeit des gelehrten Abtes Hrabanus Maurus – Erfolg: Eine der Anlage nach ähnliche, heute verschollene Handschrift (B) befand sich noch 1597 im Besitz des Humanisten Bonaventura Vulcanius: eine Abschrift hat sich als Codex Junius 13 der Oxforder Bodleian Library erhalten. Einer ebenfalls verschollenen Tatianhandschrift entnahm der Redaktor der sog. ›Pariser Gespräche‹ einige Beispielsätze seines an romanische Adressaten gerichteten Sprachlehrbüchleins. Noch 1580 befand sich in der Kapitelsbibliothek der burgundischen Bischofsstadt Langres ein Evangelium, das auf einer Seite den lateinischen, auf der gegenüberliegenden Seite aber einen althochdeutschen Text bot, womit wohl nur ein formal von der kolumnenweise zur seitenweisen Konfrontation weiterentwickelter Tatiantext gemeint sein kann. Bemerkenswert ist dabei, daß der Bischofsstuhl von Langres in der 1. Hälfte des 9. Jahrhunderts generationenlang von Angehörigen einer alamannisch-bairischen, mit dem Kloster Ellwangen verbundenen Familie besetzt wurde. Aus Ellwangen kam aber der Hraban-Schüler Ermenrich, der später Bischof von Passau (866–874) werden sollte; auch Hrabans Schüler Walahfrid, Mönch und später (838–849) Abt der Reichenau, hatte für Langres gearbeitet, hatte die Vita des hl. Mammes, Patron eines Kanonikerstifts der burgundischen Bischofsstadt, für feierlichen Vortrag in metrischer Form gestaltet.

Die Übersetzungstechnik des althochdeutschen ›Tatian‹ zeigt in den einzelnen Teilen dieses Gemeinschaftswerkes mehrerer Übersetzer und Schreiber große Unterschiede. Stellenweise mutet sie wie eine nur technisch – durch Anwendung der schon früher in den althochdeutschen Übersetzungen der Isidor-Sippe geübten Kolumnentechnik – verbesserte, recht mechanisch dem Latein folgende Interlinearversion an, läßt aber doch häufiger einer deutschen Satzfügung freien Raum, etwa im gelegentlichen Durchbruch deutscher Wortstellung, in der vermehrten Setzung des Subjektpronomens beim Verbum, in der Setzung von verdeutlichenden Adjektiven usw. Zumindest einigen der Fuldaer Übersetzer genügte die aus der Glossographie abgeleitete, rein wortorientierte Technik der Interlinearversion nicht mehr. Nirgendwo freilich verleugnet die Übersetzung, daß sie dem Latein und der Schule dient. Aber sie dient doch wohl auch nicht nur dem Erlernen der fremden Sprache, sondern zugleich der rudimentären, von der Volkssprache gestützten Einführung in den Inhalt der Evangelien, wofür die Evangelienharmonie mit ihrer Ausklammerung der Widersprüche und der nur im Vergleich aufbrechenden Probleme zwischen den Einzelevangelien zweifellos das geeignete Instrument war. Darin lag wohl das Erfolgsgeheimnis des Fuldaer lateinischen und des Fuldaer bilinguen Tatiantextes. Gleichwohl wollte die Bilingue die Probleme nur zurückstellen, einem vertieften theologischen Unterricht vorbehalten, keineswegs aber verdrängen, wie die sorgfältige Übernahme des gesamten komplizierten und mühevollen Konkordanzapparates zur Genüge erweist. So entstand im Fulda des Hrabanus Maurus ein bis in die Einzelheiten dem Modell des Victor von Capua nachgebildeter neuer ›Tatian‹, der wie der alte der praktischen Vermittlung der evangelischen Heilsgeschichte dienen wollte, dies aber unter den im gentilen, theodisken Bereich veränderten Bedingungen in der Integration einer volkssprachigen Komponente verwirklichte und so die Grundlage eines theologischen Studiums der Evangelien sicherer als bisher befestigte. Damit war im fränkischen Fulda der karge, von den Reformen Karls des Großen ausgehende, mit einer Ausnahme eng auf die liturgischen

Gebrauchstexte wie Credo, Paternoster, Taufgelöbnisse, Beichten und Predigten fixierte Übersetzungsimpuls im monastischen Bereich kreativ und eigenständig fortentwickelt worden.

Nirgendwo ist nun der Name des Hrabanus Maurus als Initiator des Übersetzungswerkes genannt. Er, der seine theologischen, exegetischen und sachwissenschaftlichen Kompilationen mit dem Apparat von Praefationen und Widmungen versah, kommt daher nicht als unmittelbarer Autor in Frage. Dennoch wird man kaum annehmen dürfen, daß ein so aufwendiges, getreu an der Bonifatius-Reliquie des Victor-Codex orientiertes und sorgfältig durchgeführtes Unternehmen im Skriptorium ohne seine Billigung und Aufsicht hätte erstellt werden können. daß es dennoch jeder Vorrede und Notiz entbehrt, die Auskunft über Autoren und Zweckbestimmung gäbe, belehrt uns in heilsamer, vor Überschätzung bewahrender Weise über den Stellenwert, den diese Arbeit für die Schule in dem von Hagiographie und Bibelexegese geprägten Fuldaer Literaturbetrieb einnahm, wo wir selbst die Namen der Verfasser von komprimierten und völlig unselbständigen Kurzkommentaren – wie Walahfrid, Erkanbert und Rudolf – erfahren. Man darf die Tatian-Bilingue als Gemeinschaftswerk von Schülern Hrabans ansehen, die teils aus Fulda selbst stammten, teils zur höheren Ausbildung an dieses bedeutende Zentrum von auswärts gesandt worden waren. Wie die Fuldaer Lehrer solche Schüler an sich heranzogen, ist belegt: Ercanbert schrieb ein exegetisches Kolleg seines Lehrers Rudolf über das Johannesevangelium nach und ließ es von ihm korrigieren; Walahfrid zeichnete auf, was Hraban seinen Schülern aus den Schriften der Kirchenväter im rechtgläubigen Sinne zu den Büchern Genesis und Leviticus weitergab, vielleicht auch althochdeutsche Isidorglossen nach mündlichem Vortrag des Lehrers.[2] Der Hraban-Schüler Brun Candidus berichtet in seiner Biographie des Vorgängerabtes Eigil (817–822), unter dem Hraban das Amt des Lehrers einnahm, von Lehrdisputationen zwischen Hraban und einigen Schülern. Lupus von Ferrières bewährte sich in der Schule Hrabans als Vorleser von Bibelkommentaren. In seiner an Lupus gerichteten Vorrede zu seinem Pauluskommentar sagt Hraban um 840/41 selbst, daß er mit der Hilfe der Teilnehmer seiner *lectio*, seines »Studiums«, aus den »Schriften der heiligen Väter«, soviel er konnte, »vereinigend gesammelt habe.«[3] Wahrscheinlich ist auch seine Enzyklopädie ›*De rerum naturis*‹ (»Vom Wesen der Dinge«) als Gemeinschaftsarbeit auf der Basis von Exzerptsammlungen seiner Helfer konzipiert worden. Hier findet sich das schultechnische Vorbild für die Herstellung der Tatian-Bilingue. Ein direkter Hinweis auf die zur Zeit, als Lupus (zwischen etwa 829 und 836) in Fulda weilte, im Bonifatiuskloster vorgenommene volkssprachige Übersetzungsarbeit scheint sich gerade in einem Brief dieses aus Westfranken stammenden, aber von einer bairischen Mutter geborenen Mönchs zu finden. Er verteidigt sich dort gegenüber gehässigen Nachfragen über seine Tätigkeit während seines Aufenthaltes in Fulda. Klar stellt er heraus, daß er sich dort vor allem anderen der (theologischen) *lectio* gewidmet

2 Vgl. Walahfridus *Epitome*, Sp. 795; ferner Langosch 1953, Sp. 741f.; Langosch/Vollmann 1999, Sp. 586f.

3 Hrabanus Maurus *Enarrationes*, Sp. 1273–1276; Hrabanus Maurus *Epistolae*, S. 429f.

habe, und »nur, um sie der Vergessenheit zu entreißen und seine eigene Bildung zu vermehren, einige wenige Bücher hergestellt habe, keineswegs aber sich, wie manche unpassenderweise verbreiteten, aus Liebe für die ›germanische‹ Sprache die Last einer so großen und langwierigen Arbeit aufgeladen habe.«[4] Durch die Abwehr des Mönchs, der in Fulda auch eine Handschrift der germanischen Volksrechte für den Markgrafen Eberhard von Friaul, den Schwiegersohn des Kaisers, schrieb, durch seine Abwehr hindurch spürt man, daß der *amor germanicae linguae* (»die Liebe zur althochdeutschen Sprache«), die Herstellung volkssprachiger Bücher, Außenstehenden für das Fulda der Hrabanzeit als bemerkenswert gelten konnte.

Bibeldichtung

Etwas Neues entsteht erst um die Jahrhundertmitte aus den Reformen Karls des Großen, die umfangreichsten poetischen Unternehmungen der Zeit, die größten Dichtungen des 9. Jahrhunderts. Die volkssprachige Bibeldichtung der Karolingerzeit ist Erbin der karlischen Reformen. Sie bezeugt zugleich eine auch sonst feststellbare karlische Restauration unter Ludwig dem Deutschen. Unter Karls Sohn Ludwig dem Frommen war der schon erwähnte von dem großen Kaiser zuletzt 813, ein Jahr vor seinem Tode, noch einmal leidenschaftlich ausgesprochene Appell an den Klerus, Predigten in die Volkssprache zu übersetzen, ohne Echo geblieben. Die von Karl intendierte Öffnung der Kirche hin zu den Laien, der öffentliche Anspruch des Staates »an die Ausbildungskapazität der kirchlichen Institutionen« wurden von kirchlichen Kreisen »mit dem Hinweis auf die *sacerdotalis libertas*« (»priesterliche Freiheit«) zunehmend abgeblockt.[5] Die bedeutsame Pariser Reformsynode von 829 kämpfte gegen die Aufnahme von Laien in die klösterlichen und bischöflichen *scholae*, zugleich gegen die Konzentration von Geistlichen an den Höfen des Königs und hoher Adliger im Instrument der Hofkapelle, die irregulär sei, da sie keinem Bischof unterstellt sei. Jede Vermischung der *ordines* (»Stände«) von Klerus und Laien sei abzulehnen. »Der König, Herrscher über den einen *ordo*, habe über den zweiten nur das Aufsichtsrecht.«[6] Ludwig der Fromme selbst war laikaler Kultur gegenüber durchaus abgeneigt; sein Biograph Thegan[7] berichtet: »Latein war ihm so geläufig wie seine Muttersprache. In allen Schriften aber kannte er den geistlichen und moralischen, ja sogar den anagogischen, auf die jenseitige Zukunft gerichteten Sinn auf das beste. Die heidnischen Dichtungen (*poetica carmina gentilia*), welche er in der Jugend gelernt hatte, verachtete er und wollte sie weder lesen noch hören noch lehren lassen.« Zwar war er in jugendlichem Alter also noch in der mündlichen Dichtung der Adelskultur unterwiesen worden, jedoch verhielt er – der Mäzen und stürmische Förderer der Kirchenreform – sich später ganz im Sinne der synodalen Verdikte gegen die Produkte der Skops und Spielleute.

4 Lupus von Ferrières *Correspondance*, Ep. Nr. 7, S. 58.

5 Illmer 1971, S. 97.

6 *Concilium Turonense*, S. 288, c. XVII.

7 Thegan *Vita Hludowici*, c. 19, S. 226.

Erst Erzbischof Hraban nahm auf den drei ostfränkischen Mainzer Synoden von 847, 848 und 852 unter beherrschendem Einfluß Ludwigs des Deutschen das karlische Reformprogramm wieder auf. Es ist bezeichnend, daß schon die erste der hrabanischen Synoden in etwa der Hälfte ihrer Beschlüsse Kapitel der großen Reformsynoden von 813 erneuerte, darunter auch das Gebot zur Predigt in der Volkssprache. Ihren an König Ludwig gerichteten Prolog stilisierte diese Synode bewußt nach dem Vorbild der Mainzer Synode von 813: »Nach jenem Brauch, in welchem in den alten Zeiten unter dem Kaiser Karl«[8] der Erzkaplan Hildebald und Erzbischof Richulf von Mainz ihre Synode hielten. Es folgt eine genaue Beschreibung – durchweg wörtliche Zitate – dieser *imitatio Karoli* bis hin zur getrennten Diskussion von Klerikern und Mönchen, wobei erneut den letzteren die Aufgabe zufiel, die »Normen der Benediktinerregel« in ihren Klöstern wiederherzustellen.

Mit der Förderung der volkssprachigen Bibeldichtung jedoch übertrifft und überbietet Ludwig der Deutsche das Vorbild Karls. Im Inhalt geht die Bibeldichtung weit über das von Karls Reformern intendierte laikale Bildungsprogramm (Credo, Vaterunser, Beichte, Predigt) hinaus; Adressaten sind nun explizit – wie sowohl die Vorrede des *Heliand* als auch das Approbationsschreiben Otfrids an seinen Erzbischof betonen – auch Laien, die *illiterati.* Von der Ablehnung der traditionellen Adelskultur also schreitet diese Initiative weiter zu einem offensiven, aus christlichem Geiste und aus der Fürsorgepflicht des fränkischen Herrschers, des *verae religionis strenuissimus rector ac defensor sanctae Dei ecclesiae* – so die Mainzer Synode von 847 –, für seine Untertanen begründeten Versuch der Umgestaltung der laikalen Kultur.

Und nun zu zwei Höhepunkten der mit Fulda in Verbindung stehenden theodisken Werke. Es sind die beiden volkssprachigen Bibelepen *Heliand* und Otfrids *Liber evangeliorum,* die wie schon bemerkt überhaupt die umfangreichsten Epen der Karolingerzeit darstellen.

Gottes Wort an die Sachsen

In zahlreichen Feldzügen und Aufständen hatte sich unter Karl dem Großen über mehr als dreißig Jahre (772–804) hinweg die allmähliche schmerzhafte und blutige Eingliederung des Sachsenlandes in das fränkische Großreich vollzogen. Vor allem der Adel, der früh fränkische Grafenämter übernommen hatte und Heiratsbindungen mit reichsfränkischen Familien eingegangen war, hatte Frankonisierung und Christianisierung des Volkes getragen. Eine Kirchenorganisation war aufgebaut worden, unter wesentlicher Beteiligung westfränkischer, aber vor allem auch rheinischer Zentren wie Mainz und Köln, sowie der grenznahen hessisch-fränkischen Klöster Fulda, Hersfeld und Amorbach (im Odenwald). Im neunten Jahrhundert vollendete sich durch Initiative des sächsischen Adels und der Adelskirche die äußere Christianisierung des Landes in einer Welle von Kloster- und Stiftsgründungen und Translationen von Heiligenleibern aus den Kirchen Westfrankens und Italiens. Doch

8 Hrabanus Maurus *Epistola Rabani,* S. 159f.

war das Christentum keineswegs bereits endgültig gefestigt: Der von heidnischer Reaktion getragene Aufstand der Stellinga (d.h. »Schwurgenossen«) im Jahr 842 – in den Wirren der fränkischen Bruderkriege – beweist es.

Wer die Dürftigkeit der sonstigen altsächsischen literarischen Überlieferung kennt, muß sich wundern, daß aus diesem Grund zwei poetische Texte erwachsen, die in ihrer Kühnheit der theologischen Konzeption und in ihrer Sicherheit der sprachlichen Darstellung die reifsten Zeugnisse der benachbarten althochdeutschen geistlichen Literatur wie das bairische ›Muspilli‹ und Otfrids Evangelienbuch durchaus übertreffen: Es sind dies die altsächsische Evangelienharmonie, welche seit der Erstausgabe (1830) durch Johann Andreas Schmeller *Heliand* (d.h. »Heiland«) genannt wird, und die altsächsische ›Genesis‹. Beides sind Stabreimepen, in dem für die kontinentale Dichtung charakteristischen Hakenstil, bei dem die syntaktische Einheit die Langzeile überbordet und ihr Ende oft erst mit dem Schluß des Anverses der nächsten Zeile findet. Beide Epen sind wohl kaum zu denken ohne die Annahme eines – auch sekundär bezeugten – breiteren Stroms mündlicher Stabreimdichtung, welche die Traditionen erzeugte, auf die sich beide Epen beziehen: Sie benutzten sie, um dem Publikum im vertrauten Gewand den neuen, den christlichen Inhalt zu vermitteln, wie es vom friesischen Sänger Bernlef berichtet wurde, wie es in England zugleich und schon vorher geübt wurde.

Der *Heliand*, nahezu vollständig überliefert, ist nun auf der Grundlage der lateinischen Übersetzung der Evangelienharmonie des Tatian entstanden, deren Original im Kloster Fulda lag, das in der Sachsenmission tätig war und wo schon in den späten zwanziger Jahren des neunten Jahrhunderts eine althochdeutsche Prosaübersetzung dieses Textes gefertigt worden war. Die altsächsische Evangelienharmonie führt inhaltlich von den Geburtsgeschichten Johannes des Täufers und Jesu über die Jugend, die Lehrtätigkeit und Leidensgeschichte Christi bis zur Auferstehung des Heilands, wo auch Tatians Werk endet. Zur Abrundung des epischen Bogens hat jedoch der Sachse darüber hinaus noch mindestens die Himmelfahrt Christi, die Rückkehr des Herrn zum Sitz der Gottheit, geschildert. Das Bibelepos ist in zwei vollständigeren Handschriften und vier kleinen Fragmenten überliefert. Die Überlieferung beginnt um die Mitte oder kurz nach der Mitte des neunten Jahrhunderts und endet erst in der zweiten Hälfte des zehnten Jahrhunderts mit einer in England gefertigten Abschrift. Es hat noch mindestens eine weitere Handschrift gegeben; aus ihr entnahm der protestantische Apologet M. Flacius Illyricus durch Vermittlung des Humanisten Georg Fabricius aus Meißen für seine 1562 erschienene zweite Auflage des *Catalogus testium veritatis* die *Praefatio in librum antiquum lingua Saxonica Conscriptum*:[9]

Cum plurimas Reipublicæ utilitates Ludouuicus piissimus Augustus summo atque præclaro ingenio prudenter statuere atque ordinare contendat, maxime tamen quod ad sacrosanctam religionem aeternamque animarum salubritatem attinet, studiosus ac devotus esse comprobatur hoc quotidie solicite tractans, ut populum sibi a Deo subiectum sapienter instruendo

9 *Heliand*, S. 1f. Zur Begründung der Interpolationsannahmen vgl. Haubrichs 1995, S. 274–276; Haubrichs 2004, S. 217–225. Kursiv gedruckt sind solche Stellen, die zumindest im Verdacht der Interpolation stehen.

ad potiora atque excellentiora semper accendat, et nociva quaeque atque superstitiosa comprimendo compescat. In talibus ergo studiis suus iugiter benevolus versatur animus, talibus delectamentis pascitur, ut meliora semper augendo multiplicet et deteriora vetando extinguat. Verum sicut in aliis innumerabilibus infirmioribusque rebus eius comprobari potest affectus, ita quoque in hoc magno opusculo sua non mediocriter commendatur benevolentia. Nam cum divinorum librorum solummodo literati atque eruditi prius notitiam haberent, eius studio atque imperii tempore actum est nuper, ut cunctus populus suæ ditioni subditus, Theudisca loquens lingua, eiusdem divinæ lectionis nihilominus notionem acceperit. Præcepit namque cuidam viro de gente Saxonum, qui apud suos non ignobilis vates habebatur, ut *vetus ac* novum Testamentum in Germanicam linguam poetice transferre studeret, quatenus non solum literatis, verum etiam illiteratis sacra divinorum paeceptorum lectio panderetur. Qui iussis Imperialibus libenter obtemperans ad tam difficile tanque arduum se statim contulit opus, potius tamen confidens de adiutorio obtemperantiæ, quam de suæ ingenio parvitatis. Igitur a mundi creatione initium capiens, iuxta historiæ veritatem quæque excellentiora summatim decerpens et interdum qaedam, ubi commodum duxit, mystico sensu depingens, ad finem totius veteris *ac* novi Testamenti interpretando more poetico satis faceta eloquentia perduxit. Quod opus tam lucide tamque eleganter iuxta idioma illius linguæ composuit, ut audientibus ac intelligentibus non minimam sui decoris dulcedinem præstet. Iuxta morem vero illius poëmatis omne opus per vitteas distinxit, quas nos lectiones vel sententias possumus appellare. Ut uero studiosi lectoris intentio facilius quæque ut gesta sunt possit invenire, singulis sententiis, iuxta quod ratio huius operis postularat, capitula annotata sunt.

Es wird aus dem Text der Vorrede (hier Teil A ohne die späteren, das Geschehen ins Mirakelhafte verklärenden Zusätze) deutlich, daß die altsächsische Bibeldichtung eingelassen ist in die politischen und religionspolitischen Bestrebungen eines Herrschers, der als *Ludouuicus piissimus Augustus* tituliert wird, vor allem in die dem Herrscher aufgetragene Sorge um die »allerheiligste Religion und das Heil der Seelen« seiner Untertanen. Allen soll die Kenntnis der heiligen Schriften ermöglicht werden. Die anvisierte Rezipientenschicht reichte also deutlich über den Kreis der Kleriker, Mönche, Nonnen und Stiftsdamen Altsachsens hinaus. Wenn sich der *Heliand* der traditionellen Formen heimischer Dichtung bedient und darüber hinaus gerade jene Reize hervorgehoben werden, welche er dem Hörenden entfaltet, so richtete er sich auch an den schriftunkundigen sächsischen Adel und scheint mit dem Ausdruck *sacra lectio* gar eine Art paraliturgischen Vortrag intendiert zu haben.

Die *illiterati* innerhalb und außerhalb der Klöster und Stifte waren also das erwartete Publikum. Man wird jedoch nicht so weit gehen dürfen, den *litteratus* überhaupt als Rezipienten auszuschließen, wird doch gerade in den Schlußsätzen, wo es um die inhaltliche Disposition des Werkes und deren Bezug zu den Lektionen der Bibel geht, der *studiosus lector* angesprochen.

Wer der in der Vorrede so deutlich hervortretende Herrscher Ludwig war, ist umstritten. Ludwig der Fromme (814–840) und Ludwig der Deutsche (833–876) scheinen in Frage zu kommen. Beide konnten in einem offiziösen, publizistisch-panegyrischen Text, wie die Praefatio zu einem literarischen Werk einer ist, mit den traditionellen Ehrentiteln *piissimus* und *Augustus* oder ähnlichen Epitheta belegt werden – so deutlich der irische Auftragsdichter Sedulius Scottus in einem um 850 entstandenen Panegyricus auf den ostfränkischen König.

Man hat aufgrund enger terminologischer und stilistischer Parallelen wahrscheinlich machen können, daß der Verfasser der *Heliand*-Vorrede entweder Hrabanus Maurus selbst, der berühmte Abt von Fulda (822–842) und spätere Erzbischof von Mainz (847–856), oder eine Person seiner unmittelbaren Umgebung und Schule war. In Fulda lag – wie schon erwähnt – eine wichtige Handschrift des *Tatian*, der Vorlage des *Heliand*, von der alle anderen lateinischen *Tatian*-Codices des neunten Jahrhunderts abstammen; sie war dort unter Hrabans Leitung ins Althochdeutsche übertragen worden. *Tatian*-Benutzung darf fast als fuldische Haus-Marke gelten. Auch hat der *Heliand*-Autor neben anderen – auch apokryphen – Quellen den Matthäuskommentar des Fuldaer Abtes benutzt. Die Erwähnung der religionspolitischen Tätigkeit des Herrschers legt eine Datierung der Praefatio in die Zeit der intensiven, von Ludwig dem Deutschen und Hraban gemeinsam getragenen synodalen Tätigkeit (847–852) nahe; vielleicht gehörte sie zu einer *promulgatio*, einer urkundenmäßigen öffentlichen Bekanntmachung der altsächsischen Evangelienharmonie anläßlich des Königsumritts in Sachsen von 852. Auch die schnelle, um die Jahrhundertmitte bereits mehrere Handschriften und Zwischenstufen umfassende Verbreitung und dabei auch sprachliche, auf bestimmte Teillandschaften Niederdeutschlands zielende Bearbeitung erklärt sich leichter aus zentraler königlicher Trägerschaft. Unter dem Nachfolger Hrabans zu Mainz, Erzbischof Liutbert (863–889), zugleich Erzkanzler des Königs, wurden in den sechziger Jahren Auszüge aus dem *Heliand* (Handschrift V) abgeschrieben, wohl aus einer Handschrift, die zugleich die ›Altsächsische Genesis‹ enthielt. Diesem Liutbert hatte auch Otfrid seinen althochdeutschen *Liber evangeliorum* zur Genehmigung vorgelegt.

Man wird freilich die hohe Verskunst des Autors und seine Geschicklichkeit in der Vermittlung des Evangeliums letztlich nur in der Lesung des Textes selbst erfahren können. Eine Intention des Autors war es sicherlich, dem evangelischen Stoff die Stil- und Denkformen der ererbten Standesdichtung zu adaptieren. Dazu gehörte zweifellos die Umsetzung mancher biblischer Strukturen und Begriffe in die Terminologie und Muster des heimischen Epos, dazu gehörte manches formelhafte Dekor der heroischen Lieder, dazu gehörte auch die variationsfreudige Breite des Erzählens und schließlich gehörte dazu die Übernahme von Wertvorstellungen des adligen Publikums wie genealogisch verankertes Standesethos, wie Gefolgschaftstreue, wie Herrschaftsdenken, wie Ostentation und Repräsentation.

Man halte sich nur vor Augen, wie der altsächsische Dichter den nüchternen biblischen Vers, der die Tötung Johannes des Täufers einleitet – »und als sein Geburtstag herankam, gab Herodes den Fürsten, Heerführern und Vornehmen Galiläas ein Festmahl« (Mk 6,21) –, im Variationsstil des Stabreimepos ausschmückt:

Thô wurdun an themu gêrtale   Iudeo cuninges
tîdi cumana,   sô thar gitald habdun
frôde folcweros,   thô he gifôdid was,
an lioht cuman.   Sô was thero liudio thau,
that that erlo gehvilic   ôbean scolde,

Iudeono mid gômun. Thô warð thar an thene gastseli
megincraft mikil manno gesamnod,
heritogono an that hûs, thar iro hêrro was
an is kuningstôle. Quâmun managa
Iudeon an thene gastseli; warð im thar gladmôd hugi.
blîđi an iro breostun: gisâhun iro bâggeƀon
wesen an wunneon. Drôg man wîn an flet
skîri mid scâlun, skenkeon hvurƀun,
gengun mid goldfatun: gaman was thar inne
hlûd an thero hallu, heliđos drunkun.

(Da war im Jahreslauf des Judenkönigs die Zeit gekommen, die wussten weise Männer des Volkes, da er geboren war, da er gekommen war ans Licht. So war es des Stammes Sitte, daß diesen Tag jeder Vornehme aus dem Judenvolke durch ein Gastmahl feiern sollte. Da sammelte sich in der Gasthalle eine mächtige Menge von Männern, im Haus des Herzogs, wo ihr Herrscher saß in seinem Königsstuhle. Es kamen viele vom Volk der Juden in diesen Gastsaal; da ward ihnen der Sinn froh, heiter ward ihnen ums Herz: Sie sahen ihren Ringspender in Wonne verweilen. Schieren Wein trug man in Schalen ins Haus, die Schenken drehten sich, eilten mit Goldkrügen: Lust ward da laut in der Halle, die Krieger tranken.)

Das Evangelium der Franken

Wir kommen nun zu einem zweiten, mit Fulda und Hraban mittelbar verbundenen Werk, dem Evangelium der Franken, Otfrids von Weißenburg *Liber evangeliorum.*

Zu Beginn des 9. Jahrhunderts geboren, hatte der Mönch Otfrid im zweiten oder dritten Jahrzehnt des Jahrhunderts Profeß abgelegt. Sein Kloster Weißenburg (Dép. Bas-Rhin), gelegen im fränkischen Speyergau (nicht im Elsaß) und in der Diözese Speyer, war Königskloster, das man zur Ausstattung großer benachbarter Prälaten wie der Bischöfe von Speyer und Worms, der Erzbischöfe von Mainz, aber auch gelegentlich zur Fundierung von im Königsdienst stehenden Klerikern verwandte, wie Grimald, der Erzkaplan und Erzkanzler Ludwigs des Deutschen, einer war. Seinen Besitzinteressen entsprechend richteten sich die Perspektiven des Klosters zu Otfrids Zeiten auf den Mittelrhein und die rechtsrheinischen Gebiete der Diözese Speyer, aber auch auf das seit 843 lotharingische Unterelsaß und Lothringen. Otfrid lernen wir um 830 zuerst in einem kargen Namenseintrag eines von Weißenburg auf die Reichenau gesandten Nachtrags zu einer älteren Liste der Konventsangehörigen kennen. In seinem Approbationsschreiben an Bischof Liutbert von Mainz bekennt sich Otfrid als Schüler des Hrabanus Maurus. Seiner eigentümlich vollendeten karolingischen Minuskel zufolge, die Wolfgang Kleiber in seiner paläographischen Analyse der von Otfrid geschriebenen Handschriften hervorhebt und die sich von Fuldaer Praxis kaum beeinflußt zeigt, wird man annehmen dürfen, daß Otfrid noch in Weißenburg zum Schreiber ausgebildet worden ist. Als Urkundenschreiber erscheint er zu Anfang der dreißiger Jahre und nochmals 851 – nun schon unter dem Einfluß Fuldaer Urkundenformulare stehend – in seinem Kloster. Das Fuldaer Studium Otfrids wird man also in die dreißiger Jahre verlegen wollen, als im hessischen Kloster die bereits erwähnte althochdeutsche Übersetzung der Evangelienharmonie des *Tatian* vor dem Abschluß stand oder bereits abgeschlossen war. Wie man zeigen kann, hat Otfrid in Fulda – darin den zeitgenössischen Hraban-Schülern Walahfrid, Ermenrich von Ellwangen, Lupus von Ferrières und Rudolf vergleichbar – vor allem eine theologisch-exegetische Ausbildung empfangen. Schüler ist er aber auch – wie Wortschatzuntersuchungen gezeigt haben – etwa im Bereich psychologischer Terminologie. Auch Bischof Salomo I. von Konstanz (839–871), dem er ein Exemplar seines Evangelienbuches widmet, wird von Otfrid als Lehrer bezeichnet; wo freilich er seinen Unterricht genossen hat, wissen wir nicht genau. In seinem Heimatkloster hat Otfrid – wohl seit den späteren vierziger Jahren, als Grimald, der Kapellan und Kanzler des Königs, wieder Abt (847–872) wurde – die Funktion eines *magister*, eines Klosterlehrers, ausgeübt. Wir wissen es aus einem schwierigen lateinischen (nur fragmentarisch überlieferten) Gedicht, das ihn ausdrücklich so bezeichnet und mit einem Iren namens Cormac – wohl aus dem Kreis des Sedulius Scottus – in Verbindung bringt. Wir wissen es aber auch aus den eigenhändigen althochdeutsch-lateinischen Glossierungen Otfrids zu den klassischen Schulschriften des Priscian und des Prudentius – letzteren, den christlichen Dichter, hat er selbst als Vorbild in seinem Evangelienbuch genannt.

Zu Otfrids Zeiten nahmen sowohl Bibliothek wie Skriptorium des Klosters Weißenburg einen bedeutsamen Aufschwung. Waren bis zur Mitte des Jahrhunderts kaum Schulschriften, kaum Klassiker, ja sogar nur die notdürftigste Ausstattung an exegetischer und homiletischer Literatur – Kommentare zu den Psalmen, einigen Büchern des Neuen Testaments, Gregors Homilien usw. – vorhanden, so änderte sich das nun grundlegend, auch quantitativ: Aus den 25 Jahren zwischen etwa 845 und etwa 870 sind »so viele Bücher erhalten wie aus den rund 75 vorausliegenden Jahren der Bibliotheksgeschichte zusammengenommen.«[10] Danach veröden Skriptorium und Büchersammlung wieder. Die neue kulturelle Blüte ist dem *magister Otfridus* zuzuschreiben: »An fast einem Drittel aller damals entstandenen Handschriften ist er eigenhändig beteiligt.«[11] In Anlehnung an die Technik der Fuldaer Katenenkommentare schuf Otfrid durch die Anlage einer kompletten, sich auf mindestens sieben Handschriften erstreckenden, planvollen Serie von Marginalkommentaren zu allen Büchern der Heiligen Schrift die Voraussetzungen für ein vertieftes Studium des Gotteswortes in der Klosterschule. Dabei stellt ihm – etwa in den eigenhändigen Marginalkommentaren zu den Evangelien – seine die Vorlagen didaktisch straffende und systematisierende Textbearbeitung ein gutes Zeugnis als Theologe des hrabanischen, des kompilatorischen Typus aus. Wie seinem Lehrer ging es ihm in der Schule um die Weitergabe der von den Vätern verbürgten Lehrmeinung. Den größten Zuwachs schuf Otfrid der Bibliothek zunächst durch Handschriftenimport. Von den fünfzehn bis sechzehn Handschriften, die paläographisch die erste Schicht von Otfrids Bibliotheksausbau darstellen, stammen neun bis zehn von auswärts: aus Fulda drei

10 Kleiber 1971, S. 134f.
11 Kleiber 1971, S. 135.

bis vier, darunter Hrabans Handexemplar seines 842/46 vollendeten Ezechielkommentars, eine weitere mit Hrabans Pauluskommentar aus Mainz, wo Hraban seit 847 Erzbischof war. Aber noch imposanter nimmt sich die Bilanz des hrabanischen Einflusses aus, wenn man das von Otfrid in Weißenburg veranlasste und ausgearbeitete biblische Kommentarwerk untersucht: von 24 erhaltenen Handschriften, die in diesem Zusammenhang in Weißenburg entstanden, enthalten elf Kommentare Hrabans; sie betreffen folgende biblischen Bücher: Genesis, Iosua, Iudices, Ruth, 1. und 2. Buch Samuelis, 2 Bücher der Könige, Paralipomena, Jeremias, Ezechiel, Machabäer, Matthäus, Epistolae; für einen Teil des Pentateuchs schrieb man Walahfrids Auszug aus Hrabans Kommentar ab; für das Johannesevangelium nahm man die Bearbeitung des Alkuinischen Kommentars durch Erkanbert, einen Schüler Hrabans, die dieser nach Diktat des bekannten Rudolf von Fulda, eines anderen Hraban-Schülers, angefertigt hatte. Bibliotheksverzeichnisse zeigen, daß Weißenburg noch drei weitere Kommentare Hrabans (2 Bücher Ecclesiasticus und die Kommentare zu Judith und Esther) sowie sein Grimald gewidmetes Martyrologium (dessen Dedikationsexemplar nach St. Gallen gelangte) und seinen ›Liber de computo‹, ein Schulbuch also, besaß.

Otfrids *Liber evangeliorum* ist – zumindest in den beiden dem Weißenburger Skriptorium der Otfrid-Zeit entstammenden Handschriften P und V (diese vom Autor selbst korrigiert) – umrahmt von in hierarchischer Abstufung sich folgenden Widmungsschreiben und Widmungsgedichten: Preis- und Widmungsverse an König Ludwig gehen voran, es folgt das lateinische Approbationsschreiben an den zuständigen Metropoliten, Erzbischof Liutbert von Mainz, die gereimte Widmungsadresse an Bischof Salomo I. von Konstanz. Beide Prälaten gehörten zur engeren Umgebung des Königs. Dem Werk folgt – in der benediktinische *humilitas* anzeigenden Schlußposition – die Widmungsepistel an die St. Galler Brüder und Freunde. Alle Widmungsgedichte sind in Nachahmung konstantinischer und karlischer Hofdichtung mit kunstvollen Akrosticha und Telesticha ausgerüstet: jeweils die ersten und letzten Buchstaben einer Strophe ergeben in Folge gelesen den Titel, das ist die Widmungsadresse des Gedichtes. So steht der *Liber evangeliorum* ganz und gar in der prunkvollen Tradition lateinischer Buchdichtung: Wie diese vollzieht das Approbationsschreiben eine auf lateinisch gebildete *litterati* zielende und den Traditionen des Genus bis in die Gliederung folgende Legitimierung des eigenen, in seiner Neuheit durchaus empfundenen Werkes. Eine für fränkische Leser mit einem Preis der Franken geschriebene Einleitung eröffnet das erste Buch des insgesamt in fünf Bücher gegliederten *Liber evangeliorum*; das dritte und das vierte Buch heben mit eigener Vorrede an; den Eingang des zweiten und des fünften Buches markieren hymnenartige Preislieder auf den Logos und das Kreuz, Gebete umrahmen die christliche Evangeliendichtung: eine einleitende ›*Invocatio*‹ und eine ausleitende ›*Oratio*‹. Der literartheoretischen Einleitung, in welcher der literarische Rang der fränkischen Sprache aus dem den Römern gleichzustellenden Rang der Franken als Reichsvolk des Imperium begründet wird, entspricht als letztes der 140 Kapitel des Werkes eine ›*Conclusio voluminis totius*‹.

In ihrer Auswahl der biblischen Erzählabschnitte und in der Anlage der Komposition folgt Otfrids Evangelienharmonie nicht – wie etwa der *Heliand* – der Gliederung des *Tatian*, sondern erarbeitet eine eigene, theologisch modern begründete und in die Prinzipien rhetorisch-narrativen Aufbaus eingelassene Struktur, die in einem *ordo artificialis* den vorwiegend aus den synoptischen Evangelien (Matthäus, Lukas, Markus) gewonnenen Aspekt der Menschheit Christi und den aus Johannes geschöpften Aspekt der göttlichen Natur des Erlösers in großartiger Weise miteinander verschränkt. In seinem Approbationsschreiben, in der ›*Invocatio*‹ (I, 2) und in den Vorreden der einzelnen Bücher hat Otfrid die Sinnzentren seines Werkes charakterisiert: So leitet das erste Buch von der Menschwerdung Gottes in der Verkündigung des Engels an Maria, in der Geburt zu Bethlehem bis zur Taufe Christi am Jordan, in der durch die Stimme des Vaters seine Gottessohnschaft erwiesen wird. In einem auf dem Prolog des Johannesevangeliums gründenden originellen Neuansatz (II, 1), der konsequent zu einer an der johanneischen Theologie der Offenbarung des Logos als des Lichtes der Menschen orientierten, zugleich rekapitulierenden Neuinterpretation der im ersten Buch bereits erzählten göttlichen »Wunder« (II, 3) führt, welche die Geburt des Erlösers begleiteten, enthüllt sich Christus im zweiten Buch in Predigt und Zeichen als göttlicher Lehrer und Wundertäter. Das dritte Buch schildert vor anderem – in selbstverantworteter Auswahl, nicht nach der narrativen Ordnung der Evangelien, wie Otfrid selbst betont – *signorum claritudinem.* Im Gegensatz zum zweiten Buch, in dem es dem Weißenburger darauf ankam, in den Wunderzeichen die Offenbarung der Gottheit und des Fleisch, ja tradierbare Lehre gewordenen göttlichen Wortes zu zeichnen, geht es ihm hier um die noch andauernde, bis in die Gegenwart wirkende Heilskraft des göttlichen Wundertäters: ... *wío thiu selba héili nu ist wóroltí giméini* (»wie seine Heilspotenzen nun aller Welt zuteil geworden sind«). Die evangelischen Wunder werden damit zum Garanten des sich stetig bis in die Gegenwart fortsetzenden Heilsprozesses in der Geschichte. So enthält das anschließende vierte Buch folgerichtig die Erzählung des in seiner Menschheit alle Leiden bis zum Tode am Kreuz frei annehmenden und das sündige Menschengeschlecht erlösenden Christkönigs, der in seinem Selbstopfer – wie Otfrid betont (III, 26, v. 39ff.) – alle *woroltkuninga* (»Weltkönige«), alle Heldenkönige darin übertraf, daß er seine Gefolgsleute durch seinen Tod nicht ins Verderben zerstreute, sondern zum Heile sammelte. Das fünfte und letzte Buch aber erzählt den *regressus Christi ad Deum,* die Auferstehung, die das Missionsgebot enthaltenden letzten Lehren an die Apostel, die Auffahrt des Gottessohnes *ubar hímila alle, ubar súnnun lioht joh állan thesan wóroltthiot* (»über alle Himmel, über die glänzende Sonne und alles Weltvolk hinaus«); Otfrid beendet seine Heilserzählung – die Evangelien damit im Sinne eines christlichen Geschichtskonzeptes transzendierend – mit der Schilderung des Jüngsten Gerichts und der *aequalitas* (»Schönheit und Ausgewogenheit«) des himmlischen Reiches, über das der in der Himmelfahrt zuerst offenbarte kosmische Pantokrator herrscht, und die der *inaequalitas* (»Häßlichkeit und Widersprüchlichkeit«) des irdischen Staates ausdrücklich konfrontiert wird.

Otfrid sagt in seiner Vorrede, daß er sein Evangelienbuch in fünf Bücher eingeteilt habe, um die *inaequalitas* der fünf Sinne, mit denen der unvollkommene Mensch kommuniziert, in die *aequalitas* der vier Evangelien, deren Inhalt Otfrids Bücher wiedergeben, zu überführen. Der Plan seines Werkes, im Geiste der Zahlenästhetik Hrabans zu vergleichen, beabsichtigt nichts anderes als die Transformation des in seiner sündigen Sinnlichkeit gefangenen Menschen. Diese Transformation hat Otfrid auf der ikonischen Ebene – zumindest in dem von ihm überwachten Codex Vindobonensis – wiederholt. Als initialen Schmuck hat Otfrid hier ein Labyrinth (übrigens ein solches, das den Labyrinthen der illustrierten Hraban-Handschriften gleicht), seit der Antike und auch in karolingischer Zeit Symbol des *error* der Menschen und des *mundus peccatus*, gewählt. Dem entspricht in der Passionsgeschichte, welche die Geschichte der Erlösung ist, eine klassisch karolingische Darstellung der Kreuzigung, die in Farbe und Form der Labyrinthabbildung so entspricht, daß sie in diese eingepasst werden kann. Das kann nur heißen, daß auch der *mundus peccatus*, die labyrinthische Welt, durch das Kreuz und seine vier Enden (die Otfrid in Kapitel V, 1 in ihrer *perfectio* besingt) in die heilige *aequalitas* der Vierzahl überführt wurde.[12]

Seit der Zeit der Kirchenväter bemühte sich die theologische Wissenschaft um die Erhellung der Heiligen Schrift. Auf der Basis des Glaubens an einen über das Buchstabenverhältnis hinausgehenden Sinn des Bibelwortes wurde die spirituelle Interpretation zur vornehmsten Aufgabe der mittelalterlichen Theologie. Nach der geläufigen Methode erschließt sich der *sensus spiritualis* der Dinge über ihre Eigenschaften, die vom Exegeten je nach dem Deutungszusammenhang zu analysieren und zu bewerten sind. In der Schule Hrabans und Fuldas aufgewachsen, wo man in umfangreichen Katenenkommentaren das Erbe der Vätertheologen einbrachte, selbst in Weißenburg – wie wir gesehen haben – um die Besserung des exegetischen Studiums bemüht, war es für Otfrid selbstverständlich, seinen Lesern und Hörern auch die geistige Sinnschicht des Gotteswortes darzubieten. Er stand damit auch in der Tradition der älteren Bibeldichtung, welche die von geheimnisvollen Analogien durchwirkte Symbolstruktur der heiligen Schriften transparent werden lassen wollte. Indem er aber den geistigen Schriftsinn nicht nur im Text verwoben darbot, sondern durch eingeschobene Leseanweisungen ankündigte, oder – noch deutlicher vom nach dem Litteralsinn erzählten biblischen Geschehen abtrennend – ihn in eigenen Exegesekapiteln zusammenfasste, näherte er sich wiederum dem karolingischen Schriftverständnis, das eine reinliche Scheidung der Verständnisebenen forderte.

Dem theologisch-wissenschaftlichen Allegorieverständnis seiner Zeit und Hrabans verpflichtet, legte der Weißenburger Theologe den geistigen Sinn des Wortes auf dreierlei Weise aus: *moraliter*, d.h. im Hinblick auf die ethische Beispielhaftigkeit des Geschehens; *spiritualiter*, d.h. im Hinblick auf die heilsgeschichtliche Bedeutsamkeit des Erzählten; *mystice*, d.h. im Hinblick auf die

12 Haubrichs 1980, S. 75–78, 150–158.

geheimnisvolle, erst in Bildern offenbarte Welt des zukünftigen Reiches Gottes. Die von Otfrid gebrauchte, spezielle Terminologie der Allegorese findet man im 8./9. Jahrhundert nur noch in einem nordfranzösischen, irisch beeinflußten Matthäuskommentar. Der Weißenburger *magister* hat, obwohl hier im einzelnen noch manches der Aufhellung bedarf, für seine exegetische Arbeit im wesentlichen Gregors Evangelienhomilien, den Lukaskommentar des Angelsachsen Beda Venerabilis († 735), den Matthäuskommentar seines Lehrers Hraban, den Johanneskommentar Alkuins († 804) und die daraus gearbeitete Epitome des Mitschülers Erkanbert von Fulda, den von ihm selbst aus diesen und anderen Quellen zusammengestellten Marginalkommentar des Codex Weissenburgensis 26, ferner gelegentlich auch weitere exegetische Schriften des Hieronymus, Augustins und anderer Väter, vor allem aber auch Predigtliteratur diverser Herkunft als Quellen benutzt. Doch waren ihm, der über eine außerordentliche theologische Bildung verfügt haben muß, Quellen nur Rohstoff, den er ausgewählt, mosaikartig kombiniert und im steten Rückbezug auf die von ihm schon vordeutend und akzentuierend geformte Erzählung des buchstäblichen Geschehens zu anschaulicher und zugleich die *sensus* von Hörer und Leser ansprechender Allegorese verarbeitet hat, in der pastorale Theologie und heilsgeschichtliche Deutung verbunden sind.[13] Aus dem vielfältigen, ja oft widersprüchlichen Deutungsangebot der Kommentare entstand so ein dicht gewobener, gestaltend geglätteter Teppich von Heilsbedeutung und Heilsgeschichte.

Otfrids genuine und von niemandem im frühen Mittelalter erreichte Leistung besteht in der innigen Verbindung von Erzählung und Exegese des heiligen Geschehens bei stets aufgezeigter Besonderung der Verständnisebenen. Sensualisierung und Episierung des Geschehens dienen zum Zweck der *aedificatio* von Leser und Hörer. Die Erbauung durfte jedoch, wenn Irrtümer, ja Häresien bei den nun die geheimnisvolle Schrift im Buchstabensinn selbst erkennenden und selbst bedenkenden volkssprachigen Adressaten vermieden werden sollten, nicht beim nacherzählten und nachgefühlten Geschehen stehen bleiben: Es sollten nach Otfrids eigenen Worten die illitteraten Leser »nicht mehr fürchten […], im eigenen Verständnis vom Gemeinten abzuirren.«[14] Otfrids Evangelienbuch ist durch seine konsequent verfolgte, nur in der Volkssprache zu erreichende Absicht, den Adressaten am interpretierten Wort teilnehmen zu lassen, zugleich durch die stets auf Vermittlung gerichtete Eigenart seiner Exegese ein Spitzenerzeugnis karolingischer Theologie, das über die Kommentare der Hraban-Schule und über den größten Teil der karolingischen geistlichen Dichtung in lateinischer Sprache hinausreicht. Es kommt bei seinem zur Erbauung bestimmten Werk darauf an, die dem Verständnis und der Meditation zugewandte Synthese zu erfassen und zu interpretieren. Woher er die Elemente und Bausteine der Synthese nahm, bleibt sekundär. In ihrem den neuen, den inneren Menschen erbauenden, das Leben verwandelnden Gehalt jedenfalls findet diese Dichtung zu ihrem Wesen.

13 Vgl. Ernst 1975, S. 101–124.

14 Otfrid von Weissenburg, *Liber evangeliorum* 1962, Ad Liutbertum 23–29, S. 4.

Otfrid selbst begreift sich als Instrument der Transformation des Wortes in heilskräftigen Sinn, als demütiges Werkzeug der Erweckung des Buchstabens zum Geist, der Enthüllung des bis dahin Verhüllten, der Sichtbarmachung der Schatten im Lichte der Wahrheit. Nicht zufällig hat der Weißenburger Theologe – im Gegensatz etwa zu *Tatian* und *Heliand* – die Szene von Kana, in der die Verwandlung des Wassers in Wein als die Umwandlung der Weisheit der Alten in die Lehre Christi begriffen wird, vor der Bergpredigt und am Beginn der öffentlichen Wirksamkeit Christi eingeordnet. Diese selbständige Strukturierung des Weinwunders ist aus dem Sinn des zweiten Buches der Evangelienharmonie heraus zu verstehen, in dem der Logos, das göttliche Wort, sich in Zeichen und Lehre offenbart. Zeichen und Wunder sind bildliche Lehre, die der Exegese bedürfen: so war die Lehre nach dem Verständnis Otfrids nicht möglich, bevor Christus nicht selbst in der Verwandlung des Wassers zu Wein das Prinzip der geistigen Schriftauslegung einsetzte. Auch der exegetisch gehobene Sinn ist Logos, als Licht in der Dunkelheit geoffenbarter Logos. Exegese ist zugleich geistige Mahlgemeinschaft mit Christus, um die Otfrid ausdrücklich bittet, mit dem, der von sich selbst sagte (Joh 6, 41): »Ich bin, da ich vom Himmel herabstieg, das lebendige Brot«. Denn das Wort ist auch »geistliches Brot«, dessen »Kruste« aufgebrochen werden muß durch *lesan* (»lesen«) und *grubilon* (»meditieren«): unter der »Härte der Buchstaben« findet sich dann das vergeistigte Wort, die süße »Speise Christi«: *so wehsit thir thaz Kristes múas in munde joh in múate zi thínes selbes gúate* (»so mehrt sich dir die Speise Christi im Mund und Sinn zu deinem eigenen Heil«). Selbst in die Vater-unser-Bitte um das tägliche Brot hat Otfrid die Bitte um ein Mehr, das ist Christi Lehre (*theist méra, thínes selbes lera*) eingeflochten (II, 21, v. 34).

Es gibt Hinweise darauf, daß Otfrids Werk auf Mönche zielte, es gibt Hinweise darauf, daß es auf adlige Laien zielte. Es bleibt unaufhebbar und muß als ein Teil der Spannung zwischen den Kulturen, zwischen der illiteraten und der litteraten, aus der Otfrids Werk entstand, begriffen werden, daß das Evangelienbuch von Anfang an für eine Vielfalt von Rezeptionsmöglichkeiten berechnet war. Dem entspricht auch die konkrete Rezeption. Zwar ist von den Handschriften, die zweifellos den Widmungsadressen an den König, an Erzbischof Liutbert von Mainz, an Bischof Salomo von Konstanz und die St. Galler Brüder beigegeben waren, nichts erhalten. Allenfalls eine nach dem Modell des Deckblatts der Otfrid-Handschrift V gefertigte Labyrinthzeichnung, die später einer anderen St. Galler Handschrift (Codex Sangallensis 197 mit der Bibeldichtung des Alcimus Avitus) vorgesetzt wurde, gibt eine kärgliche Spur des Verlorenen. Doch geben über die Multifunktionalität der Evangeliendichtung die erhaltenen Handschriften Auskunft. Tonbuchstaben – die denen Weißenburger und Fuldaer Evangeliare der Otfridzeit gleichen – weisen auf gesanglichen Vortrag zumindest von Partien der Handschrift V, die Otfrid selbst korrigiert hatte, hin. In der wenig später in Weißenburg entstandenen Handschrift P ist gerade das Prunkstück der Verkündigungsszene durch Neumierung für die musikalische Darbietung eingerichtet worden. Zugleich hat eine weibliche Leserin in dieser Handschrift[15], am Rande des

15 Fol. 90v.

Kapitels (III, 12), das nach Mt 16, 17ff. die Einsetzung des Apostelfürsten Petrus zum Primas der neuen Kirche Christi erzählt, ihr Signum hinterlassen: *Kicila diu scona min filu las* (»Die edle Gisela hat viel in mir gelesen«), spricht das Buch. Durch ein in der Handschrift P enthaltenes Spendenverzeichnis, das sich auf Klöster bezieht, die sich im Besitz bzw unter der Vogtei der alemannischen Herzogsfamilie der Burkhardinger befanden, wissen wir, daß sich ein in Weißenburg gefertigtes Otfridexemplar im 10. Jahrhundert im Besitz einer Adelsfamilie befand.[16]

Um 975 wird Otfrid nochmals in Fulda abgeschrieben, es ist wohl das 8. Exemplar, das vom althochdeutschen Evangelienbuch hergestellt wurde. Es ist also eine reiche Wirkungsgeschichte, welche Fulda, das Kloster Hrabans, und Hraban selbst durch die Überlieferungsgeschichte der laikalen Heldensage und pastoraler klerikaler Gebrauchstexte, durch die Übersetzung der reliquienartig geschätzten und funktionalisierten Tatianischen Evangelienharmonie und schließlich mittelbar durch die auf *Tatian* sich berufende altsächsische Evangelienharmonie des *Heliand* und den *Liber evangeliorum*, die fränkische Bibeldichtung des Hraban-Schülers Otfrid von Weissenburg, mit der theodisken Literatur der Karolingerzeit, jener so eigenartigen und unverwechselbaren Blüte des Imperiums, verbindet.

Bibliographie

Quellen

Hrabanus Maurus

Enarrationes

Hrabanus Maurus: *Enarrationes in Epist. B. Pauli* (MPL 111, 1273–1616).

Epistolae

Hrabani Mauri abbatis Fuldensis et archiepiscopi Moguntiacensis epistolae, ed. E. Dümmler (MGH Epp. V, 379–516).

Epistola Rabani

Epistola Rabani ad Hludowicum regem, hg. Wilfried Hartmann (MGH Concilia aevi Karolini III, 159–162).

16 Haubrichs 1993.

OTFRID VON WEISSENBURG

Liber evangeliorum 1962
Otfrids Evangelienbuch, hg. von OSKAR ERDMANN, 4. Aufl. von LUDWIG WOLFF (Altdeutsche Textbibliothek Nr. 49), Tübingen 1962.

Liber evangeliorum 1987
OTFRID VON WEISSENBURG: Evangelienbuch – Auswahl Althochdeutsch/Neuhochdeutsch, hg., übersetzt und kommentiert von GISELA VOLLMANN-PROFE (Reclams Universal-Bibliothek Nr. 8384), Stuttgart 1987.

Liber evangeliorum 2004
OTFRID VON WEISSENBURG: Evangelienbuch. Bd. I: Edition nach dem Wiener Codex 2687, 2 Teile, hg. von WOLFGANG KLEIBER (Max Niemeyer), Tübingen 2004.

ANDERE QUELLEN

Concilium Turonense
Concilium Turonense 813 (MGH Concilia aevi Carolini I, 1, 286–293).

Heliand
›Heliand‹ und ›Genesis‹, hg. von OTTO BEHAGEL, 10. Aufl. von BURKHART TAEGER (Altdeutsche Textbibliothek Nr. 4), Tübingen 1996.

LUPUS VON FERRIÈRES *Correspondance*
LOUP DE FERRIÈRES: Correspondance, hg. v. LÉON LEVILLAIN, 2 Bde., Paris 1909–1912.

Sprachdenkmäler
Die kleineren althochdeutschen Sprachdenkmäler, hg. von ELIAS VON STEINMEYER, Berlin 1916.

Tatian, althochdeutsch
Die lateinisch-althochdeutsche Tatianbilingue. Stiftsbibliothek St. Gallen Cod. 56, hg. von ACHIM MASSER (Studien zum Althochdeutschen 25), Göttingen 1994.

THEGAN *Vita Hludowici*
THEGANI: *Vita Hludowici imperatoris*, hg. u. übersetzt von REINHOLD RAU, in: *Quellen zur karolingischen Reichsgeschichte 1*, Darmstadt 1966, 213–253.

WALAHFRIDUS *Epitome*
WALAHFRIDUS STRABO: *Epitome commentariorum Rabani in Leviticum* (MPL 114, 795–849).

ABHANDLUNGEN

BETZ 1949
WERNER BETZ: *Deutsch und Lateinisch*, Bonn 1949.

BISCHOFF 1971
BERNHARD BISCHOFF: »Paläographische Fragen der Karolingerzeit«, in *Frühmittelalterliche Studien 5* (1971) 101–134.

EGGERS 1963
HANS EGGERS: *Deutsche Sprachgeschichte I: Das Althochdeutsche*, Reinbek bei Hamburg 1963.

Ernst 1975
Ulrich Ernst: *Der Liber Evangeliorum Otfrids von Weissenburg. Literarästhetik und Verstechnik im Lichte der Tradition*, Köln/Wien 1975.

Hartmann 1975
Reinhildis Hartmann: *Allegorisches Wörterbuch zu Otfrids von Weißenburg Evangeliendichtung*, München 1975.

Haubrichs 1993
Wolfgang Haubrichs: »Die alemannische Herzogsfamilie des 10. Jahrhunderts als Rezipient von Otfrids Evangelienbuch? Das Spendenverzeichnis im Codex Heidelberg Palatinus lat. 52«, in *Festschrift für Eduard Hlawitschka zum 65. Geburtstag*, Kallmünz 1993, 165–211.

Haubrichs 1995
Wolfgang Haubrichs: *Die Anfänge: Versuche volkssprachiger Schriftlichkeit im frühen Mittelalter*, hg. von Joachim Heinzle (Geschichte der deutschen Literatur von den Anfängen bis zum Beginn der Neuzeit I, 1), Tübingen (2)1995.

Haubrichs 1980
Wolfgang Haubrichs: »Error inextricabilis. Form und Funktion der Labyrinthabbildung in mittelalterlichen Handschriften«, in: *Text und Bild. Aspekte des Zusammenwirkens zweier Künste in Mittelalter und früher Neuzeit*, hg. v. Christel Meier und Uwe Ruberg, Wiesbaden 1980, 63–174.

Haubrichs 2004
Wolfgang Haubrichs: »Ludwig der Deutsche und die volkssprachige Literatur«, in *Ludwig der Deutsche und seine Zeit*, hg. von Wilfried Hartmann, Darmstadt 2004, 203–232.

Haubrichs 2005
Wolfgang Haubrichs/Herwig Wolfram: »Theodiscus«, in *Reallexikon der Germanischen Altertumskunde*, XXX (2005), 421–433.

Haubrichs 2006
Wolfgang Haubrichs: »Fulda, Hrabanus Maurus und die theodiske Schriftlichkeit«, in *Hrabanus Maurus. Gelehrter, Abt von Fulda und Erzbischof von Mainz*, hg. von Franz J. Felten und Barbara Nichtweiss (Neues Jahrbuch für das Bistum Mainz, 2006), Mainz 2006, 93–120.

Hellgardt 1981
Ernst Hellgardt: *Die exegetischen Quellen von Otfrids Evangelienbuch*, Tübingen 1981.

Illmer 1971
Detlef Illmer: *Formen der Erziehung und Wissensvermittlung im frühen Mittelalter. Quellenstudien zur Kontinuität des abendländischen Erziehungswesen*, München 1971.

Kartschoke 2000
Dieter Kartschoke: *Geschichte der deutschen Literatur im frühen Mittelalter*, München (2)2000.

Kleiber 1971
Wolfgang Kleiber: *Otfrid von Weissenburg. Untersuchungen zur handschriftlichen Überlieferung und Studien zum Aufbau des Evangelienbuches*, Bern/München 1971.

LANGOSCH 1953
KARL LANGOSCH: »Walahfrid Strabo«, in *Die deutsche Literatur des Mittelalters, Verfasserlexikon,* IV (1953), 734–769.

LANGOSCH/VOLLMANN 1999
KARL LANGOSCH/BENEDIKT VOLLMANN: »Walahfrid Strabo«, in *Die deutsche Literatur des Mittelalters, Verfasserlexikon,* X (1999), 584–603.

RATHOFER 1962
JOHANNES RATHOFER: *Der Heliand. Theologischer Sinn als tektonische Form. Vorbereitung und Grundlegung der Interpretation,* Köln/Wien 1962.

RATHOFER 1973a
JOHANNES RATHOFER: »Die Einwirkung des Fuldischen Evangelientextes auf den althochdeutschen ›Tatian‹. Abkehr von der Methode der Diatessaronforschung«, in *Literatur und Sprache im europäischen Mittelalter. Festschrift Karl Langosch,* hg. von ALF ÖNNERFORS, JOHANNES RATHOFER und FRITZ WAGNER, Darmstadt 1973, 256–308.

RATHOFER 1973b
JOHANNES RATHOFER: »Ms. Junius 13 und die verschollene Tatian-Hs. B. Präliminarien zur Überlieferungsgeschichte des althochdeutschen Tatian«, in *Beiträge zur Geschichte der deutschen Sprache und Dichtung 95* (1973) 13–125.

RATHOFER 1972
JOHANNES RATHOFER: « ›Tatian‹ und Fulda. Die St. Galler Handschrift und der Victor-Codex«, in *Zeiten und Formen in Sprache und Dichtung. Festschrift Fritz Tschirch,* hg. von KARL-HEINZ SCHIRMER und BERNHARD SOWINSKI, Köln/Wien 1972, 337–356.

RATHOFER 1971
JOHANNES RATHOFER: »Zur Heimatfrage des althochdeutschen Tatian. Das Votum der Handschriften«, in *Annali Istituto Orientale di Napoli 14* (1971) 1–98.

SCHWIND 2004
JOHANNES SCHWIND: »Otfrid von Weißenburg und die Tradition der lateinischen Bibeldichtung der Spätantike«, in *Metamorphosen der Bibel,* hg. von RALF PLATE und ANDREA RAPP (Vestigia Bibliae 24/25), Bern 2004, 77–101.

Archa Verbi 4 (2007) 68–89

Wissensraum Glossen: Zur Erschließung der althochdeutschen Glossen zu Hrabanus Maurus

von Falko Klaes und Claudine Moulin

Rolf Bergmann zum 70. Geburtstag gewidmet

Einleitung[1]

Im Rahmen des interdisziplinären Vorhabens ›Die Rekonfiguration des christlichen Wissensraumes im Zeitalter der Karolinger: Das Werk des Hrabanus Maurus‹ wird sich ein Teilprojekt der philologischen und kulturhistorischen Aufarbeitung der Interaktion zwischen Hraban bzw. seinem Kreis und der volkssprachigen Schriftlichkeit widmen. Der Zugang ist ein doppelter: Zum einen soll der im Zusammenhang mit den Reformen Karls entstandene hrabanische Wirkungsradius auf die konkrete Produktion volkssprachiger Schriftlichkeit an den zentralen hrabanischen Wirkungsorten sowie im Hinblick auf die von Hraban entfalteten Netzwerke beleuchtet werden.[2] Zum anderen wird die unmittelbare Auseinandersetzung mit hrabanischen Texten im Bereich der Glossenüberlieferung im Hinblick auf kulturhistorische, bibliotheks- und

1 Der Aufsatz wurde gemeinsam von den Verfassern im Kontext entsprechender glossographischer Auswertungen und der Vorarbeiten zum geplanten Hrabanus-Projekt konzipiert. Die Ergebnisse in Abschnitt II gehen im wesentlichen auf eine Trierer Abschlußarbeit von F. Klaes zurück. Wir danken Rolf Bergmann und Wolfgang Haubrichs für zahlreiche Anregungen und Hinweise zum Gesamtvorhaben anläßlich des Workshops zu Hrabanus Maurus im Juli 2007 in der Mainzer Akademie der Wissenschaften und Literatur.

2 So fällt das Wirken Hrabans als Abt von Fulda zusammen mit der Zeit der dortigen Entfaltung volkssprachiger Schriftlichkeit, allem voran zentraler Texte wie dem unter Hraban entstandenen althochdeutschen *Tatian*, der als »Gemeinschaftswerk von Schülern Hrabans« (Haubrichs 1995, S. 214) angesehen wird, der *Fuldaer Beichte*, deren Entstehung ebenfalls zur Zeit des Abtes Hrabans angesetzt wird, oder aber dem altsächsischen *Heliand*, der entstehungsgeschichtlich nach Fulda und rezeptionsgeschichtlich vielfach in den Kreis Hrabans in Fulda und Mainz hinweist. Ferner werden wichtige Schüler und Freunde Hrabans, etwa Lupus von Ferrières, Walahfrid, Baturich von Regensburg (817–848) und vor allem Otfrid von Weißenburg, im Hinblick auf ihre Rolle in der volksprachigen Überlieferung bzw. im Hinblick auf die Rolle der Volksprachen zu beleuchten sein. Otfrid von Weißenburg, der erste mit Namen bekannte deutschsprachige Dichter und Schüler Hrabans, soll dabei ein besonderes Augenmerk zufallen: Otfrid, der eng in Verbindung mit Erzbischof Liutbert von Mainz stand, hat mit seiner althochdeutschen (in »frenkisgon« verfaßten) Evangelienharmonie die bei Hraban greifbare »wechselseitige Verflechtung von Wissen und christlichem Heilswerk« (Haubrichs 1995, S. 181) auch in der Volkssprache thematisiert. Vgl. auch Haubrichs 2006.

wirkungsgeschichtliche Zusammenhänge untersucht werden. Aus diesem zweiten Bereich, der volkssprachigen Glossenüberlieferung, werden im folgenden erste Ergebnisse präsentiert. Sie sind als Werkstattbericht zu verstehen, die mithelfen sollen, neue Möglichkeiten im Sinne des oben erwähnten interdisziplinären Ansatzes auszuloten.

1. Volkssprachige Glossenüberlieferung und ihre kulturhistorische Erschliessung

Im Fokus steht eine Quellengruppe, wie sie in einem ganz besonderen Überlieferungskontext im Mittelalter begegnet: Seit dem Anfang des 8. Jahrhunderts wurden in lateinischen Handschriften einzelne volkssprachige Eintragungen am Textrand oder zwischen den Zeilen angebracht, die in der Regel auf einer Auseinandersetzung mit dem zugrunde liegenden lateinischen Text beruhen. Diese Glossierungspraxis stellt eine der wichtigsten Quellen für die Erforschung der volkssprachigen Überlieferung im frühen Mittelalter dar. Im Falle des Deutschen handelt es sich um die ältesten Sprachzeugen, die wir haben; sie begründen den Beginn der Überlieferung des so genannten Althochdeutschen (ca. 700–1050). Neben dem reinen systemlinguistischen Stellenwert hat die Erforschung der volkssprachigen Glossierung vor allem in den letzten Jahren auch in vielfältiger Weise Einblick in die Handschriftenproduktion und -rezeption sowie in die Dynamik der Tradierung von Wissen im Mittelalter gewähren können. Mit diesem Blick auf die Glossierungsüberlieferung können vielfältige Praktiken der Schriftlichkeit aufgedeckt werden, die nicht nur Aufschluß über die Lebens- und Kommunikationsformen mittelalterlicher Skriptorien und Bibliotheken bzw. der Schreiber und Handschriftenbenutzer geben, sondern auch die glossierten Texte und Autoren in ihrem unmittelbaren Rezeptionszusammenhang faßbar machen. Verbunden hiermit war ein Paradigmenwechsel im methodischen Vorgehen.[3] Dieser Wechsel hat unter anderem weggeführt von der isolierten Behandlung und alleinigen Fokussierung auf das in den Handschriften überlieferte sprachliche Material hin zu einer ganzheitlichen Erforschung der Überlieferungszusammenhänge, die etwa auch die sonstigen sekundären Eintragungen der betreffenden Handschrift (inklusive der lateinischen Glossierungen) oder die Erforschung funktionaler Zusammenhänge der Handschriftenherstellung und der Eintragungstechniken berücksichtigt. Sowohl die Gegenstandsbestimmung als auch die Spielarten der Überlieferung weisen auf die Notwendigkeit der kulturwissenschaftlichen Erschließung der althochdeutschen Glossenüberlieferung hin und zeigen vielfache Anknüpfungspunkte im interdisziplinären Bereich: die Untersuchung der volkssprachigen und der lateinischen Glossen gewährt Einblicke in die Schrift- und Buchgeschichte, in die Aneignung der lateinischen

3 Die germanistische Glossenforschung blickt auf eine lange Tradition zurück; erste Meilensteine bilden das Oeuvre von Eberhard Gottlieb Graff (Graff 1834–1846) und die fünfbändige Glossenedition von Elias von Steinmeyer und Eduard Sievers (Steinmeyer/Sievers 1879–1922), die noch heute eine unverzichtbare Grundlage bildet.

Bildungstradition sowie in die Wissensorganisation des Mittelalters. Ferner können Textaneignungsstrategien, Übersetzungstechniken und Kommunikationsformen freigelegt werden. Solche übergreifenden Fragestellungen, die die kulturwissenschaftliche Bedeutung der Glossen unterstreichen, sind in den letzten Jahrzehnten vermehrt thematisiert worden und beruhen auf dem Wunsch, mehr über Zusammenhänge der mittelalterlichen Schriftlichkeit und Wissensvermittlung zu erfahren. Die interdisziplinären Methoden, die die neuere Glossenforschung entwickelt hat, können somit auch für die Erschließung der Glossen zu Hrabanus Maurus fruchtbar gemacht werden.

1.1. Gegenstandsbestimmung

Als Glossen bezeichnet die historische Linguistik sekundäre Eintragungen, die in mittelalterlichen Handschriften zu Wörtern oder Wortgruppen eines Textes als Übersetzungen oder Erklärungen am Textrand oder zwischen den Zeilen hinzugefügt wurden.[4] Das Verfahren hat sich vor allem bei der Lektüre fremdsprachiger Schriftlichkeit oder bei Fachprosatexten bis heute bewährt, wenn wir etwa in gedruckten Büchern Notizen mit dem Bleistift an den Textrand bzw. zwischen die Zeilen schreiben. Die Tradition der Glossierung in der Volkssprache findet ihre Anfänge im altirischen und altenglischen Raum und wurde durch insulare Vermittlung an Schreiber und Schreiberinnen in kontinentalgermanischen Skriptorien weitergegeben, zunächst in Klöstern, die auf insularen Gründungen beruhen. Mit der Übernahme dieser Technik begegnet eine ganz besondere Form von Kulturtransfer im Bereich der mittelalterlichen Schriftpraxis, die für das Althochdeutsche ab dem frühen 8. Jahrhundert bezeugt ist. Wichtige Skriptorien für die frühe althochdeutsche Überlieferung waren vor allem Fulda, Würzburg, St. Gallen, Freising und Echternach, aus dessen Quellenbestand die ältesten bekannten althochdeutschen Glossen stammen.[5]

Die volkssprachige Glossierung steht insgesamt neben der reichhaltigen lateinischen Glossierungspraxis des Mittelalters, die in vielen Tausenden von Handschriften bezeugt ist, bislang aber noch nicht wirklich übergreifend erschlossen bzw. untersucht wurde. Viele Handschriften weisen sowohl lateinische als auch volkssprachige Glossen auf. Sie sind Zeugnis für die Mehrsprachigkeit des sekundären Arbeitens am lateinischen Text und das Ringen um dessen Verständnis aus inhaltlicher und grammatikalischer Sicht.

Neben den so genannten Textglossen, die zu Wörtern bzw. Syntagmen eines lateinischen Textes eingetragen wurden, begegnen seit Überlieferungsbeginn auch Glossen innerhalb von Glossaren, die unentbehrliche und nützliche Hilfsmittel bei der Textlektüre darstellten. Die Glossareinträge, die in der Regel aus einem lateinischen Lemma und einem entsprechenden lateinischen und/oder deutschen Interpretament bestehen, können in der Reihenfolge ihres Aufkommens im Primärtext oder aber in alphabetischer bzw. nach inhaltlichen Gesichtspunkten arrangierter Textabfolge gegliedert sein.

4 Siehe hierzu grundlegend Bergmann/Stricker 2005, 1, S. 101–109.

5 Vgl. zur Glossenüberlieferung aus Echternach Glaser/Moulin 1999.

Der Fachwelt sind mehr als 1.300 Handschriften bekannt, die althochdeutsche und altsächsische Glossen überliefern.[6] Sowohl quantitative Gesichtspunkte[7] als auch die Qualität des in Glossen überlieferten Wortschatzes machen die volkssprachigen Glossen neben ihrer kulturhistorischen Bedeutung zu einer unschätzbaren linguistischen Quelle. Die Glossen tragenden Handschriften sind in dem im Jahr 2005 erschienenen, grundlegenden sechsbändigen Katalog von Rolf Bergmann und Stefanie Stricker (BERGMANN/STRICKER 2005) verzeichnet, der weiterführende Analysen mit komplexeren Fragestellungen wie der hier vorliegenden erst ermöglicht.

I.2. Spielarten der Überlieferung

Im Rahmen der Genese von Textstrukturen gehören Glossen nicht primär zum Inhalt des Textes, sondern stellen sekundäre Eintragungen zu diesem da, die auch im Sinne eines Paratextes gedeutet werden können.[8] Ihr Weg in die betreffenden Handschriften kann kompliziert und ganz unterschiedlich sein: Es begegnen vielfältige Eintragungskontexte, Eintragungstechniken und Glossierungsfunktionen, die ihrerseits verschiedene Lesarten und Rezeptionsformen des Primärtextes erkennen lassen. Die Erschließung solcher Aspekte kann letztendlich nur im interdisziplinären Kontext erfolgen. Angesprochen sind mit einem solchen interdisziplinären Zugang vor allem die dynamischen Faktoren, die der Glossierung zugrunde liegen: Diese betreffen sowohl den Inhalt der glossierten Texte als auch die zeitliche und örtliche Verankerung der Glossierungsschichten sowie die möglichen Motive der Glossierung. All diese Fragen sind unmittelbar verbunden mit dem so genannten ›Sitz im Leben‹ dieser Überlieferungsformen und berühren auch Dimensionen der Kommunikationsstrategien und sozialen Organisationsformen des Schreibens und Lesens in den Klöstern des Mittelalters. Funktionale Aspekte betreffen ferner den materiellen, medialen Gesamtkontext des Überlieferungsträgers,

6 Bei der Erschließung der ältesten Sprachstufe des Deutschen unterscheidet die historische Linguistik zwischen dem Althochdeutschen (der Vorstufe des Hochdeutschen im sprachgeographischen Sinne) und dem Altsächsischen (dem Vorläufer des Niederdeutschen).

7 Die Bedeutung der Glossenüberlieferung für das Althochdeutsche, das im Hinblick auf die Textüberlieferung als Korpussprache betrachtet werden kann, ist überragend. Insgesamt überliefern Glossenhandschriften an die 250.000 althochdeutsche und altsächsische Wortformen (Interpretamente), die als übersetzende oder erklärende Einträge zu lateinischen Lemmata geschrieben wurden. Diese volkssprachigen Belege bezeugen etwa 27.000 Wörter bzw. Lexeme. Der althochdeutsche Wortschatz umfaßt insgesamt (das heißt der literarische Wortschatz und der Glossenwortschatz zusammengerechnet) etwa 30.000 verschiedene Lexeme. An diesen Zahlen ist abzulesen, welche Bedeutung die Glossenüberlieferung für die Erforschung des Althochdeutschen hat; nach neusten Schätzungen werden zwei Drittel des althochdeutschen Wortschatzes in Glossen überliefert. Vgl. hierzu die (zum Teil leicht abweichenden) Angaben bei BERGMANN 2005, S. 49f.; BERGMANN/STRICKER 2005, I, S. 58; SCHÜTZEICHEL 2006, S. 7.

8 Vgl. GENETTE 2001, S. 12f.; zur Überlieferungsvielfalt aus typologischer Sicht siehe BERGMANN 2000, S. 77–104.

wobei neben der Entstehungszeit der Handschrift auch Faktoren wie das Layout und die Eintragungstechniken von zentraler Bedeutung sind. Insgesamt ist die Dichte der Glossierung in den einzelnen Handschriften unterschiedlich: manche Handschriften enthalten nur eine vereinzelte volkssprachige Glosse, andere bergen mehrere Hunderte bzw. Tausende von Eintragungen, wobei letztere eher auf ein im Skriptorium geplantes Vorhaben hinweisen dürften. Indizien zu solchen Textherstellungsstrategien enthält unter Umständen bereits die Anlage der Handschrift bei ihrer Erstellung: So wurden etwa in Echternach Schulhandschriften am Ende des 10. Jahrhunderts erstellt, die breite Ränder, reichlichen Platz für Kommentare, Scholien oder Glossierungen sowie einen großen Zeilenabstand aufweisen, wobei alles mit dem Griffel sorgfältig vorliniiert wurde.[9]

Auch die Entstehungszeit der Handschrift steckt bestimmte funktionale Spielräume ab: Eine Handschrift des 15. Jahrhunderts etwa, die ein mittelalterliches Glossar samt dessen althochdeutsche Glossen enthält, wird für die dort überlieferten volkssprachigen Eintragungen keinen ›lebendigen‹ Gebrauch mehr indizieren können, die volkssprachigen Einträge sind unter Umständen sowohl für den Schreiber als auch den zeitgenössischen Rezipienten überhaupt nicht mehr verständlich gewesen.[10] Hier weisen die Glossen eher auf eine antiquarisch-tradierende Funktion hin, als eine zeitgenössische auf Textverständnis ausgerichtete kommunikative Absicht einer Glossierung, die von einem althochdeutschen Schreiber in seinen Codex eingetragen wurde, wie etwa in einer Basler Handschrift des 9. Jahrhunderts mit Hrabans *De institutione clericorum*.[11] Auch hier stellt sich die Frage, ob der Schreiber die Glossen aus einer Vorlage abgeschrieben hat, etwa als er den Gesamttext kopierte, oder ob er beim Glossierungsvorgang in einen bereits bestehenden Text eine Vorlage mit Glossen benutzt hat. In all diesen Fällen spricht man von kopialer Überlieferung. Im Fall der gezielten, sekundären Übernahme von Glossen einer Textvorlage in eine andere Handschrift deutet dies auf eine nähere Auseinandersetzung mit dem Inhalt bzw. der Konstitution des lateinischen Textes hin. Zum Teil können die Glossen auch beim textkritischen Redigieren des Grundtextes über die zur Verfügung stehende Korrekturvorlage übernommen worden sein, mit der Intention, soviel wie möglich an konkreter Textarbeit zu leisten. Viele Glossenhandschriften zeigen diese Art von Textgewinnung: die Korrekturhand hat nicht nur an der lateinischen Textgrundlage gearbeitet, sondern dann auch noch lateinische und volkssprachige Glossen eingetragen.

9 Vgl. hierzu Glaser/Moulin 1999, S. 109–121; Bergmann 2000, S. 81.

10 Siehe etwa das Sachglossar in Merkversanordnung in der Handschrift Basel ÖBU F.V. 41, um 1427–1435. (Bergmann/Stricker 2005, ii, S. 195f., BStK-Nr. 34e; BStK-Nr. bezeichnet hier und im folgenden die laufende Nummer, unter der die Handschrift bei Bergmann/Stricker 2005 aufzufinden ist.)

11 Siehe die Handschrift Basel ÖBU F. III. 15e, 2. Viertel 9. Jahrhundert; mit zwei althochdeutschen Interlinearglossen auf f. 21r (Bergmann/Stricker 2005, i, S. 186f., BStK-Nr. 32, Abbildung bei Bergmann/Stricker 2005, vi, S. 2445.)

Neben der Möglichkeit, daß Glossen von der Schreiberhand des Haupttextes bzw. von Korrekturhänden eingetragen worden sind, gibt es auch Glossen, die offensichtlich von Benutzern der Handschrift bei der inhaltlichen Auseinandersetzung mit dem Primärtext eingetragen wurden. Wenn keine direkten kopialen Zusammenhänge vermutet werden können, spricht man von Originalglossierung. Wichtig ist in diesem Zusammenhang, daß die Vorstellung einer linearen Glossierungsarbeit (unidimensional im Hinblick etwa auf die zeitliche Abfolge und die lineare Textkonstitution) vielleicht zu kurz greift: Glossierungsschritte verlaufen unter Umständen sowohl zeitlich als auch im Hinblick auf die Textkonstitution polydimensional und dynamisch, und zwar sowohl in Bezug auf eine einzelne glossierende Hand als auch auf die Interaktion zwischen mehreren Akteuren. Auch die unterschiedlichen Techniken, mit denen die Glossen in der jeweiligen Handschrift angebracht wurden, sind bei der Analyse zu berücksichtigen: So sind die ältesten bekannten volkssprachigen Glossen nicht mit Feder und Tinte, sondern blind mit dem Griffel ins Pergament geritzt oder gedrückt worden. Diese Griffelglossen sind auf den ersten Blick nicht immer sichtbar und heute zum Teil schwer zu entziffern. Es handelt sich um eine Technik, die insbesondere im 8. und 9. Jh. angewendet wurde und deren Ursprung wie die Glossierungstätigkeit selber ebenfalls insularer Herkunft ist.[12] Die Glossierungspraxis mit dem Griffel, der (im Gegensatz zu Feder und Tinte) neben dem Wachstäfelchen wohl zur Einzelausstattung der Mönche gehörte, wird seit einigen Jahren intensiv erforscht. Diese Eintragungstechnik läßt eher auf eine spontane Art der Glossierung schließen, und nicht so sehr auf ein im kollektiven Rahmen des Skriptoriums geplantes Vorhaben. Aber auch hier sind Varianten denkbar, die eine Skala von individualer, spontaner Glossierungstätigkeit zur kollektiven, geplanten Texterschließung umfassen kann. Im Unterschied zu den Federglossen sind Griffeleintragungen (wie auch Geheimschriftglossen und abgekürzte Glossierungen) wohl nicht primär zur raschen Entzifferung durch andere Personen gedacht gewesen. Daß die Entzifferung von Griffelglossen durch Dritte auch eine gewisse Rolle gespielt hat oder gar Herausforderung war, zeigen solche Beispiele, bei denen Griffelglossen nachträglich von einem späteren Benutzer entziffert und mit der Feder am Textrand oder neben der interlinearen Griffelglosse wiederholt wurden.[13] In solchen Fällen werden nicht nur unterschiedliche Glossierungsschichten sichtbar, sondern die paratextuellen Eintragungen werden über mehr oder weniger große Zeiträume in Verbindung zueinander gesetzt: In der klösterlichen Gemeinschaft entstehen somit über die Glossierungen eigene »Wissensräume« bzw. virtuelle Gemeinschaften von Glossatoren, die einerseits das Wissen um die Textgrundlage bzw. deren Varianten betreffen, andererseits Wissen über den Inhalt des Texts bzw. die Sprache

12 Zur Technik der Griffelglossierung siehe grundlegend Glaser 1995, Nievergelt 2007, Ernst 2007.

13 Siehe etwa die Interaktion zwischen Griffelglossierung und Tintenglossierung in der Würzburger Bibelhandschrift (Oxford Bodleian Library Laud. lat. 92; Bergmann/Stricker 2005, BStK-Nr. 730; Moulin, in Druckvorbereitung).

erzeugen.[14] Dabei können explizit oder implizit auch intertextuelle Bezüge hergestellt werden, indem etwa eine Glossierung durch Benutzung eines entsprechenden interpretierenden Kommentars zustande gekommen ist.

Bei der Erforschung der volkssprachigen Glossen und vor allem in dem Moment, wo man sich bewußt mit den Handschriften, in denen diese Glossen stehen, auseinandersetzt, wird der Blick auch auf die Texte gelenkt. Daß das Alte und Neue Testament sowie patristische Bibelkommentare einen zentralen Glossierungsbereich gebildet haben, liegt in der Natur des Christentums als Buchreligion und der klösterlichen, theologisch motivierten biblischen Textarbeit und -erschließung mitbegründet. Insgesamt spielt in diesem Kontext die Geschichte der Autorenrezeption eine zentrale Rolle: ein klassisch-antiker Autor wie Vergil, der aufgrund der christlichen Interpretation eine Sonderstellung in der mittelalterlichen Rezeption antiker Klassiker aufweist, war fester Bestandteil des mittelalterlichen Lesekanons und wurde auch entsprechend intensiv glossiert. Auch für Hrabanus Maurus können entsprechende Überlegungen im Rahmen der Wirkung und Rezeption angestellt werden, die im folgenden ebenfalls kurz thematisiert werden sollen.

II. Hrabanus Maurus in der althochdeutschen Glossographie

II.1. Der Bestand an glossierten Hrabanus Maurus-Handschriften

Im Rahmen eines Pilotprojektes wurde Bergmann/Stricker 2005 im Hinblick auf Glossierungen, die in Zusammenhang mit Hrabanus Maurus gebracht werden können, ausgewertet. Unberücksichtigt blieben dabei volkssprachig glossierte Handschriften, in denen Werke Hrabans enthalten sind, die jedoch nicht Gegenstand der jeweiligen Glossierungen sind. Die ermittelten Handschriften lassen sich hinsichtlich ihrer Inhalte und ihren Glossen in vier verschiedene Gruppen einteilen, die mitsamt ihren Überlieferungsträgern genannt und kurz kommentiert werden sollen.[15]

a) Anonyme Bibelkommentare mit Hrabanus Maurus als Quelle

Die Auswertung von Bergmann/Stricker 2005 und den dort enthaltenen erschließenden Registern ergab zumindest zwei mittelalterliche Handschriften, die aus Werken des Hrabanus Maurus schöpfende Bibelkommentare enthalten und althochdeutsch glossiert sind. Ihre Verfasser sind nicht bekannt. Es handelt sich um folgende Handschriften:

BStK-Nr. 863 Stuttgart, Württembergische Landesbibliothek Cod. theol. et phil. 2°218
BStK-Nr. 1041 St. Mihiel, Bibliothèque Municipale Ms. 25

14 Ein solcher Wissensraum kann auch etwa bei der gemeinschaftlichen Arbeit an einem mehrsprachigen Glossar entstehen; siehe zu einem solchen Fall Moulin 2004.

15 Ausführlichere Informationen zur Hrabanus Maurus-Glossierung, insbesondere den hier nur kurz skizzierten Handschriftengruppen a) bis c), sind für das in der Abschlußphase befindliche *de Gruyter Lexikon Althochdeutsche und altsächsische Glossographie*, hg. von Rolf Bergmann und Stefanie Stricker geplant.

Es ist zu vermuten, daß diese Gruppe bei entsprechender Recherche weiter ergänzt werden kann. Hierzu müßten sämtliche bekannte glossierte Bibelkommentare auf ihr Verhältnis zu Hrabanus Maurus als Quelle überprüft werden. Eine derart aufwendige und umfangreiche Untersuchung muß einem weiteren, eigenen Forschungsvorhaben vorbehalten bleiben.

b) Handschriften mit Walahfrids *De homine et partibus eius* und verwandte Glossarhandschriften

Eine Reihe mittelalterlicher Handschriften enthält das Werk *De homine et partibus eius* des Walahfrid Strabo oder aber Glossar-Handschriften, die mutmaßlich mit diesem verwandt sind. *De homine et partibus eius* wurde, soweit zu sehen, von Walahfrid Strabo aufgrund eines mündlichen Vortrags von Hraban – vielleicht noch zu Walahfrids Zeit in Fulda als Hraban-Schüler oder aber auch später – ausgearbeitet.[16] Dies darf wohl aus der Überschrift geschlossen werden, die in einigen der überlieferten Handschriften dem Werk vorangestellt ist.[17] Die in dem Werk enthaltenen Glossen sind demnach nicht als eine Glossierung zu Hrabanus Maurus im engeren Sinne zu betrachten. Dennoch stellt das Werk ein besonderes Zeugnis für Hrabans pädagogische Bemühungen und gleichzeitig auch für seine Arbeit mit der Volkssprache dar. Für ein Projekt, das sich mit der Frage beschäftigt, welche Bereiche aus dem Hrabanischen Wissenskosmos in die volkssprachige Rezeption hineinreichen, ist das Werk in ein Untersuchungscorpus zweifellos mit einzubeziehen. Folgende Handschriften konnten ermittelt werden, die den Text mit althochdeutschen Glossen überliefern:

BStK-Nr. 10 Amiens, Bibliothèque Municipale MS 110: 3 Glossen (Ende 12. Jh.)
BStK-Nr. 167 Fulda, Hochschul- und Landesbibliothek C11: 58 Glossen (15. Jh.)
BStK-Nr. 604 München, Bayerische Staatsbibliothek Clm 14689: 52 Glossen (unbekannt)
BStK-Nr. 612 München, Bayerische Staatsbibliothek Clm 14754: 57 Glossen (Mitte 9. Jh.)
BStK-Nr. 769 Paris, Bibliothèque Nationale lat. 16702: 8 Glossen (12. Jh.)

Hinzu kommen noch folgende Glossar-Handschriften, die eventuell mit dem Werk verwandt sind, also einzelne Lemmata und Interpretamente den oben genannten oder anderen, verlorengegangenen Werkhandschriften entnommen haben könnten:[18]

BStK-Nr. 42 Berlin, Staatsbibliothek – Preußischer Kulturbesitz Ms. Phillipps. 1817 (10. Jh.)
BStK-Nr. 198 St. Gallen, Stiftsbibliothek 184 (11. Jh.)
BStK-Nr. 225 St. Gallen, Stiftsbibliothek 299 (2. Hälfte 9. Jh.)
BStK-Nr. 287 Innsbruck, Universitätsbibliothek 711 (13. Jh.)
BStK-Nr. 600 (I) München, Bayerische Staatsbibliothek Clm 14584 [fol. 1–124] (3. Viertel 13. Jh.)
BStK-Nr. 827 Rom, Biblioteca Apostolica Vaticana Reg. lat. 1701 (11. Jh.)
BStK-Nr. 849 Schlettstadt, Bibliothèque Humaniste de Sélestat Ms. 7 (früher Ms. 100) (1. Viertel 12. Jh.)

16 Vgl. Langosch/Vollmann 1999, Sp. 592.

17 »Sic homo constitit, sic corporis illius artus / expositos Mauro Strabus monstrante tenebo.« (Walafridus *Carmina* lxxx, i, S. 417.

18 Vgl. hierzu Baesecke 1921, S. 242–244.

c) Handschriften mit Walahfrids Abkürzungen von Hrabans Bibelkommentaren

Walahfrid erstellte über das oben angesprochene Werk hinaus sogenannte *Abbreviationes* oder *Epitome* der hrabanischen Pentateuchexegese, die im Mittelalter eine durchaus weite Verbreitung fanden, wie die nachfolgende Aufstellung von einundzwanzig Handschriften mit althochdeutschen Glossen bezeugt, die wiederum unter Benutzung des Glossenkatalogs ermittelt wurde:

BStK-Nr. 86a Cambrai, Médiathèque Municipale 304 (286)
BStK-Nr. 121 Einsiedeln, Stiftsbibliothek cod 184 (190)
BStK-Nr. 219 St. Gallen, Stiftsbibliothek 283
BStK-Nr. 314 Karlsruhe, Badische Landesbibliothek Aug. CCXXXI
BStK-Nr. 386b Linz/Donau, Bundesstaatliche Studienbibliothek 386
BStK-Nr. 492 München, Bayerische Staatsbibliothek Clm 5116
BStK-Nr. 502 (I) München, Bayerische Staatsbibliothek Clm 6221
BStK-Nr. 504 München, Bayerische Staatsbibliothek Clm 6227
BStK-Nr. 622 München, Bayerische Staatsbibliothek Clm 17114
BStK-Nr. 648 München, Bayerische Staatsbibliothek Clm 18528a
BStK-Nr. 740 Oxford, New College 29
BStK-Nr. 774k Paris, Bibliothèque Nationale lat. 9568
BStK-Nr. 932 Wien, Österreichische Nationalbibliothek Cod. 1042
BStK-Nr. 969 Wolfenbüttel Cod. Guelf. 29 Weißenburg
BStK-Nr. 1022a Zwettl, Stiftsbibliothek 95
BStK-Nr. 1028 Grenoble, Bibliothèque Municipale Ms. 43 (früher 266)
BStK-Nr. 1034 Le Mans, Bibliothèque Municipale Ms. 213
BStK-Nr. 1041 St. Mihiel, Bibliothèque Municipale Ms. 25
BStK-Nr. 1044 Orléans, Bibliothèque Municipale Ms. 31 (28)
BStK-Nr. 1049 Tours, Bibliothèque Municipale Ms. 69
BStK-Nr. 1050 Tours, Bibliothèque Municipale Ms. 70

Zusätzlich zu den hier aufgeführten Handschriften könnten unter Umständen weitere hinzugefügt werden. Hierfür wäre eine Ermittlung der gesamten Überlieferung der Walahfrid-Kommentare vonnöten. Eine solche Untersuchung ist zu allererst einem zukünftigen Herausgeber der Kommentare vorbehalten.[19] Auf weitere Handschriften machte seinerzeit Paul Lehmann aufmerksam, der von der germanistischen Glossenforschung forderte, daß diese »zum wenigsten daraufhin untersucht werden müßten, ob und wie sie althochdeutsche Glossen bieten«.[20] Für folgende von Lehmann genannten Handschriften konnte kein Nachweis einer Überprüfung auf althochdeutsche Glossen oder eine Edition derselben bis heute ermittelt werden:[21] Zwettl, Stiftsbibliothek 95 (BStK-Nr. 1022a: Edition steht aus, Entdecker von Glossen Eckhard Meineke); Cambridge Trinity College Ms. B.2.4 (keine Überprüfung erfolgt (?))[22]; Reims 130 (keine Überprüfung erfolgt (?)). Keine Glossen ent-

19 Bis auf den Leviticuskommentar, der in Form eines Druckes vorliegt, sind die Kommentare allesamt unediert. (Vgl. Langosch/Vollmann 1999, Sp. 587.)

20 Lehmann 1928, S. 119.

21 Vgl. die Liste bei Lehmann 1928, S. 119f.

22 Vgl. auch die Beschreibung bei James 1900, James 30/07/07.

hält Grenoble 346 (früher 267)[23]. Das *Repertorium Biblicum* liefert unter den Nummern 8316–8321 folgende Bibelkommentare Walahfrids enthaltende Handschriften, die, soweit zu sehen, nicht auf althochdeutsche Glossen geprüft wurden: Paris, Bibliothèque Nationale lat. 12307; Troyes 31.[24] Zur Pariser Handschrift konnte der Nachweis des Inhaltes »Expositio Rabani Mauri super quinque libros Moysi«[25] gefunden werden, wobei hier eine Verwechslung mit den Walahfridschen Bearbeitungen wahrscheinlich erscheint. Daß die Handschrift Troyes 31 tatsächlich die Bibelkommentare Walahfrids enthält, kann dem Katalog des Internetportals der Médiathèques de l'Agglomération Troyenne entnommen werden.[26] Die zunächst sehr hoch erscheinende Zahl von über zwanzig Glossenhandschriften zu den Bibelkommentaren Walahfrids ist jedoch in der Hinsicht zu relativieren, daß es sich bei den meisten der in ihnen vorzufindenden ›Glossen‹ um in den Metatext des Bibelkommentars integrierte althochdeutsche Wörter, also sogenannte Kontextglossen, handelt, die bei einer Kopie der Handschrift im Gegensatz zu sekundären Glosseneintragungen fast immer mit abgeschrieben wurden.

d) Textglossierung zu Hrabanus Maurus im engeren Sinne

Hierbei handelt es sich um die Gruppe von Handschriften, die bei einer Themenstellung ›Althochdeutsche Hrabanus-Glossierung‹ zunächst als die relevanteste erscheinen mag und aus der im folgenden erste Erkenntnisse präsentiert werden sollen. Insgesamt konnten mit Hilfe von Bergmann/Stricker 2005 sechs Handschriften ermittelt werden, die althochdeutsch glossiert wurden:

BStK-Nr. 32 Basel, Öffentliche Bibliothek der Universität F. III. 15e, 2 Interlinearglossen zu *De institutione clericorum*

BStK-Nr. 513 München, Bayerische Staatsbibliothek Clm 6260, 1 Marginalglosse zu *In Genesim libri IV*

BStK-Nr. 639 München, Bayerische Staatsbibliothek Clm 18189, 2 Glossen zu *In regum libros IV*

BStK-Nr. 792 Rom, Biblioteca Apostolica Vaticana Ottob. lat. 3295, 138 Glossen zu *Poenitentiale ad Otgarium*, 75 Glossen zu *De Consanguineorum nuptiis et magorum prestigiis falsisque divinationibus*

BStK-Nr. 800 Rom, Biblioteca Apostolica Vaticana Pal. lat. 294, 1 Marginalglosse zu einem Auszug aus *De sacris ordinibus*

BStK-Nr. 818 Rom, Biblioteca Apostolica Vaticana Reg. lat. 124, 1 Marginalglosse zu *De laudibus sanctae crucis*

Die aufgeführten Handschriften lassen sich in quantitativer Hinsicht deutlich in zwei Gruppen einteilen. Einer dicht glossierten Handschrift (BStK-Nr. 792) mit über 200 Glossen stehen fünf sporadisch glossierte Handschriften gegen-

23 Vgl. Meineke 1985, S. 64.

24 Recherche unter *Repertorium Biblicum Medii Aevi.*

25 Delisle 1868, S. 46.

26 ›Recherche simple‹ am 30.07.2007 mit dem Suchwort »Raban« unter *Médiathèques de l'Agglomération Troyenne*: Nr. 29 der Ergebnisliste. Dort sind zusätzlich auch digitalisierte Abbildungen von f. 1v und f. 2r zugänglich.

über, von denen keine mehr als zwei Glossen aufweist. Diese Handschriftengruppen sollen im folgenden vorgestellt werden: Exemplarisch soll eine Glosse der spärlich glossierten Handschriften hier ediert und analysiert werden. Damit soll gezeigt werden, daß es durchaus von Belang ist, die Glossen dieser Handschriften erneut zu edieren, da die bisherigen Editionen nach den Prinzipien der älteren Glossenforschung erfolgt sind, die sich einzig auf die Angabe des Lemmas und dem dazugehörigen Interpretament beschränkten. Die Glossierung der dicht glossierten Handschrift soll näher charakterisiert werden.

II.2.2. Textglossierung zu Hrabanus Maurus

II.2.2.1. Spärlich glossierte Handschriften – exemplarische Glossenanalyse

Für eine exemplarische Glossenanalyse wird hier eine Glosse aus dem clm 18189 der Bayerischen Staatsbibliothek gewählt, die zu diesem Zweck als besonders geeignet erscheint. Die Handschrift, wohl im zweiten Viertel des 11. Jahrhunderts geschrieben, enthält den Kommentar *In libros Regum IV* des Hrabanus Maurus, der an zwei Stellen althochdeutsch glossiert ist. Die im folgenden zitierte bisherige Edition der zweiten Glosse durch Hartwig Mayer entspricht durchaus der in der älteren Glossenforschung gängigen Methode, einem Lemma einzig das Interpretament gegenüberzustellen, so daß die Erscheinungsform ganz dem eines zweisprachigen Wörterbuches ähnelt:[27]

f. 130r. (lateris), site [Lemma am Rand wiederholt] -PL 144D[28]

Zur Foliumangabe gibt Mayer zunächst das glossierte Lemma (*lateris*) an, anschließend das zugehörige althochdeutsche Interpretament *site.* Mit der Einklammerung des Lemmas weist Mayer zusätzlich darauf hin, daß es sich um eine Marginalglosse handelt, also um eine am Rand eingetragene Glosse. Außerdem gibt er einen Hinweis darauf, daß das »Lemma am Rand wiederholt« stünde. Unterstützt durch die Erscheinungsform drängt sich leicht der Eindruck auf, die Funktion dieser Glossierung sei die Übersetzung in die Volkssprache. Dieser recht einfachen Editionsweise ist ein jüngeres, komplexeres Editionsverfahren entgegenzustellen, bei dem wie folgt verfahren wird: Als erstes wird das Lemma, soweit ermittelbar, und anschließend das Interpretament, sofern möglich in der Graphie der Handschrift angegeben. Anschließend wird der glossierte Text im Kontext zitiert, um den Glossierungszusammenhang deutlich zu machen, wobei das jeweilige Lemma kursiviert erscheint. Hierbei wird, sofern vorhanden, auf eine kritische Edition rekurriert. Von dieser abweichende Lesarten der Handschriften würden zusätzlich angegeben, wenn sie den Sinn der Passage verändern. Es folgt eine als Verständnishilfe gedachte Übersetzung der Passage mit kursivierter Entsprechung des lateinischen Lemmas. Darauf erfolgt eine sprachliche und funktionale Analyse der althochdeutschen Glosse mit Kommentar. Überprüft am Handschriftenbefund stellt sich die Edition dieser Glosse wie folgt dar:

27 Vgl. Bergmann 2003, S. 31.
28 Mayer 1974, S. 94.

site
fol. 130r, Z. 6 [*lateris*] *hoc lat*[9] *lateris*
Ostium namque *lateris* medii in parte erat domus dextrę[29]
›Der Eingang zum Innenraum *(an) der Seite* war freilich an der Rechten des Hauses‹
site: Sg. st. sw. Fem. *sīta* ›Seite‹.[30] Eine genauere Formenbestimmung ist nicht möglich. Die Entsprechung für lat. *latus* ist bereits bekannt.

Es handelt sich bei dieser Glosse nicht um eine Marginalglosse im eigentlichen Sinne, wie dies in der bisherigen Edition mit dem Zusatz »Lemma am Rand wiederholt«[31] angegeben wird, sondern um eine interlineare bzw. überzeilige althochdeutsche Glosse zu einer marginalen lateinischen Glossierung. Dem Glossator ging es hier offensichtlich darum, das lateinische Substantiv *latus* in der Form des Genitivs Singular von einem Homograph in Form des lateinischen Verbs *latere* ›verborgen sein‹ in der konjugierten Form der 2. P. Sg. Ind. Passiv zu isolieren. Dies geschieht einerseits durch die Nennung der lateinischen Grundform sowie des Genitivs, andererseits durch die zusätzliche Übersetzung des Lemmas ins Althochdeutsche. Die Funktion dieser Glosse ist es somit, eine Wortverwechslung zu vermeiden, keineswegs die einer einfachen Übersetzung des an sich recht häufigen und deshalb auch dem mittelalterlichen Handschriftenbenutzer wohl bekannten *latus*.[32] Dieses Beispiel dürfte die Vorteile einer kommentierenden, die Glossierungsumstände miteinbeziehenden Glossenedition deutlich erkennbar machen, denn die bisherige Edition verschafft einen nur unzureichenden Eindruck der Glossierung und ist nicht zu einer Funktionsbestimmung geeignet. Insofern ist eine – erstmalig zusammenhängende – Neuedition der gesamten Glossenüberlieferung zu Hraban durchaus wünschenswert und verspricht weiterführende Erkenntnisse.

II.2.2.2. Dicht glossierte Handschrift – Charakterisierung

Die als intensiv glossiert zu bezeichnende Handschrift wird in der Biblioteca Vaticana aufbewahrt. Trotz seines unscheinbaren Erscheinungsbildes, das auf jeglichen Schmuck verzichtet, ist der Codex vor allem wegen seines Inhalts auch für die Hrabanus Maurus-Forschung von einiger Bedeutung. Er enthält neben Canones, dem Bußbuch Halitgars von Cambrai und anderem die nur schlecht bezeugte Version des Hrabanischen Bußbuches an Otgar und außerdem die Schrift *De Consanguineorum nuptiis et magorum prestigiis falsisque divinationibus*, für die sie den einzigen bekannten Überlieferungsträger darstellt.[33] Die Handschrift vorwiegend juristischen Inhalts, die Raymund Kottje »als ein

29 Hrabanus *In Reges*, Sp. 145B. Die Angabe Hartwig Mayers zum Kontext Sp. »144D« (Mayer 1974, S. 94) ist falsch.

30 Schützeichel 2006, S. 302, Graff 1834–1846, VI, Sp. 158, Starck/Wells 1990, S. 528, Schützeichel 2004, VIII, S. 246f.

31 Mayer 1974, S. 94.

32 Diesen Funktionstyp von volkssprachigen Glossen konnte etwa Stefanie Stricker in der althochdeutschen Priscianglossierung recht häufig ermitteln (vgl. Stricker 2004, S. 481f.).

33 Vgl. ausführlich zu Inhalt und Geschichte der Handschrift Kottje 1964.

Handbuch für den Gebrauch des Bischofs«[34] charakterisiert, enthält eine hohe Zahl althochdeutscher und auch lateinischer Glossen. Daß die Glossen lange Zeit nicht beachtet wurden – in seinem Beitrag zur Handschriftengeschichte erwähnt Kottje keinerlei Glossen – liegt wahrscheinlich an ihrer Erscheinungsform: Sie wurden zum Großteil nämlich nicht mit der Feder eingetragen, sondern mit dem Griffel in das Pergament eingeritzt bzw. eingedrückt, es handelt sich also um so genannte Griffelglossen. Einen ersten Entzifferungsversuch der Griffelglossen dieser Handschrift unternahm Hartwig Mayer mit einer Edition[35] aus dem Jahr 1982. Mayer kam in seiner Untersuchung auf folgenden Glossenbestand: »Soweit ich sehen kann, enthält die Handschrift neben einigen wenigen Federglossen (drei davon sind althochdeutsch) insgesamt 852 Griffelglossen. Von diesen konnte ich 133 nicht lesen, 149 sind lateinisch und 570 Glossen mit insgesamt 624 Wörtern sind althochdeutsch. Dazu kommen die erwähnten drei althochdeutschen Federglossen.«[36]

Mit insgesamt bis jetzt 570 identifizierten, größtenteils interlinearen, althochdeutschen Griffelglossen stellt Ottob. Lat. 3295 alleine quantitativ eine Besonderheit dar. Für Elvira Glaser stand die Handschrift in ihrer 1996 veröffentlichten Habilitationsschrift zur Freisinger Griffelglossierung zahlenmäßig »[a]n der Spitze«[37] Griffelglossen tragender Handschriften. Es ist jedoch darauf hinzuweisen, daß einerseits die Erforschung von Griffelglossen beträchtliche Fortschritte gemacht hat, andererseits aber nicht einmal die Erforschung der Bestände der Griffelglossen enthaltenden Handschriften auch nur annähernd als abgeschlossen betrachtet werden darf.[38] Dabei ist es wahrscheinlich, daß künftig der zwar immer noch relativ geringe Anteil von Griffelglossenhandschriften an der gesamten Überlieferung von Glossenhandschriften weiter steigt, »da die Wahrscheinlichkeit, bisher übersehene Griffelglossen zu finden, höher ist als die bei Federglossen«[39]. Wenn es auch wie schon bereits für Mayer immer noch die beste »Methode ist […], mit großer Geduld sich auf eine bestimmte Glosse einzusehen und zu versuchen, ob eine Variierung des Lichteinfalls einzelne Linien – oft plötzlich und überraschend – sichtbar macht«[40], sind bei der Überprüfung bereits bestehender Editionen sehr häufig Verbesserungen und Neufunde zu verzeichnen.[41] Auch das Editionsverfahren wurde in der Zwischenzeit verfeinert und speziell für die

34 Kottje 1964, S. 85.

35 Mayer 1982.

36 Mayer 1982, S. 13. Mayers Angabe zu den von ihm nicht lesbaren Glossen ist anscheinend nicht korrekt: Eine Zählung dieser im Anhang II ergibt nur 123 unleserliche Glossen (vgl. Mayer 1982, S. 165–167). Die Gesamtzahl der Griffelglossen muß demnach ebenfalls auf 842 herabgesetzt werden.

37 Glaser 1995, S. 69.

38 Vgl. hierzu das »Verzeichnis der Griffelglossenhandschriften« bei Glaser 1995, S. 55–63 und die Ergänzungen bei Glaser/Nievergelt 2004, S. 121–123.

39 Glaser/Nievergelt 2004, S. 127.

40 Mayer 1982, S. 12. Vgl. hierzu die Ausführungen bei Glaser/Nievergelt 2004, S. 131f.

41 Vgl. Glaser/Nievergelt 2004, S. 123f.

Griffelglossen weiter verbessert, so daß auch im Fall der vorliegenden Handschrift trotz des relativ jungen Erscheinungsdatums von Mayers Veröffentlichung eine Neuedition angezeigt wäre.[42]

Im Hinblick auf die Themenstellung ›Althochdeutsche Hrabanus-Maurus-Glossierung‹ ist zunächst darauf hinzuweisen, daß die Glossen sich auf die gesamte Handschrift verteilen und so gesehen in dieser Handschrift nicht Hrabanus Maurus speziell als Autor Ausgang für eine geplante Glossierung war. Betrachtet man jedoch die Glossierungsdichte der einzelnen Werke der Handschrift, so fällt auf, daß die Glossierungen zu den beiden Bußbüchern, sowohl demjenigen Halitgars als auch dem Hrabans, sowie dessen weiterem Werk *De consanguineorum nuptiis...* als intensiver bezeichnet werden dürfen als die Glossierung der übrigen Texte. Dies legt die Vermutung nahe, daß mit diesen Texten eine tiefere Auseinandersetzung von Seiten der Glossatoren stattgefunden haben könnte, was aber auch nicht bewiesen werden kann. Eine genaue Aussage hingegen, ob in der Glossierung eines bestimmten Werkes die Volkssprache öfters als das Lateinische gewählt wurde, ist vor allem wegen der von Mayer nicht gelesenen Glossen nicht möglich. Allenfalls läßt sich sagen, daß das Verhältnis von Althochdeutsch zu Latein annähernd bei 3:1 zu verorten wäre, wobei diese Angabe nur als eine Tendenz zu verstehen ist.[43] Mit der relativ hohen Anzahl von fast 600 volkssprachigen und mindestens 149 lateinischen mit Griffel, zuzüglich den »einigen wenigen«[44] von Mayer nicht näher bestimmten mit der Feder vorgenommenen Glosseneintragungen böte die Handschrift Ottob. lat. 3295 wohl eine gute Ausgangslage, um zu ermitteln, »in welcher Funktion überhaupt die Volkssprache bei der Glossierung verwendet wird«[45], was Rolf Bergmann als eine der grundlegenden Fragestellungen einer kulturgeschichtlich orientierten Erforschung volkssprachiger Glossographie ansieht. Diese Untersuchung kann wiederum nur anhand der Handschrift oder einer sämtliche lateinische Glossen berücksichtigenden Edition vorgenommen werden. Eine erste Überprüfung der Funktionen lateinischer Griffelglossen der Hrabanischen Werke in der Handschrift ergibt jedoch, daß die weitaus meisten der lateinischen Griffelglossen als lexikalische Glossen zu bewerten sind, bei der das im Text stehende Lemma mit Hilfe eines lateinischen Synonyms wiedergegeben wird.[46]

42 Vgl. hierzu grundlegend Glaser 1993; Nievergelt 2007; Ernst 2007.

43 Geht man davon aus, daß Mayer bei seiner Autopsie der Handschrift sämtliche Griffelglossen fand, läge der Prozentsatz von althochdeutschen Glossen bei 67,72%, wenn sämtliche unleserlichen Glossen lateinisch wären. Im anderen Extremfall (alle unleserlichen Glossen sind althochdeutsch) läge dieser Satz bei 82,57%. Demnach dürfte es nicht unwahrscheinlich sein, daß ungefähr 75% aller Glossen althochdeutsche Glossen sind.

44 Mayer 1982, S. 13.

45 Bergmann 2005, S. 59.

46 Zugrunde gelegt werden hier die in der (mittel-)lateinischen Philologie von Gernot Wieland ermittelten Kategorien der lexikalischen, grammatischen, syntaktischen, kommentierenden und interpretierenden Glossen (vgl. hierzu grundlegend Wieland 1983, S. 26, 48, 98 und 147 mit den jeweiligen Definitionen; Wieland 1984, S. 96f. sowie Wieland 1985). Ein weiterer Ansatz, Glossen (hier auch unter Einbeziehung der volkssprachigen) in funktionale Kategorien zu unterteilen, stammt von Alexander Schwarz. Die

Zusammengefaßt ist für die Funktionen der lateinischen Glossierung festzuhalten, daß das Fehlen jeglicher grammatischen Glossen und ein weit dominierender Anteil lexikalischer Glossen die in der Handschrift vorgenommene lateinischsprachige Glossierung in die Nähe der volkssprachigen rückt, in deren Erforschung man generell von einem engeren Glossenbegriff, »der nur diejenigen Eintragungen erfaßt, die als lexikalische Äquivalente lateinischer Lemmata gedacht sind«,[47] als in der lateinischen Glossenforschung ausgeht. Anders ausgedrückt: Das von der lateinischen Glossenforschung häufig bemühte Charakteristikum lateinischsprachiger Glossierung, daß diese Glossen sich auf verschiedene Ebenen des Textverständnisses beziehen, tritt in dieser speziellen Handschrift keineswegs deutlich hervor. Auch die lateinischen Glossen sind hier vorherrschend auf das Lexikon bezogen und versuchen, dem Bearbeiter ein literales Textverständnis zu ermöglichen. Dies paßt durchaus zu der vorliegenden Textsorte. Es handelt sich bei den vorliegenden glossierten Werken Hrabans nämlich nicht um Schultexte, die gelesen werden, um beispielsweise die lateinische Sprache zu erlernen, sondern um juristische Texte, deren praktische Ausrichtung bereits zur Sprache kam.[48] Dabei benutzen die verschiedenen Glossatoren in dieser Handschrift, wenn man wiederum die Verteilung der Glossierungssprache betrachtet, eher die Volkssprache als das Lateinische. Daß aber auch die lateinische Sprache zur Glossierung verwendet wurde, macht deutlich, daß es nicht um eine Übersetzung des Textes ging, sondern um das Gesamtverständnis des Textes. Dies paßt zu den Ergebnissen der Erforschung volkssprachiger Glossographie: Auch Ziel der volkssprachigen Glossierung ist es, wie es in rezenteren Beiträgen von der Glossenforschung deutlich klargestellt wurde, meistens nicht den Text zu übersetzen, sondern ihn adäquat zu verstehen.[49] Zahlenmäßig gesehen hat jedoch bei dieser speziellen Glossierung die volkssprachige, althochdeutsche

insgesamt 28 funktionalen Kategorien, wie sie Schwarz zur Priscianglossierung Otfrids entwickelt (vgl. Schwarz 1977, S. 28–30), sind jedoch zu sehr auf diesen Spezialfall bezogen und letztendlich ist auch der Hauptteil der althochdeutschen Glossen unter Wielands lexikalischen Glossen zu subsumieren (vgl. hierzu auch Glaser 1994, S. 186f.). Als lexikalische Glossen in dieser Handschrift sind beispielsweise zu verzeichnen Paare vom Typ *humi – terre*; *plane – certe*; *subito – statim*; *maneat – esset*; *detrudi – separant*; etc. (vgl. die Liste lateinischer Griffelglossen bei Mayer 1982, S. 162f.).

47 Glaser 1994, S. 189. Vgl. auch Glaser 2003, S. 8.

48 Bei Schwarz 2000, S. 1222 und S. 1227 werden Glossen und Glossare nur unter zur Schule gehörigen Textsorten subsumiert (außerdem medizinische Glossen noch dem Bereich der Lebenspraxis zugeordnet). Es hat sich jedoch gezeigt, daß Glossen keineswegs auf die Domäne des Schulunterrichtes im Sinne eines Lateinunterrichtes begrenzt werden können (vgl. Bergmann 1997, S. 231f.).

49 Vgl. Bergmann 2003, S. 48; Hellgardt 1996, S. 80f. sowie Henkel 2000. Dennoch gibt es auch Glossenhandschriften, die den Eindruck einer den gesamten Text durcharbeitenden Übersetzung machen, wie dies beispielsweise Elvira Glaser für die Griffelglossierung der Freisinger Handschrift Clm 6300 (BStK-Nr. 523) festgestellt hat (vgl. Glaser 1994, S. 205 und Glaser 1995, S. 481f.).

Glossierung verglichen mit der lateinischen nicht »deutlich nachrangigen Charakter«[50] und ist keineswegs »notwendiges Übel«[51], sondern der bedeutendere Teil des Glossierungsvorgangs.

Hartwig Mayer sieht als Haupturheber der vorliegenden Glossierung der gesamten Handschrift dieselben zwei Hände wie die Texthände, wozu noch »[e]inige Glossen [...] sicher von einer dritten Hand«[52] kommen. Dabei nimmt er »auf Grund der Schreibfehler an [...], daß es sich wenigstens beim größten Teil der Glossen um eine Sekundärglossierung handelt, d.h. um Glossen, welche von einer Vorlage abgeschrieben wurden«[53].

Dieses Ergebnis bezeugt die Glossierung als einen Sonderfall innerhalb der Griffelglossierung, für die im Allgemeinen eher originäre Überlieferung angenommen wird.[54] Hinsichtlich der Übersetzungstechnik stellt Mayer eine Uneinheitlichkeit fest, »da einer Reihe von Kontextglossierungen, die ein großes Maß an Textverständnis verraten, eine Anzahl von Übersetzungsfehlern gegenüberstehen, welche genau das Gegenteil bezeugen.«[55] Als Erklärung dieser Disparität böte sich Mayer zufolge die Zuweisung der Fehler an einen bestimmten Glossator an, die aufgrund der kopialen Überlieferung jedoch nicht machbar sei.[56] Von Interesse wäre es sicherlich, in einer weiteren Untersuchung zu ermitteln, ob sich die Mißverständnisse an bestimmten Stellen im Text konzentrieren.[57] Einer näheren Untersuchung bedürften vielleicht auch einige von Mayer eigens angeführte »wohl unvollständige Glossen«[58], bei denen es sich anböte, genauer zu analysieren, ob es sich hierbei um sogenannte ›verkürzte Glossen‹ handelt.[59]

Zusammenfassend läßt sich feststellen, daß die Handschrift Ottob. lat. 3295 mit einer gewissen Wahrscheinlichkeit weitaus mehr Material für die Glossenforschung bereithält, als das bereits ausgeschöpfte. Alleine schon aufgrund der möglichen zusätzlichen Erkenntnisse hinsichtlich des Bestands an Glossen soll auch für weitere Untersuchungen innerhalb des geplanten Projekts auf die Handschrift selbst zurückgegriffen werden.

50 Henkel 2000, S. 407.

51 Sanders 1992, S. 50.

52 Mayer 1982, S. 117.

53 Mayer 1982, S. 139, vgl. auch S. 233.

54 Vgl. Glaser 1995, S. 72; Ernst 2007, S. 581.

55 Mayer 1982, S. 151.

56 Vgl. Mayer 1982, S. 151.

57 Einen ersten Ansatz könnte hier die Feststellung liefern, daß unter den ersten 369 althochdeutschen Glossen nach Mayers Auffassung nur fünf mißverstandene Fälle auftreten, in den weiteren 203 Glossen jedoch immerhin 21 (vgl. die Auflistung bei Mayer 1982, S. 150).

58 Mayer 1982, S. 151.

59 Zu verkürzten Glossen siehe Voetz 1987; ferner besonders in funktionalem Zusammenhang Henkel 1988, S. 71–73; Henkel 2000, S. 394–402; Henkel 1996, S. 62–65; Henkel 2001; Nievergelt 2007; Ernst 2007, besonders S. 586; sowie Moulin, in Druckvorbereitung.

III. Zusammenfassung und Ausblick

Die Erschließung der volkssprachigen Glossierung zu Hrabanus Maurus weist auf eine vielschichtige Überlieferung hin, die sich um die Person Hrabans als Autor entfaltet. Neben der volkssprachigen Glossierung zu Hrabanischen Texten im engeren Sinne konnten auch Glossierungen zu hrabannahen Texten bzw. solchen, die in dessen Umfeld zu stellen sind, festgestellt werden. Bei der vorliegenden Studie wurde in einem ersten Erfassungsschritt der Schwerpunkt auf die volkssprachige Glossierung, so wie sie auf der Grundlage des Glossenkatalogs von Bergmann/Stricker 2005 ermittelt werden konnte, gelegt. Im Rahmen einer detaillierten Untersuchung der glossographischen Rezeption des Hrabanischen Werkes sollen in einem weiteren Schritt nicht einzig die volkssprachigen Glossen zu den Werken Hrabans im Mittelpunkt stehen, sondern auch die lateinischen Glossierungsschichten miteinbezogen werden. Dies setzt eine kodikologische und handschriftengeschichtliche Erfassung aller Textzeugen mit Schrift- bzw. früher Bibliotheksheimat im deutschsprachigen Raum voraus, und somit auch deren Überprüfung auf eventuell vorhandene Glossierungen. Erst dann wird eine umfassende Analyse der volkssprachigen und lateinischen Glossierung in vergleichender und funktionaler Hinsicht möglich sein.

Während der hier gewählte Untersuchungsansatz vom Autor (Hrabanus) und seinem Werk in diachronem Zugriff ausgegangen ist, kann die Glossenforschung auch aus einem anderen Blickwinkel zur Aufarbeitung der Interaktion zwischen Hraban bzw. seinem Kreis und der volkssprachigen Schriftlichkeit beitragen, und zwar ausgehend von den geographischen Glossierungsräumen des 9. Jahrhunderts. So sollen im weiteren Verlauf des Projekts auch die Hauptwirkungsorte Hrabans (vor allem Fulda) und deren zeitgenössische Interaktionen mit anderen Klöstern und Skriptorien (etwa Würzburg) im Hinblick auf die dortige volkssprachige Überlieferung sowohl im Bereich der Texte als auch der Glossen aufgearbeitet werden. In diesen räumlichen und zeitlichen Kontexten des 9. Jahrhunderts wird Otfrid von Weißenburg eine zentrale Rolle spielen, so daß schließlich eine Vielzahl von Netzwerken im Bereich der volkssprachlichen Schriftlichkeit und deren kulturhistorischen Erschließung aufgezeigt werden kann. Letztendlich sollen unter Berücksichtigung des oben in der Einleitung beschriebenen doppelten Zugriffs auf den zeitgenössischen Wirkungsradius zwischen Hrabanus und der volkssprachigen Schriftlichkeit sowie innerhalb der Glossographie vielfältige Wissensräume im Hinblick auf die volksprachige Überlieferung beleuchtet werden. Neben den geographischen Räumen der hrabanischen Wirkungs- und Ausstrahlungsorte (Klöster, Bibliotheken, Skriptorien), können auch inhaltlich gebündelte Wissensräume berücksichtigt werden, zum Beispiel Bereiche wie ›Das Evangelium in der Schule‹ (Wissensraum Schule); ›Die Fuldaer Wortarbeit‹ (lexikologischer Wissensraum), ›Bibeldichtung als Programm‹ (Die Bibel als Wissensraum) oder etwa ›Intertextuell konstituierte Wissensräume‹.

Literaturverzeichnis

Siglen und Abkürzungen

MGH Monumenta Germaniae Historica
PL Patrologiae latinae cursus completus accurante Jacques-Paul Migne
CChr.CM Corpus Christianorum. Continuatio Mediaevalis

Quellen

Hrabanus Maurus *In Reges*
Hrabanus Maurus: *Commentaria in libros IV regum* (PL 109, 9–280).
Walafridus *Carmina*
Walafridus Strabo: *Carmina*, ed. Ernestus Duemmler (MGH poet. ii) 263–422.

Abhandlungen

Baesecke 1921
Georg Baesecke: »Hrabans Isidorglossierung«, in *Zeitschrift für deutsches Altertum 58* (1921) 241–279.
Bergmann 1997
Rolf Bergmann: »Zur Textualität althochdeutscher Glossen«, in *Textsorten und Texttraditionen*, hg. von Franz Simmler (Berliner Studien zur Germanistik 5), Bern 1997, 215–238.
Bergmann 2000
Rolf Bergmann: »Ansätze zu einer Typologie der althochdeutschen Glossen- und Glossarüberlieferung«, in Haubrichs 2000, 77–104.
Bergmann 2003
Rolf Bergmann: »Volkssprachige Glossen für lateinkundige Leser?«, in *Sprachwissenschaft 28* (2003) 29–55.
Bergmann 2005
Rolf Bergmann: »Kulturgeschichtliche Aspekte des althochdeutschen Glossenwortschatzes«, in *Deutsche Wortforschung als Kulturgeschichte.* Beiträge des Internationalen Symposiums aus Anlaß des 90–jährigen Bestandes der Wörterbuchkanzlei der Österreichischen Akademie der Wissenschaften. Wien, 25.–27. September 2003, hg. von Isolde Hausner e. a. (Österreichische Akademie der Wissenschaften, phil.-hist. Klasse 720), Wien 2005, 49–66.
Bergmann/Stricker 2005
Rolf Bergmann/Stefanie Stricker: *Katalog der althochdeutschen und altsächsischen Glossenhandschriften.* Unter Mitarbeit von Yvonne Goldammer, Claudia Wich-Reif. Berlin/New York 2005.

Delisle 1868
Léopold Delisle: *Inventaire des Manuscrits de Saint-Germain-des-Prés conservés à la Bibliothèque Impériale, sous les numéros 11504 – 14231 du fonds latin*, Paris 1868.

Ernst 2007
Oliver Ernst: *Die Griffelglossierung in Freisinger Handschriften des frühen 9. Jahrhunderts* (Germanistische Bibliothek 29), Heidelberg 2007.

Genette 2001
Gérard Genette: *Paratexte. Das Buch vom Beiwerk des Buches.* Mit einem Vorwort von Harald Weinrich. Aus dem Französischen von Dieter Hornig, Frankfurt/Main 2001.

Glaser 1993
Elvira Glaser: »Edition und Dokumentation althochdeutscher Griffelglossen«, in *Probleme der Edition althochdeutscher Texte,* hg. von Rolf Bergmann (Studien zum Althochdeutschen 19), Göttingen 1993, 9–17.

Glaser 1994
Elvira Glaser: »Glossierungsverfahren früher Freisinger Textglossierung. Versuch einer Ordnung«, in *Teoria e pratica della traduzione nel medioevo germanico,* a cura di Maria Vittoria Molinari e. a., Padua 1994, 181–205.

Glaser 1995
Elvira Glaser: *Frühe Griffelglossierung aus Freising. Ein Beitrag zu den Anfängen althochdeutscher Schriftlichkeit* (Studien zum Althochdeutschen 30), Göttingen 1995.

Glaser 2003
Elvira Glaser: »Typen und Funktionen volkssprachiger (althochdeutscher) Eintragungen im lateinischen Kontext«, in *Sprachwissenschaft 28* (2003) 1–27.

Glaser/Moulin 1999
Elvira Glaser/Claudine Moulin: »Die althochdeutsche Überlieferung in Echternacher Handschriften«, in *Die Abtei Echternach 698–1998,* hg. von Michele Camillo Ferrari e.a. (Publications du CLUDEM 15), Luxembourg 1999, 103–122.

Glaser/Nievergelt 2004
Elvira Glaser/Andreas Nievergelt: »Althochdeutsche Griffelglossen: Forschungsstand und Neufunde«, in Greule 2004, 119–132.

Graff 1834–1846
Eberhard Gottlieb Graff: *Althochdeutscher Sprachschatz oder Wörterbuch der althochdeutschen Sprache,* Berlin 1834–1846.

Greule 2004
Entstehung des Deutschen. Festschrift für Heinrich Tiefenbach, hg. von Albrecht Greule e. a. (Jenaer Germanistische Forschungen 117), Heidelberg 2004.

Haubrichs 1995
Wolfgang Haubrichs: *Die Anfänge. Versuche volkssprachiger Schriftlichkeit im frühen Mittelalter (ca. 750–1050/60)* (Geschichte der deutschen Literatur von den Anfängen bis zum Beginn der Neuzeit I/1), Tübingen [2]1995.

HAUBRICHS 2000

Theodisca. Beiträge zur althochdeutschen und altniederdeutschen Sprache und Literatur in der Kultur des frühen Mittelalters. Eine internationale Fachtagung in Schönmühl bei Penzberg vom 13. bis zum 16. März 1997, hg. von WOLFGANG HAUBRICHS E. A. (Ergänzungsbände zum Reallexikon der Germanischen Altertumskunde 22), Berlin/New York 2000.

HAUBRICHS 2006

WOLFGANG HAUBRICHS: »Fulda, Hrabanus Maurus und die theodiske Schriftlichkeit«, in *Hrabanus Maurus. Gelehrter, Abt von Fulda und Erzbischof von Mainz,* hg. von FRANZ J. FELTEN und BARBARA NICHTWEISS (Neues Jahrbuch für das Bistum Mainz), Mainz 2006, 93–120.

HELLGARDT 1996

ERNST HELLGARDT: »Die lateinischen und althochdeutschen Vergilglossen des clm 18059. Plädoyer für eine neue Art der Glossenlektüre«, in *Stand und Aufgaben der deutschen Dialektlexikographie.* 2. Brüder-Grimm-Symposion zur Historischen Wortforschung. Beiträge zu der Marburger Tagung vom Oktober 1992, hg. von ERNST BREMER und REINER HILDEBRANDT (Historische Wortforschung 4), Berlin – New York 1996, 73–88.

HENKEL 1988

NIKOLAUS HENKEL: *Deutsche Übersetzungen lateinischer Schultexte. Ihre Verbreitung und Funktion im Mittelalter und in der frühen Neuzeit* (Münchener Texte und Untersuchungen zur deutschen Literatur des Mittelalters 90), München 1988.

HENKEL 1996

NIKOLAUS HENKEL: »Die althochdeutschen Interlinearversionen. Zum sprach- und literarhistorischen Zeugniswert einer Quellengruppe«, in *Wolfram-Studien 14* (1996) 47–72.

HENKEL 2000

NIKOLAUS HENKEL: »Deutsche Glossen. Zum Stellenwert der Volkssprache bei der Erschließung lateinischer Klassiker«, in HAUBRICHS 2000, 387–413.

HENKEL 2001

NIKOLAUS HENKEL: »Verkürzte Glossen. Technik und Funktion innerhalb der lateinischen und deutschsprachigen Glossierungspraxis des frühen und hohen Mittelalters«, in *Mittelalterliche volkssprachige Glossen.* Internationale Fachkonferenz des Zentrums für Mittelalterstudien der Otto-Friedrich-Universität Bamberg, 2. bis 4. August 1999, hg. von ROLF BERGMANN E. A. (Germanistische Bibliothek 13), Heidelberg 2001, 429–451.

JAMES 1900

JAMES, MONTAGUE RHODES: *The Western Manuscripts in the Library of Trinity College, Cambridge. A Descriptive Catalogue, I,* Cambridge 1900.

JAMES 30/07/07

http://rabbit.trin.cam.ac.uk/James/, Stand vom 30.07.2007.

KOTTJE 1964

RAYMUND KOTTJE: »Zu Geschichte und Inhalt einer rheinischen Handschrift«, in *Römische Quartalsschrift für christliche Altertumsgeschichte und Kirchengeschichte 59* (1964) 79–87.

Langosch/Vollmann 1999
Karl Langosch/Benedikt Konrad Vollmann: »Walahfrid Strabo«, in *Die deutsche Literatur des Mittelalters. Verfasserlexikon,* x [2]1999, 584–603.

Lehmann 1928
Paul Lehmann: »Kennen wir Walahfrids Schrift?«, in *Zentralblatt für Bibliothekswesen 45* (1928) 116–123.

Mayer 1974
Hartwig Mayer: *Althochdeutsche Glossen: Nachträge. Old High German Glosses: A Supplement,* Toronto/Buffalo 1974.

Mayer 1982
Hartwig Mayer: *Die althochdeutschen Griffelglossen der Handschrift Ottob. Lat. 3295 (Biblioteca Vaticana). Edition und Untersuchung* (Kanadische Studien zur deutschen Sprache und Literatur 27), Bern/Frankfurt/Main 1982.

Médiathèques de l'Agglomération Troyenne
http://www.mediatheque-agglo-troyes.fr/bmtroyes/, Stand vom 30.07.2007.

Meineke 1985
Eckhard Meineke: »Unedierte Glossen zu Bibelkommentaren des Walahfrid Strabo in Handschriften französischer Bibliotheken«, in *Addenda und Corrigenda zur althochdeutschen Glossensammlung II,* hg. von Rudolf Schützeichel (Studien zum Althochdeutschen 5), Göttingen 1985, 57–64.

Moulin 2004
Claudine Moulin: »Work in progress. Zu einem Würzburger Bibelglossar (Würzburg, UB. M. p. th. f. 3)«, in: Greule 2004, 303–354.

Moulin, in Druckvorbereitung
Claudine Moulin: *Würzburger Althochdeutsch. Studien zur Bibeltextglossierung,* Heidelberg (in Druckvorbereitung).

Nievergelt 2007
Andreas Nievergelt: *Die Glossierung der Handschrift Clm 18547b. Ein Beitrag zur Funktionalität der mittelalterlichen Griffelglossierung* (Germanistische Bibliothek 28), Heidelberg 2007.

Repertorium Biblicum Medii Aevi
www.repbib.uni-trier.de, Stand vom 27.02.2007.

Sanders 1992
Willy Sanders: »Sprachglossen. Zur Metamorphose eines alten Fachbegriffs«, in *Verborum amor. Studien zur Geschichte und Kunst der deutschen Sprache.* Festschrift für Stefan Sonderegger zum 65. Geburtstag, hg. von Harald Burger e. a., Berlin/New York 1992, 47–70.

Schwarz 1977
Alexander Schwarz: »Glossen als Texte«, in *Beiträge zur Geschichte der deutschen Sprache und Literatur 99* (Tübingen 1977) 25–36.

Schwarz 2000
Alexander Schwarz: »Die Textsorten des Althochdeutschen«, in *Sprachgeschichte. Ein Handbuch zur Geschichte der deutschen Sprache und ihrer Erforschung,* hg. von Werner Besch e. a., II (Handbücher zur Sprach- und Kommunikationswissenschaft 2.2), Berlin/New York [2]2000, 1222–1231.

SCHÜTZEICHEL 2004
Althochdeutscher und altsächsischer Glossenwortschatz. Bearbeitet unter Mitwirkung von zahlreichen Wissenschaftlern des Inlandes und des Auslandes, hg. von RUDOLF SCHÜTZEICHEL, Tübingen 2004.

SCHÜTZEICHEL 2006
RUDOLF SCHÜTZEICHEL: *Althochdeutsches Wörterbuch,* Tübingen [6]2006.

STARCK/WELLS 1990
TAYLOR STARCK/JOHN C. WELLS: *Althochdeutsches Glossenwörterbuch,* Heidelberg 1990.

STEINMEYER/SIEVERS 1879–1922
ELIAS VON STEINMEYER, EDUARD SIEVERS: *Die althochdeutschen Glossen,* Berlin 1879–1922.

STRICKER 2004
STEFANIE STRICKER: »Die althochdeutsche Glossierung von Priscian: *Institutio de arte grammatica.* Merkmale einer Sachtextglossierung im 9. Jahrhundert«, in GREULE 2004, 471–490.

VOETZ 1987
LOTHAR VOETZ: »Formen der Kürzung in einigen alemannischen Denkmälern des achten und neunten Jahrhunderts«, in *Sprachwissenschaft 12* (1987) 166–179.

WIELAND 1983
GERNOT RUDOLF WIELAND: *The Latin Glosses on Arator and Prudentius in Cambridge University Library, Ms Gg.5.35* (Studies and Texts 61), Toronto 1983.

WIELAND 1984
GERNOT RUDOLF WIELAND: »Latin Lemma – Latin Gloss: The Stepchild of Glossologists«, in *Mittellateinisches Jahrbuch 19* (1984) 91–99.

WIELAND 1985
GERNOT RUDOLF WIELAND: »The Glossed Manuscript: Classbook or Library Book?«, in *Anglo-Saxon England 14* (1985) 153–173.

Archa Verbi 4 (2007) 90–102

Gestalt und Struktur der karolingischen Reform im Vergleich zur Renaissance des 12. Jahrhunderts

von Georg Wieland

I.

Vergleiche hinken, und sie tun dies in mehrfacher Hinsicht. Denn die Gegenstände, um die es geht, bleiben im Vergleichsvorgang immer hinter dem zurück, was sie an sich und eigentlich sind oder sein mögen – ungeachtet der Schwierigkeiten eines historischen An und Für sich. Die Vergleichshinsicht verkürzt zudem das Ansichsein des Verglichenen noch einmal. Und diese Hinsicht selbst hat häufig genug den Charakter des Kontingenten und Beliebigen. Arbeiten, die Personen, Werke oder gar Epochen vergleichen, stehen deshalb mit einem gewissen Recht unter dem Generalverdacht mangelnder Seriosität.

Die Schwierigkeit steigert sich noch, wenn man den Vergleich auf Gebilde lenkt, deren begriffliche Fassung fraglich und deren historische Charakteristik umstritten ist. Das gilt wohl kaum von der »karolingischen Reform«, sicher aber von der »Renaissance des 12. Jahrhunderts.«[1] Denn Renaissance meint ja »Wiedergeburt« der Antike in einem Sinne, der dem 12. Jahrhundert noch gar nicht in den Sinn kam und kommen konnte. Verstärkte Benutzung antiken Materials, etwa Ciceros, Senecas und Ovids, oder die allmählich einsetzende Aristoteles-Rezeption bewirkten gerade das nicht, was für die Renaissance vom 14. Jahrhundert an kennzeichnend wurde, nämlich die Entdekkung der Antike in ihrer gegenüber der jeweiligen Gegenwart differierenden Andersheit, also das Bewußtsein des historischen Abstands. Erst jetzt beginnt man sich für die Sprache, die Literatur, die Autoren und die Eigenarten der menschlichen Welt in ihrer Differenz zur eigenen Kultur und Erfahrung zu interessieren und das Andere als Wert und Norm dem Eigenen entgegen zu stellen.

Demgegenüber bedeutet die Präsenz der Antike in der mittelalterlichen Welt vom 8./9. bis zum 13. Jahrhundert nicht Erfahrung und Bewußtsein von Andersheit, sondern Bestätigung von Identität. Das gilt selbst noch für den paganen Aristoteles, der mit seinem dreifachen Grundirrtum von der Ewigkeit der Welt, der Sterblichkeit der menschlichen Seele und der Unfreiheit des menschlichen Willens[2] radikale Denkmöglichkeiten umreißt, die im kulturellen Horizont christlicher Prägung natürlich zurückgewiesen, aber nicht als

1 Vgl. dazu die »klassischen« Publikationen von Weimar 1981 und von Benson/Giles 1982. Vgl. auch Wieland 1995.

2 So faßt zum Beispiel Bonaventura in seinen *Collationes de donis spiritus sancti* (VIII 16) die aristotelischen Positionen und ihre Gründe zusammen.

Ausdruck vollständiger Fremdartigkeit begriffen werden. Solange sich Positionen und Meinungen im Kontext logisch nachvollziehbarer Ordnung bewegen, bleiben sie intellektuell gewissermaßen »satisfaktionsfähig«. Hier gilt es allerdings doch zu unterscheiden: Der pagane Aristoteles bedeutet für eine christlich geprägte Tradition selbstverständlich etwas Anderes als antikes Material, das Auskünfte über die Welt des Menschen und der Natur enthält, ohne die Kernwahrheiten des Christentums und damit dessen existentielle Sinnangebote grundsätzlich in Frage zu stellen. Insofern muß der Naturphilosoph und Metaphysiker Aristoteles für das christliche Denken als eine Herausforderung ersten Grades gelten. Aber noch einmal: Diese Herausforderung und ihre intellektuelle Bewältigung finden auf der Basis der Vernunft und nicht der Geschichte statt.[3]

Es mag befremden, Aristoteles in einen Epochenzusammenhang gestellt zu sehen, in dem er weder als Metaphysiker noch als Naturphilosoph eine bedeutende Rolle spielt. Denn auch die sogenannte »Renaissance des 12. Jahrhunderts« kennt diesen Aristoteles noch nicht oder doch nur in Umrissen, deren sachliche Bedeutung sich noch nicht einschätzen läßt. Er wurde hier lediglich eingeführt, um die Differenz von Renaissance in der ursprünglichen Bedeutung (also die Epoche bewußten Rückgriffs auf die Antike im Bewußtsein des historischen Abstands) zu allen anderen mittelalterlichen Reformen in Kürze und eher formelhaft zu benennen. Für die Zeit vom 9. bis zum 13. Jahrhundert könnte Aristoteles und seine Rezeption jedoch durchaus als charakteristisches Merkmal epochaler Veränderungen ins Feld geführt werden.

Aus dem bisher Gesagten lassen sich zwei Schlüsse ziehen: 1. Ein epochenterminologischer: Der Begriff Renaissance sollte der im 14. Jahrhundert beginnenden spätmittelalterlichen Entdeckung und Wertschätzung der Antike vorbehalten bleiben. 2. Die verstärkte Nutzung antiken Materials im 12. Jahrhundert bedeutet kein Kriterium, das diese Zeit von früheren (oder späteren) erkenntnissteigernd zu unterscheiden erlaubte. Es stellt sich deshalb die Aufgabe, nach anderen Gesichtspunkten Ausschau zu halten, welche die Physiognomie dieses Jahrhunderts maßgeblich bestimmen. Zahlreiche einschlägige Angebote, die in der Forschung unterbreitet wurden, kann man unter den Merkmalen »Steigerung« und »Verdichtung« zusammenfassen: Gemeint ist im wesentlichen der immens wachsende Anteil antiken Materials und die ebenso stark wachsende Rationalität in der Durcharbeitung von Texten und Problemen. An dem Phänomen selbst ist ein Zweifel nicht wirklich erlaubt. Dennoch möchte ich zwei andere Gesichtspunkte ins Feld führen, welche der Gestalt des 12. Jahrhunderts besser gerecht zu werden versprechen, nämlich die von Chenu schon vor über fünfzig Jahren beschriebene »Entdeckung der Natur« und der damit (und mit der wachsenden Rationalisierung) einhergehende Prozeß der »Verinnerlichung«.[4]

3 Vgl. dazu auch Wieland 1992, S. 533–549.

4 Chenu 1957 und Chenu 1968.

Beide Gesichtspunkte bedürfen der Erläuterung oder zumindest der Erinnerung. Zunächst zur »Entdeckung der Natur«. Chenu hat den Inhalt dieses Begriffs durch die folgenden vier Merkmale präzisiert: »Entsakralisierung der Natur«, »Interpretation der Naturphänomene«, »Physizismus gegen Symbolismus« (*physicisme contre symbolisme*) und »›naturalistische‹ Exegese«. Diese Stichworte können natürlich nicht als logisch genaue Aufzählung für eine inhaltlich vollständige Umschreibung eines Begriffs durch seine Merkmale gelten. Dafür sind historische Phänomene prinzipiell nicht geeignet, und dafür gibt es zwischen den vier Merkmalen auch zu viele Überschneidungen. Denn eine »entsakralisierte« Natur entzieht sich dem Begriff nach einer symbolischen Deutung und erfordert statt dessen eine »naturalistische« Exegese. Mit anderen Worten: Die vier Chenuschen Stichworte beleuchten im Grunde ein und dieselbe Sache. Welche Sache ist gemeint? Das sei zunächst abstrakt beschrieben und dann an einem historischen Beispiel verdeutlicht.

»Natur« als Inbegriff unserer Welt und Wirklichkeit, wie sie uns vor Augen liegt, kann dann als »entsakralisiert« gelten, wenn man zu ihrer Deutung und Erklärung allein auf in ihr selbst liegende und der Vernunft aus sich selbst einleuchtende Gründe zurückgreift, also auf religiöse und sakrale Erklärungs- und Deutungsmuster ganz verzichtet. Unter einer solchen Voraussetzung werden »Naturphänomene« als solche und nicht in ihrem symbolischen Potential zur Kenntnis genommen; sie stehen also nicht mehr oder nicht mehr primär für etwas anderes, hinter oder über ihnen liegendes Numinoses, sondern tragen ihren Sinn in sich selbst. Unter einer solchen Voraussetzung entsteht auch eine »naturalistische« Exegese von einschlägigen Texten, und man kann die entsprechende Naturkunde mit Recht »Physizismus« nennen und sie so gegen den verbreiteten Symbolismus der Vorzeit absetzen, der die vor Augen liegende Welt als Spiegel und Gleichnis einer anderen, eigentlichen Wirklichkeit versteht.

Diese Sache ist von Chenu gemeint und danach von Anderen beschrieben und genauer entfaltet worden.[5] Sie gilt es nun zu verdeutlichen. Thierry von Chartres liefert in seinem Traktat *De sex dierum operibus* ein historisches Beispiel für die gemeinte Sache. Es geht dabei zwar um die Auslegung eines autoritativen Textes, nämlich des Eröffnungskapitels des Buches Genesis; insofern bleibt der Autor an nicht weiter befragte Voraussetzungen, hier die Schöpfung der Welt durch einen Schöpfer, gebunden. Man kann diese Voraussetzung selbst eine metaphysische nennen, weil sie sich aus dem Bezug auf die Frage, warum überhaupt etwas ist und nicht vielmehr nichts, speist. Thierrys Traktat kann eben deshalb nicht als metaphysisch gelten, weil er genau diese Frage ausklammert beziehungsweise als schon immer beantwortet erachtet. Wohl aber kann man diesen Traktat im Chenuschen Sinne als »physikalisch« betrachten, weil er alle im Verlauf der Schöpfung zum Vorschein kommenden Phänomene als Resultate eines evolutiven Naturprozesses deutet. Es würde zu weit führen, den grundlegenden Unterschied dieses Gedankens zum modernen Evolutionsbegriff auszubreiten; es mag genügen, *De sex dierum operibus* als

5 So vor allem und ausführlich von Speer 1995.

ein Muster für die im 12. Jahrhundert verbreiteten, anerkannten und historisch wirksamen Versuche zu betrachten, die vor Augen liegende Wirklichkeit als eine aus sich verstehbare und erklärbare Sache aufzufassen. Daß eine solche Erklärung ihrerseits auf metaphysischen Voraussetzungen basiert, hat sie übrigens mit modernen naturwissenschaftlichen Verfahren gemeinsam. Geistesgeschichtlich gehört der »Physizismus« dieses Jahrhunderts zu den Bedingungen der Möglichkeit der naturphilosophischen Aristoteles-Rezeption.

Auch für den Prozeß der »Verinnerlichung« können wir uns auf bedeutende Beobachter und Analytiker beziehen, ich meine vor allem Richard W. Southern und wiederum Marie-Dominique Chenu.[6] Sie haben bereits vor Jahrzehnten das Phänomen beobachtet und beschrieben und in diesem Zusammenhang auf ein »Streben nach mehr Einsamkeit, mehr Selbstprüfung und mehr Selbsterkenntnis« verwiesen, das sich nach dem Tode Anselms von Canterbury, also seit dem frühen 12. Jahrhundert« mit Windeseile durch ganz Europa verbreitet«.[7] Wie tief sich dieser Vorgang auch in die intellektuelle Haltung und Arbeit der zeitgenössischen Autoren eingegraben hat, zeigen exemplarisch Person und Werk Peter Abaelards. Die verbreitete Gegnerschaft, die er bei Zeitgenossen und in der Nachwelt auf sich gezogen hat, können nicht als Beleg gegen seine Exemplarität herangezogen werden; denn er hat sich – ungeachtet mancher inhaltlicher Differenzen – methodisch weitgehend durchgesetzt.

Am Beispiel der Universalienfrage möchte ich in Kürze zu verdeutlichen suchen, was »Verinnerlichung« auch philosophisch und damit in einer das menschliche Bewußtsein grundlegend bestimmenden Weise sachlich bedeutet. Abaelard diskutiert – in Auseinandersetzung mit seinem Lehrer Roscelin – die Frage, woher der singulären *vox*, dem naturhaften, physischen Laut seine universale Bedeutung zukommt. »Mensch« als von meiner Stimme jetzt geäußerter *flatus vocis* hat ungeachtet seiner Individualität und Vergänglichkeit einen eigenen universalen und insofern unvergänglichen Bedeutungswert, der nicht von seiner physikalischen Beschaffenheit herrühren kann, sondern als Resultat menschlicher Setzung (*ex hominum institutione*) gelten muß.[8] Die Einsicht in den Setzungscharakter der menschlichen Sprache geht bei Abaelard bekanntlich einher mit der Erkenntnis, daß auch das menschliche Handeln maßgeblich von subjektiven Gründen, dem *consensus*, der *intentio* und der *conscientia* bestimmt ist.[9] Daß die hier gewonnen Einsichten – jedenfalls im 12. und frühen 13. Jahrhundert – eher in der Theologie (zum Beispiel in der wachsenden Behandlung der »Psychologie der menschlichen Akte« oder in der Thematisierung des »Zustimmungscharakters des Glaubens«) als in der Philosophie ihren Niederschlag finden, hängt zusammen mit dem höher entwickelten methodischen Bewußtsein der Theologen. Die Philosophie wird erst im Laufe des 13. Jahrhunderts erwachsen.

6 Southern 1960, Southern 1970 und Chenu 1968.

7 Southern 1960, S. 202f.

8 Geyer 1973, S. 522.

9 Vgl. dazu jetzt vor allem die Arbeiten von Stephan Ernst; zum Beispiel Ernst 2003.

Wenn ich hier die »Entdeckung der Natur« und den Prozeß der »Verinnerlichung« als wesentliche Merkmale der »geistigen Physiognomie« des 12. Jahrhunderts benenne, so nehme ich in einer bestimmten Hinsicht Abschied von einer von mir vor zwanzig Jahren formulierten These, die den Gedanken der »Rationalisierung« in den Mittelpunkt einer einschlägigen Deutung gerückt hatte.[10] Gerade eine genauere Betrachtung der karolingischen Reform und ihrer Folgen hat mir gezeigt, daß »Rationalisierung«, auch wenn man den Begriff historisch konkretisiert, keine zureichende Distinktionskraft besitzt.

II.

Denn was ist diese Reform – philosophiehistorisch betrachtet – anderes als ein bedeutender erster Schritt in einem umfassenden Rationalisierungsprozeß? Dem in dieser Frage liegenden Urteil können wahrscheinlich auch Historiker zustimmen. Wenn etwa Arno Borst ohne Vorbehalt und Anführungszeichen von »karolingischer Rationalität und Universalität« spricht,[11] dann hat er zwar vor allem die komputistischen Leistungen der Zeit im Auge, will und kann aber die grammatischen und logischen keineswegs ausschließen. Als Beleg für die *trivium* und *quadrivium* in gleicher Weise umfassenden kulturellen Anstrengungen Karls des Großen mag man dessen *Admonitio generalis* heranziehen, in der unter anderem auch die Anweisung enthalten ist, »psalmos, notas, cantus, computum, grammaticam per singula monasteria vel episcopia« in guten Ausgaben bereitzustellen.[12] Hinter dieser Aufforderung steht der politische Wille, das karolingische Großreich zu einem einheitlichen Gebilde dergestalt auszubilden, daß in ihm die »Wiederbelebung lokaler Zeitrhythmen so wenig [geduldet werden sollte] wie [der] Fortbestand regionaler Idiome, Schreibschulen, Münzen und Gewichte.«[13] Es ist bemerkenswert, daß bereits Hegel, der schon im 19. Jahrhundert durch den Siegeszug des Historismus pragmatisch entthronte Geschichtsphilosoph, diesem politischen Einheits- und Identitätswillen eine philosophische Beschreibung gegeben hat. Denn seine These: »Das Hauptelement im Mittelalter ist diese Entzweiung, dies Gedoppelte: zwei Nationen, zwei Sprachen«[14] bringt das Problem und die darin beschlossene Aufgabe Karls – wenigstens als Andeutung – auf den philosophischen Begriff. Danach wäre die karolingische Reform der Versuch, die Doppelung oder Entzweiung der fränkischen Welt – nämlich die Spannung zwischen regionalem Herkunftsbewußtsein und christlich geprägtem Normbewußtsein – durch eine (neue) kulturelle Einheit zu überwinden, eine Einheit allerdings, bei der die regionale und partikuläre Herkunft historisch gewissermaßen »den Kürzeren zieht«, die also im Hegelschen Sinne nicht wirklich als Synthese gelten kann.

10 Wieland 1987.

11 Borst 1994, S. 175. Den Borstschen Ansatz philosophiegeschichtlich weiterführend jetzt: Germann 2006.

12 Karolus Magnus *Admonitio generalis*, S. 60.

13 Borst 1994, S. 12, 153.

14 Hegel *Vorlesungen über die Geschichte der Philosophie*, S. 531.

Was hier in Anlehnung an philosophische Kategorien allgemein zum Ausdruck kommt, läßt sich auch zur Anschauung bringen. Schon vor 25 Jahren hat Gangolf Schrimpf[15] im philosophiehistorischen Kontext – auf der Grundlage bildungsgeschichtlicher Forschungen – gezeigt, daß man Alkuin und sein Bildungsprogramm als paradigmatische Antwort auf die Frage verstehen kann: Wie läßt sich die angestrebte kulturelle Einheit des fränkischen Großreichs unter den gegebenen Bedingungen institutionell und nicht nur individuell erfolgreich realisieren? Denn seine langjährige Position als Karls »engster Berater in [...] allen Angelegenheiten der Bildung«[16] gibt seinen einschlägigen Aussagen eine Art offiziellen Status. Alkuins *Disputatio de vera philosophia*[17] enthält *in nuce* das Programm, mit dessen Hilfe die dem politischen Einheitswillen entsprechende Rationalität und Universalität Gestalt annehmen kann. Es empfiehlt sich deshalb, wenigstens einen kurzen Blick auf diesen Text zu werfen.

Die *Disputatio* bildet die Einleitung, die Alkuin zu seinen Lehrschriften über das *Trivium* verfaßt hat; auch von daher kommt ihr grundsätzliche und nicht nur eine beiläufige Bedeutung zu. In dem Gespräch zwischen zwei Schülern und einem Lehrer geht es um die Frage, worin das Ziel des Lernens bestehe und wie der Weg zu diesem Ziel beschaffen sei. Weisheit, nämlich »das wahre Licht, das jeden erleuchtet, der in diese Welt kommt« (Joh 1,9), ist Ziel all der Anstrengungen, die mit dem Lernen verbunden sind. Der Weg zu diesem Ziel führt über die sieben Stufen der freien Künste, die in ihrer Gesamtheit als Philosophie bezeichnet werden. Die *septem philsophiae gradus*[18] bilden für Alkuin den Inbegriff des gesamten Weltwissens, das als solches bereits ganz und geordnet vorliegt, also »nur« in einem ebenso geordneten Lernprozeß angeeignet zu werden braucht. Es gilt allerdings festzuhalten, daß dieser mühselige Stufenweg (*laboriosa in acquirendo*)[19] allein lediglich zur *saecularis sapientia*[20] führen kann. Die vollendete, nämlich die »himmlische, göttliche, geistliche« Weisheit[21] hingegen ist jenes Haus, das auf den sieben Säulen der Gaben des Hl. Geistes ruht, also jene Weisheit, welche die Erfüllung des ewigen Lebens in sich schließt.

Man sollte sich nun – vor allem mit dem Gedanken der »Entdeckung der Natur« im 12. Jahrhundert vor Augen – fragen, wie das Verhältnis der beiden Weisheitsarten zueinander näherhin zu denken ist. Stehen beide dergestalt nebeneinander, daß die philosophische, säkulare Weisheit um die Erkenntnisse dieser uns vor Augen liegenden Welt besorgt ist, während die himmlische sich um die Einsichten in die andere Welt bekümmert? So scheint es auf einen ersten Blick zu sein. Doch dieser Blick täuscht, wenn man mit ihm zwei

15 Schrimpf 1982. Zu Alkuin bes. S. 23–35.

16 Brunhölz 1975, S. 268.

17 Alkuin *Disputatio de vera philosophia.* PL 101, 849–854.

18 Ebd., 853C.

19 Ebd., 852C.

20 Ebd., 852D.

21 Ebd., 852D–853A: »caelestis, divina, spiritalis sapientia.«

selbständige und voneinander unabhängige Erkenntnisarten glaubt unterscheiden zu dürfen. Denn Alkuin hat – wie bereits Schrimpf betont[22] – ein ganz und gar instrumentelles Verständnis der *septem artes*. Sie führen zwar zur weltlichen Weisheit; diese erfährt aber ihre eigentliche Sinnstiftung durch ihren Dienst an der »vollendeten Wissenschaft«, der Erkenntnis der göttlichen Wahrheit, welche in den heiligen Schriften enthalten ist. Deshalb scheint mir eine Formulierung, welche dieses Verhältnis als komplementär beschreibt, die Sache nicht genau genug zu treffen. Wohl bedarf die Erschließung der Hl. Schrift der freien Künste oder der Philosophie; Alkuin sagt nicht ausdrücklich, warum dies so sei, aber die Selbstverständlichkeit dieses Bedarfs läßt an die nachhaltige Wirksamkeit antiker Quellen, besonders an Augustin und an Boethius denken. Umgekehrt bedürfen die freien Künste der göttlichen Weisheit, weil sie erst durch diese Dienstleistung ihren eigentlichen Sinn erfahren. Trotz der gegenseitigen Bedürftigkeit bleibt also eine klare Über- und Unterordnung der beiden Weisheitsarten. Erst in der göttlichen Weisheit erfüllen sich Sinn und Bedeutung der Wirklichkeit und ihrer Erkenntnis.

Mit dem Hinweis auf die nachhaltige Wirksamkeit der einschlägigen Tradition mag ich mich jedoch nicht begnügen, wenn es um die Rolle der Philosophie bei der Erschließung der göttlichen Wahrheit geht. Denn man muß sich vor Augen halten, was es mit der These auf sich hat, allein der Weg über die sieben Stufen der *artes* verbürge die rechte Einsicht, allein die säkulare Weisheit eröffne den Zugang zur göttlichen. Alkuin sagt dies nicht in der hier formulierten Ausdrücklichkeit; seine *disputatio* legt aber eine solche Deutung nahe. Damit schließt er jedoch den direkten Zugang zur Hl. Schrift, die Unmittelbarkeit des *tolle, lege* als deren legitime Erschließungsmöglichkeit aus. Der durch die Tagung vorgegebene Kontext verbietet es, die Konsequenzen dieses Ausschlusses breit zu erörtern. Ein kurzer Hinweis muß genügen: Alkuins These von der notwendigen und hinreichenden Leistung der *septem artes* für die Erschließung der Hl. Schrift nimmt allen einschlägigen privaten, regionalen und historisch partikulären Ansprüchen ihre Legitimation.

Wer das Verhältnis von Philosophie und göttlicher Wahrheit so versteht, begreift leicht, daß es Alkuin hier nicht in erster Linie auf die Frage ankommt, wie man das Verhältnis säkularer und göttlicher Weisheit zueinander näher zu bestimmen hat. Das ist ein geistesgeschichtlich späteres Problem, das sich eigentlich erst unter Bedingungen stellt, die mit der Aristotelesrezeption im Zusammenhang stehen. Alkuins Interesse zielt vielmehr darauf, den Zugang zur Hl. Schrift gewissermaßen zu monopolisieren oder bildungspolitisch gesprochen: diesen Zugang durch ein institutionelles und schulmäßiges System so zu organisieren, daß die gewünschte Universalität (und Rationalität) sich dann als Ergebnis auch einstellt. Wer die *disputatio* so deutet, hat offenkundig keine Mühe, diesen Text auch politisch zu lesen und ihm damit eine Schlüsselrolle für das Karolingische Reformprogramm zuzuweisen.

22 Schrimpf 1982, S. 31.

Angesichts dieser Interpretation stellt sich nun die Frage, wie man die Alkuinsche Weisheit der *septem artes* näher zu verstehen hat. Sind sie Mittel und Wege einer autonomen Weltsicht dergestalt, daß sich mit ihrer Hilfe die vor Augen liegende Wirklichkeit erkennen und verstehen läßt wie sie an und für sich ist? Dann wäre die »Entdeckung der Natur« – im Sinne des 12. Jahrhunderts – bereits für das ausgehende 8. und beginnende 9. Jahrhundert Realität. Gegen ein solches Verständnis spricht zumindest meine Deutung der *disputatio*. Die göttliche Weisheit ist Rechtfertigung und zugleich Ziel der weltlichen Wissenschaft. Alkuin setzt die *septem artes* als Instrument ein, um mit ihrer Hilfe dem Christentum und seinen Lehren universale und rational nachvollziehbare Geltung im fränkischen Großreich zu verschaffen. Damit erfahren sie eine Art »Heiligung«[23], die ihrem Anspruch wirkungsvolle Nachhaltigkeit zu sichern vermag. Es versteht sich natürlich von selbst, daß der Mensch mit ihrer Hilfe Einsicht in die Natur und seine eigenen kulturellen Schöpfungen gewinnt. Und ebenso selbstverständlich kann man diese Einsichten aus dem umfassenden Legitimationskontext lösen und als selbständige Welterkenntnis deuten. Das ändert jedoch nichts an dem Rechtfertigungszusammenhang selbst: Die *septem artes* sind und bleiben instrumentell an die göttliche Weisheit gebunden. Sie können – jedenfalls bei Alkuin – nicht als autonome Weltwissenschaften angesehen werden, die in einem naturphilosophischen, »physizistischen« Sinne die Natur entdeckend traktieren.

Als einen eher äußeren Beleg für diese Deutungs- und Betrachtungsweise möchte ich ein Werk heranziehen, das seinem Anspruch nach die Natur im Ganzen betrachtet und das seiner Herkunft nach auch dem Alkuinschen Programm verpflichtet ist: des Hrabanus Maurus enzyklopädische Schrift *De rerum naturis*. Nach den Worten des Autors in der praefatio »sunt ... in eo (sc. opere) plura exposita de rerum naturis, et verborum proprietatibus, nec non etiam de mystica rerum significatione.«[24] Von Gott und der Dreifaltigkeit über die Namen und Personen des Alten und Neuen Testamentes, den Menschen, die Tiere, die sinnliche Welt, die Zeiten, Elemente, Sprachen, Maße, Zahlen und Gewichte bis hin zu Gartengeräten und Pferdegeschirr wird fast die ganze Welt der spirituellen und weltlichen Kenntnisse und Erfahrungen vor dem Leser ausgebreitet. Allein aus profaner Sicht also ein reichhaltiges Material aus den Gebieten »der Naturlehre, der Medizin, der Geographie, der Zoologie, Botanik und Mineralogie.«[25] Und doch bleibt diese Fülle umfangen und geprägt von ihrem göttlichen Ursprung, und die *mystica rerum significatio* stellt eine immer präsente Deutungsmöglichkeit der Dinge dar; mit anderen Worten: nicht ein genuin naturphilosophischer oder »physizistischer« Erklärungswille, sondern der Symbolismus erweist sich als die vorherrschende Darstellungsform – etwa nach dem folgenden Muster: »Apes formam virginitatis sive sapientiae tenent ...spinae saeculi peccata designant ... vespae significant hostes persequentes.«[26]

23 Vgl. zu dieser Terminologie Schrimpf 1982, S. 32.

24 Hrabanus Maurus *De rerum naturis*, 9B.

25 Geyer 1967, S. 162.

26 Hrabanus Maurus *De rerum naturis*, 256B-D.

Neben der »Entdeckung der Natur« hatte ich auch den Vorgang der »Verinnerlichung« bemüht, um die kulturellen Veränderungen des 12. Jahrhunderts zu charakterisieren. Ein erneuter Blick auf Alkuins *disputatio* zeigt uns jedoch, daß diesem Text der Unterschied von Innen- und Außenperspektive keineswegs fremd ist. Pathetisch fragt der Magister: »Quid igitur, o mortales, extra petitis, dum intra habetis quod quaeritis?«[27] Diese Unterscheidung von *intra* und *extra* braucht in einem insgesamt platonisch gefärbten Kontext zwar nicht zu verwundern. Sie legt allerdings doch die Frage nahe, ob sich angesichts dieses Befundes die Behauptung von der spezifischen geistesgeschichtlichen Trennschärfe des Verinnerlichungsbegriffs aufrechterhalten läßt. Was hat Alkuin mit seiner Unterscheidung von *extra* und *intra* im Sinn? Er führt sie ein, um den anthropologischen Ort der Weisheit, auf die ja das gesamte Bemühen der *septem artes* gerichtet ist, genauer zu bestimmen. Dazu bemüht er ein seit Plato bekanntes und durch den christlichen Gedanken von der menschlichen Gottebenbildlichkeit angereichertes Grundmotiv: Der Mensch ist wesentlich kraft seines unsterblichen Geistes Mensch. Und daher gilt es, das zu erstreben, was diesem seinem Geiste frommt, und das zu meiden, was ihm schadet. Schädlich sind alle äußeren Güter wie Reichtum und Ehre; sie sind vergänglich und können zum wahren und unvergänglichen Glück nichts beitragen. Als dem Menschen zuträglich und für ihn erstrebenswert hingegen gelten die unvergänglichen und unverlierbaren Güter, die inneren Wert besitzen und so dem Wesen des Geistes entsprechen.

Gibt es eine sachliche Übereinstimmung zwischen Alkuins Unterscheidung von Innen und Außen und dem Phänomen der Verinnerlichung? Die eben kurz betrachtete Differenz ist weitgehend identisch mit der traditionellen von Leib und Seele, wobei der Seele – ganz platonisch – die zentrale Bedeutung zukommt bei der Bestimmung dessen, was der Mensch ist. Diese Beschreibung bleibt jedoch dem menschlichen Selbstverständnis insofern äußerlich, als sie zwar »Teile« am Menschen unterscheidet und diesen je unterschiedliche Zustände, Eigenschaften und Tätigkeiten zuordnet. Die Zuordnung zieht aber keine weiteren Konsequenzen für das Verständnis humaner Vollzüge nach sich. Bei Alkuin findet sich keine Spur einer Aufmerksamkeit für den Reflexions- und Subjektscharakter dieser Vollzüge, der das Phänomen der Verinnerlichung wesentlich kennzeichnet.

Um deutlich zu machen, was es mit diesem Charakter auf sich hat, sei noch einmal an die eben entworfene einschlägige Skizze erinnert. Abaelard – er gilt hier als Repräsentant, nicht nur als Individuum – beschreibt die genuin menschlichen Akte, vor allem das Sprechen und das Handeln im eigentlichen Sinne, durch Verweis auf ihre Reflexivität. Sprechen ist demnach ein Vorgang, der ein »Ich« als Sprecher hat, das über das Bewußtsein verfügt, daß es spricht und daß es selbst ein konstitutives Element für die Bedeutung des Gesprochenen darstellt. Das ist eine andere Formulierung für den oben bereits erwähnten Setzungscharakter der menschlichen Sprache. – Handeln ist demnach ein Vorgang, der ein »Ich« als Akteur hat, das über das Bewußtsein

27 Ebd., 851B.

verfügt, daß es selbst handelt und daß es ein konstitutives Element für die Bedeutung der Handlung darstellt. »Bedeutung der Handlung« klingt abstrakt, meint aber nichts anderes als deren sittliche Qualität, also ihre individuelle Zurechenbarkeit als gut oder böse. Diese Zurechenbarkeit resultiert aus der Intentionalität, der Zustimmung und dem die Handlung begleitenden sittlichen Bewußtsein, der *conscientia.* Erst im 12. Jahrhundert entfaltet sich die Einsicht in diese reflexive Struktur menschlicher Vollzüge. Mir sind keine Texte des 8./9. Jahrhunderts bekannt, in denen sich ein vergleichbares Bewußtsein für deren Reflexions- und Subjektscharakter fände.

Eine philosophiehistorische Betrachtung mit der hier vorgelegten These muß sich mit einem naheliegenden Einwand auseinandersetzen, der einen Namen und einen Titel hat, nämlich Eriugena und dessen *De divisione naturae.* Denn dieses Werk ist zu bedeutsam und dieser Name zu überragend, als daß man sie ohne weiteres unter die für das 9. Jahrhundert vielleicht sonst geltenden Kategorien subsumieren könnte. Es gilt deshalb in einem eigenen Schritt ausdrücklich zu prüfen, ob die hier vertretene These auch auf den irischen Denker und sein Hauptwerk zutreffen. Die Behauptung, Eriugena habe eine »neue Theorie der Natur« entwickelt,[28] gibt zumindest Anlaß zum Nachdenken. Er betrachtet die Natur im Ganzen nicht nur in ihrer vor Augen liegenden Phänomenalität, sondern vor allem unter dem Gesichtspunkt der ihr innewohnenden Kreativität. Deshalb ist – anders als etwa bei den Theoretikern von Chartres – bei ihm der Ursprung der Natur nicht nur ein durch Glaube und Autorität Vorgegebenes, sondern ein im Denken selbst Erschlossenes: die Natur, die schafft und nicht geschaffen wird, ist Grund und schöpferischer Ursprung allen Seins.

Doch dieser bislang in der lateinischen Welt unerhörte philosophische Anspruch kann nicht in dem Sinne als »Entdeckung der Natur« gedeutet werde, wie wir sie dann aus dem 12. Jahrhundert kennen. Der Anspruch Eriugenas ist einerseits größer, weil er aktive Schöpfung und Geschaffenes insgesamt einsichtig zu machen sucht, weil seine »Physik« im Grunde genommen metaphysischen Charakter hat; aber genau deshalb erreicht er auch nicht die denkerischen Leistungen der späteren Zeit, weil seine *rationes physicae*[29] in den hinter ihnen liegenden geistigen Ideen wurzeln, die die ganze körperliche Welt prägend durchdringen. Für Eriugena ist etwa der Körper – mit den Worten Schrimpfs – der »vermittels der Elemente zustandegekommene sinnenfällige Ausdruck der sein Sein bestimmenden Idee.«[30] Man kann das hier Gemeinte auch so formulieren: Sein Interesse richtet sich nicht auf die vor Augen liegende körperliche Natur um ihrer selbst willen, sondern sofern sie Bestandteil des universalen Schöpfungsprozesses ist. Darin unterscheidet sich Eriugena zwar von seinem Gewährsmann Dionysius Areopagita, der sein Denken ganz auf die Erkennbarkeit und noch mehr auf die Unerkennbarkeit des prinzipiell verborgenen Gottes richtet und deshalb kaum naturphilosophische Fragestellungen entwickelt; aber der irische Denker bleibt insofern doch ganz

28 So Jeck 1998, S. 60–87, 61.

29 Joannis Scotus *De divisione naturae,* 700B.

30 Schrimpf 1982, S. 214.

Kind seiner Zeit, als er seine ausgeprägten kosmologischen Interessen in sein religiös inspiriertes Gesamtsystem integriert. Der im 12. Jahrhundert sich entwickelnde »Physizismus« hat in diesem System und bei diesem Denker keinen Platz. *De divisione naturae* muß in dieser Hinsicht also durchaus als ein Werk des Symbolismus gelten – allerdings auf höchstem reflektorischen Niveau.

Nur im Vorübergehen noch seien die Frage nach dem Menschen und das damit verbundene Thema der »Verinnerlichung« gestreift. Auch hier zeigt sich, was bereits bei der Natur sichtbar wurde: Ungeachtet der zentralen Position, die der Mensch bei Eriugena im Schöpfungs- und Kreativitätsprozeß der Natur im Ganzen einnimmt, bleibt er in seinem raumzeitlichen Existenzvollzug bemerkenswert unterbestimmt. Der Mensch ist das hervorragende Geschöpft schlechthin, ohne das der gesamte Schöpfungsprozeß nicht zur Vollendung käme; als Inbegriff der gesamten geschaffenen Welt ist er Gott so ähnlich, daß er »geschaffener Gott« genannt zu werden verdient. Darin liegt der Grund für den menschlichen Rang und die menschliche Würde, die mit einem Enthusiasmus betont wird, wie man ihn im Mittelalter nicht erwarten würde. – Und doch blenden diese Bestimmungen das konkrete raumzeitliche Handlungs- und Bewährungsfeld des Menschen deutlich aus. Der ihm auferlegte sittliche Anspruch besteht darin, alle Unvollkommenheiten hinter sich zu lassen, die sich der Bindung an die Vielfalt der sinnlichen Welt verdanken. Deshalb bleibt für eine Betrachtung und Berücksichtigung etwa der menschlichen Handlung in ihrer psychologischen Differenziertheit bei Eriugena kein Raum. »Verinnerlichung« als kategorialer Ausdruck der Reflexions- und Bewußtseinsstruktur menschlicher Vollzüge liegt außerhalb des metaphysisch-kosmischen Systems, wie es *De divisione naturae* bietet.

Nach dem Gesagten wird man Eriugenas Werk ohne größere Bedenken in den Kontext des 9. Jahrhunderts einordnen können – eine Zuordnung, die etwa derjenigen Schrimpfs durchaus entspricht, auch wenn dessen These vor allem vom zeitgenössischen »Wissenschaftsverständnis« her begründet wird und nicht primär von der Art der Natur- und Menschenbetrachtung, wie es hier geschehen ist. – Daß Eriugena im 9. Jahrhundert dennoch eine Sonderstellung einnimmt, verdankt sich einerseits seiner besonderen Quellenkenntnis und -benutzung, vor allem dem Einfluß des Dionysius; andererseits ist diese überragende Position auf die systematische Begabung und die durch sie bewirkte Steigerung der im 9. Jahrhundert entwickelten Methoden und Kenntnisse zurückzuführen. Emphatisch formuliert: Eriugena führt zur Vollendung, was in seiner Zeit bereits angelegt ist.

Wenn dieses Urteil zutrifft, wenn insbesondere die auf die »Entdeckung der Natur« und das Phänomen der »Verinnerlichung« bezogenen Aussagen sich bewähren, dann ist auch *De divisione naturae* kein Einwand gegen meine These von der Unterscheidungskraft dieser beiden Kategorien für die Karolingische Reform und die »Renaissance« des 12. Jahrhunderts. Dieser Anspruch geht jedoch nicht so weit, wie der Titel meines Beitrags suggeriert: Die beiden Kategorien mögen wohl den Unterschied der beiden geistesgeschichtlichen Perioden deutlich machen; sie reichen jedoch nicht aus, Gestalt und Struktur der Karolingischen Reform hinreichend zu bestimmen; wie es überhaupt fraglich ist, ob man in einem top-down-Verfahren, wie ich es hier gewählt habe, zu einer adäquaten Bestimmung der Physiognomie einer geistesgeschichtlichen Großformation etwa im Sinne Hegels zu gelangen vermag. Ein Vergleich bleibt eben immer hinter dem Ansichsein des Verglichenen zurück. Wir müssen uns wohl mit partikulären Einsichten begnügen.

Bibliographie

Quellen

Alkuin *Disputatio de vera philosophia*
Flaccus Albinus Alcuinus: *Disputatio de vera philosophia* (PL 101, 849–854).

Hrabanus Maurus *De rerum naturis*
Hrabanus Maurus: *De rerum naturis* (PL 111, 9–614).

Joannis Scotus *De divisione naturae*
Joannis Scotus: *De divisione naturae* (PL 122, 439–1023).

Karolus Magnus *Admonitio generalis*
Karolus Magnus: *Admonitio generalis*, MGH Capitularia I, Nr.22, 53–62.

Thierry De Chartres *Tractatus de sex dierum operibus*
Thierry de Chartres: »Tractatus de sex dierum operibus«, in *Commentaries on Boethius by Thierry of Chartres and his School*, ed. by Nikolaus M. Häring, Toronto 1971, 555–575.

Sonstige Primärliteratur

Hegel *Vorlesungen über die Geschichte der Philosophie*
Wilhelm Friedrich Hegel: *Vorlesungen über die Geschichte der Philosophie*, in Theorie-Werkausgabe, red. Eva Moldenhauer, Bd. II, Frankfurt a.M. 1969.

Abhandlungen

Benson/Giles 1982
Renaissance and Renewal in the Twelfth Century, ed. by Robert L. Benson and Giles Constable, Oxford 1982.

Borst 1994
Arnold Borst: *Das Buch der Naturgeschichte. Plinius und seine Leser im Zeitalter des Pergaments*, Heidelberg 1994.

Brunhölz 1975
Franz Brunhölz: *Geschichte der lateinischen Literatur des Mittelalters*, Bd. I, München 1975.

Chenu 1957
Marie-Dominique Chenu: »La découverte de la nature«, in *La théologie au douzième siècle*, éd. par Marie-Dominique Chenu (Études de philosophie médiévale 45), Paris 1957, 21–30.

Chenu 1968
Marie-Dominique Chenu: *L'éveil de la conscience dans la civilisation médiévale. Conférence Albert-le-Grand*, Montréal 1968.

Ernst 2003

Stephan Ernst: *Petrus Abaelardus*, Münster 2003.

Germann 2006

Nadja Germann: *De Temporum Ratione. Quadrivium und Gotteserkenntnis am Beispiel Abbos von Fleury und Hermanns von Reichenau* (Studien und Texte zur Geistesgeschichte des Mittelalters 89), Leiden/Boston 2006.

Geyer 1973

Die Logica »nostrorum petitioni sociorum« (*Peter Abaelards Philosophische Schriften*, Bd. II, hg. von Bernhard Geyer (Beiträge zur Geschichte der Philosophie und Theologie des Mittelalters 21,4), Münster ²1973.

Geyer 1967

Die patristische und scholastische Philosophie, in *Friedrich Ueberwegs Grundriß der Geschichte der Philosophie*, Bd. II, hg. von Bernhard Geyer, Nachdr. der 11., neubearb. Aufl. 1927, Darmstadt 1967.

Jeck 1998

Udo Reinhold Jeck: »Eriugena: De divisione naturae«, in *Hauptwerke der Philosophie. Mittelalter*, hg. von Kurt Flasch, Stuttgart 1998.

Schrimpf 1982

Gangolf Schrimpf: *Das Werk des Johannes Scottus Eriugena im Rahmen des Wissenschaftsverständnisses seiner Zeit. Eine Hinführung zu Periphyseon* (Beiträge zur Geschichte der Philosophie und Theologie des Mittelalters, Neue Folge, Münster 1982.

Southern 1960

Richard W. Southern: *Gestaltende Kräfte des Mittelalters. Das Abendland im 11. und 12. Jahrhundert*, Stuttgart 1960.

Southern 1970

Richard W. Southern: *Medieval Humanism and Other Studies*, Oxford 1970.

Speer 1995

Andreas Speer: *Die entdeckte Natur. Untersuchungen zu Begründungsversuchen einer ›scientia naturalis‹ im 12. Jahrhundert*, Leiden/New York/Köln 1995.

Weimar 1981

Die Renaissance der Wissenschaften im 12. Jahrhundert, hg. von Peter Weimar, Zürich 1981.

Wieland 1995

Aufbruch-Wandel-Erneuerung. Beiträge zur »Renaissance« des 12. Jahrhunderts, hg. von Georg Wieland, Stuttgart 1995.

Wieland 1992

Georg Wieland: »Symbolische und universale Vernunft. Entgrenzungen und neue Möglichkeiten«, in *Friedrich Barbarossa. Handlungsspielräume und Wirkungsweisen des staufischen Kaisers*, hg. von Alfred Havenkamp (Konstanzer Arbeitskreis für Mittelalterliche Geschichte 40), Sigmaringen 1992, 533–549.

Wieland 1987

Georg Wieland: »Rationalisierung und Verinnerlichung. Aspekte der geistigen Physiognomie des 12. Jahrhunderts«, in *Philosophie im Mittelalter. Entwicklungslinien und Paradigmen*, hg. von Jan Peter Beckmann. a., Hamburg 1987, 61–79.

Archa Verbi 4 (2007) 103–126

Montecassino 132 and the Early Transmission of Hrabanus' *De rerum naturis*

by William Schipper

De rerum naturis, the encyclopedia Hrabanus compiled between 842 and 846 after his forced retirement as abbot of Fulda, proved to be one of his more popular works, judging from the number of copies produced between the 850's and the fifteenth century.[1] Although the total number of surviving copies – nearly 50 including substantial fragmentary copies – does not match the 81 copies of the *Liber de sanctae crucis*, this number far exceeds the small number of copies that survive of some of his other works, such as the commentary on Daniel, produced during the same period, surviving in a single fragmentary copy from the Reichenau (Karlsruhe, BLB, MS Aug. 212). This situation would appear to bode well for someone preparing a critical edition of this work, especially because one of the earliest copies can be dated to Hrabanus's own time, and others are very early if not produced while he was still alive. But an editor of *De rerum naturis* faces some significant pitfalls. Not only is the text a substantial one (approximately 500,000 words), making it impractical to collate all of the surviving manuscripts in their entirety, but parts of the textual tradition also show considerable editorial intervention. On the one hand this demonstrates that the encyclopedia continued to be taken seriously centuries long after its genesis. On the other hand, it makes parts of the manuscript tradition unreliable for a critical edition, because many of the changes – rearrangements of chapters or books, lexical substitutions, interlinear variants, the division of books into further chapters, to name but a few – do not all have authorial status, because they occur only in copies or groups of copies whose earliest representatives date from the eleventh and twelfth centuries, and are thus relatively late.

Of particular interest is Montecassino, Archivio dell'Abbazia, MS 132, a copy produced in the scriptorium in the monastery in 1023, where it has been ever since. The manuscript is, of course, best-known as the earliest surviving illustrated copy. It is, moreover, a significant example of the mature Beneventan script in use in the Montecassino scriptorium during the abbacy of Theobald (1022–1035).[2] A collation of this copy with earlier ones, however, reveals

1 Schipper 1989, pp. 109–118. G. Cavallo made some corrections and added several items in the introduction to the facsimile edition Hrabanus Maurus *De universo/De rerum naturis*, pp. 43–63.

2 Theobald, abbot of Montecassino from 1022–1035, enriched the monastery in a number of ways; among the treasures he acquired were gold and silver altars, croziers and vessels, and many books. See *Cronica Monasterii Casinensis*, II, 53, pp. 264–266. The Montecassino Hrabanus is mentioned on p. 266.

a wealth of differences in the text. Aside from the addition of a section on "Hercules" in Book 15 noted by Erwin Panofsky in 1967, and additional sentences, explanations, or omissions of sentences, there is a substantial body of lexical substitutions that requires explanation, and that raises questions about how this copy fits into the manuscript tradition.[3]

In this paper I would like to discuss the earliest manuscript tradition for the encyclopedia, and in particular how (or if) the Montecassino copy fits into this tradition. To provide a context for this, I shall begin with a brief overview of the earlier part of the textual history. Just as Michel Perrin was able to rely only on the earliest copies for his Corpus Christianorum edition of *In honorem sanctae crucis* a decade ago, so the survival of some very early copies means that we should be able to rely on these early copies for establishing a reliable text at least. Most later copies have an interest of their own for demonstrating how, where, and by whom the encyclopedia may have been used, but most of them can generally be ignored for an edition. However, this may not be true for the Montecassino manuscript (MS C); indeed, many though not all of its readings may have originated with Hrabanus himself, and they therefore need to be taken seriously, even if they are only recorded in the apparatus criticus. After an overview of the manuscript tradition, I propose to focus on some of the lexical variants from Books 6 and 19, and speculate not just on the textual status but indeed on the authoritative and authorial status of these variants.

Judging from the very earliest copies of the encyclopedia, such as Karlsruhe, BLB, MS Aug. 96 (containing Books 1–11), Augiensis 68 (containing Books 12–22), or Vienna, ÖNB, MS 121 (containing Books 12–22), *De rerum naturis* appears originally to have been issued in two volumes either from Fulda, or from Mainz using some Fulda scribes. Depending on whether we count copies containing just the first half or just the second half as complete copies, there are somewhere between 45 and 50 surviving manuscripts of the text, dating from the 852 to the late fifteenth century. In addition, the text survives in a number of fragmentary copies (e.g. Engelberg, Stiftsbibliothek, MS 96 or London, BL, MS Harley 3092 [originally from Cusa]) and single leaves (e.g. some fragments in the Augsburg Stadtbibliothek, and others in the Augsburg Universitätsbibliothek), not to mention shorter and longer extracts.[4]

In general the surviving complete copies can be divided into two broad groups: the first and earliest one is distinctive from the second group in that it includes the two dedicatory letters to Ludwig the Pious and Haymo of Halberstadt; the other group omits these letters.[5] The two Augienses copies (MS A),

3 Panovsky 1967. See also Schipper 1997, pp. 363–377.

4 There is also a copy (Ipswich, Old School Library, MS 6, from Bury St. Edmunds) consisting entirely of lemmata arranged in semi-alphabetical order, forming a sort of index to the encyclopedia. It points to a copy no longer extant in the library at Bury St. Edmunds. For discussion see Schipper 1996, pp. 15 and 21, and Plates 10–12.

5 Hrabanus likely composed the letter to Haymo first, to accompany the copy he sent his friend in ca. 846, and the second letter, to King Ludwig the German, perhaps in connection with his election and appointment as Archbishop of Mainz in early 847. The letters were edited as nos. 36 and 37 by Dümmler in 1899: *Epistolae Karolini Aevi*, III, MGH, S. 470–474.

and the Vienna copy (MS W) are the earliest witnesses to the first group, and MS C is the earliest witness for the second group. The first group, to which the majority of surviving manuscripts belong, is also the largest one. It includes some interesting subgroups that demonstrate that there were editors at work on the text as early as the eleventh century in centers such as St. Alban's in England. British Library MS Royal 12.G.xiv, for example, is the earliest and, judging from the size and care of execution, the master copy for a group of ten MSS confined to England that are distinguished by a remarkable difference in how books and chapters are divided. In addition, this copy includes a large number of alternate readings in the margins and between the lines that have no counterpart anywhere in any other manuscripts as far as I can determine, with the exception of some copies made in England; the identical additions and marginalia recur in those copies, such as St John's College, Oxford, MS 5 (formerly in Reading, a manuscript that appears to be a direct copy from the Royal manuscript) and Cambridge University Library MSS Dd 12.4 (from Kirkstead Abbey) and Dd 1.33 (from Chichester). In other words, the annotations of the Royal manuscript and related copies together define this particular group.[6] The Royal manuscript itself shares a number of readings with an early eleventh – century copy now in Arras (Bibl. mun. MS 506 [832]). In general we can conclude, therefore, that someone in St. Albans used a northern French archetype, edited it to modify the chapter and book divisions, added the alternative readings (producing a kind of 'critical edition') and made the resulting copy available as a master copy to be reproduced. The copies are not entirely faithful, and as so often happens with marginalia and the interlinear additions, these frequently become part of the text, but despite that they are distinct from the rest of the manuscript tradition.

Another distinctive group is not significant textually but represents an important example of how *De rerum naturis* was used. The group consists of just two manuscripts: Florence, Biblioteca Medicea Laurenziana, MS Plut. 31 sin. 1 (from a Franciscan library), and Oxford, Bodleian Library, MS Laud misc. 742 (also with a Franciscan provenance). It was commissioned by Robert of Grosseteste for use in his projected but uncompleted theological index.[7] The pages of the manuscript were divided into three equal columns, the inner two of which received the text of *De rerum naturis*, while the outer columns were again subdivided into three columns designed to receive the special indexing marks Grosseteste devised for the project. Textually this group is distinguished by a striking change in Book I: most copies of *De rerum naturis* begin with the words "Primum apud Ebreos Dei nomen Eli dicitur." In both of these copies Book I begins with the following words: "Adonay est septimum nomen," part of a passage that in most copies occurs later in Book 1. Portions of Book 6 have also been transferred into Book 1. The Grosseteste copy, moreover, appears to

6 See Schipper, 1996, pp. 1–6 and Plates 1–4.

7 For a discussion of the manuscript, see Schipper 1996, pp. 6–15; and Schipper 2008 (in press), pp. 40–41. The indexing marks were first noted by Harrison Thomson 1934, pp. 139–144. For further discussion see especially R. W. Hunt 1955, pp. 121–145.

have been collated with a copy that did not share these modifications; in a number of instances the collator has added notes in the margin expressing surprise that the text differs, and often he provides cross-references to the chapter or book from which the text has been transferred.

The text in the other manuscripts in group I are generally conservative. The oldest ones – and in date the closest to Rabanus's time – are the two Reichenau manuscripts (Augiensis 96 [MS A[1]] and 68 [MS A[2]]) already mentioned, and a copy from Würzburg dated 852 in a colophon that is now in the Österreichische Nationalbibliothek in Vienna (MS W).[8] MS A[2] and MS W are similar in layout, but are by entirely different scribes. The Augiensis scribe writes in a clear even hand, while the Vienna scribe often appears to have difficulty staying between the lines. In some places, one of the Augiensis scribes, clearly a professional and practised scribe, begins a gathering, while a less practised hand continues the text. Most strikingly, about 70 folios, or more than 50% of the columns of text begin and end with the same words, suggesting they were made at more or less the same time, and in the same centre, by scribes who were intent on closely following an exemplar.[9]

Textually these two manuscripts differ very little from each other, and for Books 12–22 the one can generally act as a corrector for the other. MS A[1] (Augiensis 96), preserving the two prefatory letters and the text for Books 1–11, does not have another parallel of a similar date, making the Montecassino copy an attractive candidate to use as a corrective where Augiensis 96 contains errors. MS C is the earliest witness for the second group of manuscripts, a group first identified by Erwin Panofsky in his paper in the Wittkower Festschrift in 1967.[10] He noted the addition of a description of Hercules in the chapter "De diis gentium" in Book 15, chapter 6, a chapter that is also missing from Hrabanus's main source for this section (Isidore, *Etym.* Book 8, chapter 11.[11] The addition occurs in the 1466 Strassbourg printing by Adolph Rusch, reprinted by Colveneere in the1627 Cologne edition, and from there in Migne.[12] The addition also occurs in the following manuscripts: Vatican City, Biblioteca Apostolica Vaticana, MS Pal. Lat 291 and Reg. Lat. 391; Stuttgart, Württembergische Landesbibliothek, MS Theol. et philos. 2°45 [1457]; and Berlin, Preussischer Kulturbesitz, MS lat. fol. 930 [from 10,17, and in fragments], a fragmentary and badly mutilated copy that came to Berlin in 1936,

8 The text of the colophon states: 'Anno incarnationis domini dcccliii. ego berahtram indignus sacerdos hunc liber uitio scriptorum mendosum recitaui wormaciae. eodem anno basilica sancti petri ibidem restaurata est.' There is a facsimile of the colophon in UNTERKIRCHER 1969, 2, p. 18.

9 See SCHIPPER 1997, pp. 375–377 for an overview of the opening and closing words that match.

10 See note 2 above.

11 For a list of sources for *De rerum naturis* see HEYSE 1969. This study, a doctoral dissertation supervised by Bernhard Bischoff, must be used with some caution. Nearly a third of the entries are marked with a question mark as 'not identified.' See SCHIPPER 2004, pp. 1–21.

12 HRABANUS MAURUS *De universo* [RUSCH], fo. 118vb–119ra; HRABANUS MAURUS, *De rerum naturis*[COLVENEERE], p. 206b; HRABANUS MAURUS *De universo* [PL], col. 430C.

with some fragments now lost, and additional ones preserved in Columbia University Library (MS Plimpton 128) and in private hands in the U.S. These manuscripts form a group that differs in at least two respects from the other tradition in omitting the two prefaces and including the Hercules addition in Book 15; the Montecassino manuscript is clearly the earliest witness for the group.

One of the more vexing questions investigators have attempted to address is what the inspiration for an illustrated version of *De rerum naturis* may have been.[13] Some have suggested an Isidore with a cycle of illustrations, originating in Fulda, others have favoured a late classical source. No illustrated version or fragments of one survives from the mid-ninth century of Hrabanus's *De rerum naturis* – and if such a manuscript did indeed ever exist, all traces of it have disappeared. Several matters compound the problem, most notably the fact that, as Paul Lehmann showed in 1927, the Palatina manuscript contains spaces for more images than are contained in the Montecassino manuscript.[14] Furthermore, some chapters are fragmentary: 13.22 ('De erebo'), although taken from Isidore (14.ix.6), consists of a single fragmentary sentence, while many of the 32 chapters that make up Book 14 are simply brief extracts from Isidore that Hrabanus never expanded with additional materials.[15] No doubt he intended to return to the second half, not just to complete that partial sentence, but also to add further interpretations and explanations in various places, so that these incomplete sections would follow a similar structure as others: beginning with a citation from Isidore, sometimes expanded with material from other sources, followed by allegorical or mystical explanations derived either from the *Clavis Melitonis* by pseudo-Mellitus of Sardus or from other sources.[16] After becoming archbishop of Mainz in 847, there must have been few opportunities to work on this massive project, and no later than 851 or 852 (the date of the Vienna manuscript) he had arranged for it to be copied and disseminated.

Book 6 represents the first half of the work, and Book 19 represents the second half.[17] The collations of MS C with MSS A and W, reveals some interesting things about the kinds of variants that separate the Montecassino manu-

13 Summary of the three possibilities, with literature, in Reuter 1984, pp. 22–32. She concludes (pp. 46–48) that the cycle of illustrations in MS C is a product of the ninth century but cannot go back to Hrabanus himself because it includes material not in the unillustrated copies (p. 47).

14 Lehmann 1927, pp. 13–50. Some of his findings have been challenged by Reuter 1984, p. 18–19.

15 "Erebus infernorum profunditas atque recessus"; see also 13.7 ('De confragosis locis'): "Confrages loca in qua undique uenti currunt ac sepe frangunt. Ut Nevius ait: In montes ubi uenti frangebant locum" (= Isidorus Hispalensis *Etymologiae*, 14.viii.27).

16 Pseudo-Melitus Sardensis *Clavis Melitonis*, 2, pp. 6–154. The structure of this florilegium (beginning with 'De deo') suggests it may have in part inspired Hrabanus with the structure of *De rerum naturis*.

17 I have used the following sigla in addition to A, W, and C: Vp = BAV, MS Pal. lat. 291; Vr = BAV, MS Reg. lat. 391; St = Stuttgart, Württ. Landesbibl., MS theol. et philos. 2°45; Pv = Paris, BNF, MS lat. 16879; Pg = Paris, BNF, MS lat. 11684; Bn = Berlin, Preussische

script and related manuscripts from the remainder of the manuscript tradition. An analysis of six kinds of variants (lexical substitution; omissions; additions; grammatical change; change in word order; error correction) shows the following: Book 19 has more than double the number of variants in each category when compared to Book 6: about 8.3% of the lines in Book 19 contain lexical substitutions, while Book 6 has such substitutions in just 2.4% of the same kind of variants; and Book 19 has omissions in 7% of the total lines, whereas Book 6 has omissions in just 1.65% of the total number of lines. Taking Book 6 as representative of the first half of *De rerum naturis*, and Book 19 of the second half, these ratios suggests that the second half of the work may be less polished than the first half.

Some of these variants are no doubt accidental. But a surprising number of significant variants appear to fall too clearly into a pattern for all of them to be accidental. Of particular importance is the fact that Book 19 has 53 lexical substitution variants (8.3% of 600 lines collated), nearly 3.5 times the number in Book 6 (2.43% of 1400 lines). The lexical substitutions are particularly interesting. In a number of cases simple function words are substituted (adverbs, pronouns): 'illi' for 'huic', 'tamen' for 'tunc', 'ergo' for 'uero', or 'uero' for 'ergo' (all from Book 6); or 'ipsius' for 'illius', 'quoque' for 'enim', or 'erant' for 'sunt' (all from Book 19). There are too many of these to be the result of scribal error; instead they give the appearance of being deliberate and careful revision. Sometimes the variant corrects a Biblical citation: at line 147, for example, Rabanus cites Galatians 5:17 ("Caro enim concupiscit adversus Spiritum, Spiritus autem adversus carnem"; MS A reads 'uero' (the usual reading in the Vulgate)), while MS C has 'autem'.

In other places the change alters the meaning subtly: at Book 6, line 483, for example, the text cites the well-known phrase 'Qui habet aures audiendi audiat,' then adds (in MS A): 'hoc est corde intellegat' ['this is, that he may understand with the heart']; by substituting 'et' for 'hoc est', MS C creates a closer link between the explanation and the citation . In Book 19, there are similar substitutions. For example, at Book 19, line 77, chapter 3 ('De legumina') begins with a citation from Isidore (*Etym.* 17.iv.1): 'Legumina a legendo dicta quasi electa. Veteres enim meliora quaeque legebant' ['Legumes are so called from 'legendo' (reading or collecting) as if selected. For the ancients would pick all the better ones ...'].[18] MS A (+W and P) have 'enim', as in Isidore, whereas C (+Vp and St) substitutes 'quoque', so that the text of the second sentence now reads 'Veteres quoque meliora quaeque legebant' ['The ancients also picked the better ones']. In the latter example the choice of 'quoque' could have been triggered by the pronoun 'quaeque', but conside-

Kulturbesitz, MS lat. fol. 930; P_F = Paris, BNF, MS lat. 17177 All line references are to the line numbers in my typescript; I have not included references to Migne. It cannot be emphasized enough that the Migne printing is not dependable: Colveneere used a defective copy (missing several leaves) of the 1466 printing for the Cologne edition; and Migne himself has frequently 'normalized' Hrabanus's citations from Isidore. I have quoted the Latin text, and given an English translation in square brackets.

18 Cfr. Barney e. a. 2006, p. 339.

ring the many examples of such kinds of substitutions, they can just as easily be the result of systematic revision. One further example, at line 173, shows one pronoun substituted for another, with a subtle shift in meaning: In chapter 5 ('De arboribus'), the leaves of the Tree of Life (the 'arborem uitae') are described as follows: 'et folia arboris illius sunt ut sanitatem gentium deputata' ['the leaves of that tree are regarded as the health of people']: 'illius' is the reading of MSS A, W, and P; C (with Vp and St) reads 'ipsius', so that the text now reads 'et folia arbores ipsius [...]' ['and the leaves of that very tree [...]] Some might consider that an improvement, since the pronoun 'ipsius' (itself) focuses the attention more sharply on the tree of life, instead of simply referring back to the tree as 'illius' does.

Other changes are similarly systematic rather than accidental. Reversing words or changing word order is a common occurrence when copying, particularly if a scribe is copying phrase by phrase, and anticipates writing a particular word.[19] Omissions of small words are common as well, particularly words such as 'est', or adverbs such as 'enim' or 'pro'. But in other places omitted words modify the sense. In line 126, for example, Rabanus explains the allegory of the word 'caro' as follows: 'Nam caro iuxta allegoriam aliquando significat exteriorem hominem, aliquando litteram legis et carnalem sensum' ['for the body ('caro') according to allegory sometimes signifies the outward man, sometimes the letter of the law and the bodily sense']. C, Vp, and St omit the word 'legis', and the sentence now ends 'aliquando litteram et carnalem sensum' ['sometimes the literal and bodily sense']. This hardly seems an improvement over what is in the earlier manuscripts.

But the number of lexical substitutions other than the function words is the most interesting and striking. Indeed, some of these seem to represent a layer of 'corrections' that go back to Hrabanus himself, though others may have originated in a later copy as annotations that were subsequently incorporated uncritically into a new copy. Sometimes these replace one word with a synonym (e.g. 'sacra' for 'sancta' or 'descripsit' for 'describit'). Others modify the text in detail. For example, in Book 6, at line 253, the text in MS A and P reads as follows: 'Hoc enim sunt capilli capitis et ungulae mulieris, atque demum salutari lauacro mundata et purificata coniungatur sanctis dei' ['For these are the head-hairs and nails of a woman, and, washed through salvation, cleansed, and purified, they are at last joined with holy god']. MSS C, Vp and St replace the word 'mundata' with 'purgata'; 'mundata' is often used in the more particularly spiritual sense of being 'cleansed' or 'purified', while 'purgata', although it has a very similar sense, generally signals a more general kind of cleaning. In a later section of Book 6, at line 815, Hrabanus cites Isidore for the meaning of the word 'pulpa': 'Pulpa est caro sine pinguedine dicta quod palpitet. Resilit enim saepe' ['The fleshy part is flesh without fat, so called because it pulsates. For it often quivers'].[20] This sentence derives directly from Isidore, *Etym.* 11.1.81. MS C replaces 'pinguedine' with 'sanguine', changing

19 For examples in Books 6 and 19 see the lists in the Appendices.

20 Barney e. a. 2006, p. 236.

the phrase to read 'caro sine sanguine' ['flesh without blood'], a lexical replacement that modifies the meaning of the text without necessarily improving it. Isidore is referring to the behaviour of the fleshy part of a living body, but 'caro sine sanguine' refers either to animal flesh intended to be eaten, or to the fleshy part of a corpse.

Book 19 has similar modifications, sometimes far-reaching at the level of the individual word or phrase. Near a passage cited earlier, at line 170, where Hrabanus speaks of 'folia', MS A and Pv read: 'Haec sunt aquae spiritales, haec folia salutaria' ['These are spiritual waters, these the leaves of salvation']. MS C, with Vp and St, replaces 'salutaria' with 'spolia', giving the rhyming but much less sensible 'folia spolia' ['leaves of plunder']. A little further, at line 314, is another example. At line 314, Hrabanus, quotes a passage about the 'nux' or 'iuglans' ['walnut'] from Isidore 17.7.21. MS A (with P) reads: 'cuius pomum tantam uim habet ut missa inter suspectos herbarum uel fungorum cibos quicquid in eis uirulentum est exudet, rapiat atque extinguat' ['whose fruit has so much power that when it is mixed with suspect foods containing herbs or mushrooms, it expels ('exudet'), seizes ('rapiat'), and destroys ('extinguit') whatever is poisonous in them'].[21] MS C, with Vp and St, replaces 'exudet' with 'elidat' ('gets rid of' or 'eliminates'). 'Elidat' in this sense of 'get rid of' or 'eliminate' introduces a somewhat narrower sense than the more common 'exudet'. Substitutions of this kind, of which there are many others, may well go back to corrections made by Hrabanus himself. The fact that this same reading occurs in the Wolfenbüttel copy of Isidore (Weissenburg 64) suggests that he may have had a copy of this particular type available to correct the text. Hrabanus himself may also be the source of another example, in which an erroneous reading from Ecclesiasticus 24:17 is replaced with the correct one. At line 438, in the context of describing how a cypress tree represents the church, he quotes from Ecclesiasticus or the *Liber Iesu filli Sirach.* MS A reads: 'Sicut cedrus exaltata sum in Libano, et sicut cipressus in montibus Ermon' ['Just as a cedar tree I am raised up in Lebanon, and like a cypress on the mountains of Hermon']. Mount Hermon is well-known from its frequent mention in the Bible. It was sometimes confused with Mount Sion, perhaps from Ps. 132.3 – a psalm familiar from its place in the readings for Vespers – where the two are mentioned in one verse: 'sicut ros Hermon qui descendit in montes Sion' ['like the dew of Hermon that descends on the mountains of Sion']. But the text Hrabanus cites here refers to 'Sion,' not 'Hermon': 'Sicut cedrus exaltata sum in Libano, et sicut cipressus in monte Sion.' The reading 'monte Syon' in MS C thus represents a correction to an improperly cited Biblical text.

Finally, Book 19 has several additions and omissions in MS C that constitute more than a brief phrase or single word. In each case, MS C shares these additions or omissions with the other manuscripts in the Y group (Vp, Vr, St, Bn), but not with manuscripts of the A/W group.[22] The first one, at line 488,

21 Barney e. a. 2006, p. 344.

22 These additions and omissions have been collated with MSS Pv and Pg for the A/W group, and with C, St, Vp, and Vr for the Y group. Also, since Panovsky 1967 reported the

consists of an entire sentence ('Alba autem populus dicta quia folia eius una parte sunt alba altera uiridia') omitted from MS C, Vp, Vr, and St; the sentence is present in MSS Pg, Pv, and A, and in Rusch. The second one, near the end of Book 19 at line 887, is an addition inserted between the description of 'selenus' and 'feniculum'. MSS C, Vp and St add the following sentence after 'odore aromatico': 'Ypposelini dictum quod sit durum et asperum. Oleo selini quod mollior folio et caule tenerum'; MSS A, W, Pv, and Pg all omit the sentence. Finally, MSS A, W, Pv and Pg end Book 19 with this sentence: 'Haec fidem Christi significat, quae contra antiqui serpentis uenena plurimum ualet'; but the sentence is missing from MSS C, Vp and St.[23]

Other examples are included in the appendix below. Some of the substitutions and other variant readings in MS C and associated copies appear to be improvements to the text, while others seem to introduce errors or nonsense. This raises a fundamental question about the status of MS C as a witness to the text, and whether it can be relied on to provide a double check on the accuracy of the earlier manuscripts such as MS A or W. The answer lies in how many copies may intervene between Hrabanus's own 'final' copy (if ever there was one) and the later illustrated copy. It is well-known that Hrabanus was always improving the text of his writings, frequently adding single words intended to be substituted when a new copy was made, other times deleting words, or adding phrases; indeed we are fortunate in having a number of surviving manuscripts that contain such corrections and improvements in his own handwriting, though no such copy of *De rerum naturis* survives.[24] Yet this desire to 'make it better' allows us to speculate on what may have happened to produce a copy with so many variants like MS C . In the proposed stemma in Fig. 1, I have used the following conventions: X represents Hrabanus's own copy in various stages: X_R is the version he was working on between 842 and 847; X_A is the version he had published by 852 and sent to both Haymo of Halberstadt and to King Ludwig the German; X_B is the stage at which he added corrections; X_C is the same manuscript (containing his corrections) in the stage at which additional notes were added after 856; Y represents the ancestor of all copies without prefaces; and Z is the ancestor of all other illustrated copies.

It is quite likely that, when Hrabanus died on February 4, 856, he left behind his own copy of the encyclopedia, missing the two prefatory letters, and which contained corrections and improvements in his own handwriting

presence of Hercules addition in the Rusch printing (Hrabanus Maurus *De universo* [Rusch]), the Rusch edition has been checked for these particular readings. The pattern suggests that the groups are fairly stable and homogeneous.

23 MS Vr is defective at the end of Book 19, and Book 20 begins with a new scribe.

24 The notes in Hrabanus's handwriting were first identified by Butzmann 1964, pp. 1–22. See also Michel Perrin's comments in Hrabanus Maurus *In honorem sanctae crucis*, pp. CXI-CXIII and CXXI-CXXIX, for examples from BAV MS 124. See also Bischoff 1981, pp. 12–13; Perrin 1989, p. 235; Spilling 1992, p. 75. Perrin is not convinced there are enough of these corrections and additions to warrant a definitive conclusion that they are in Hrabanus's own hand.

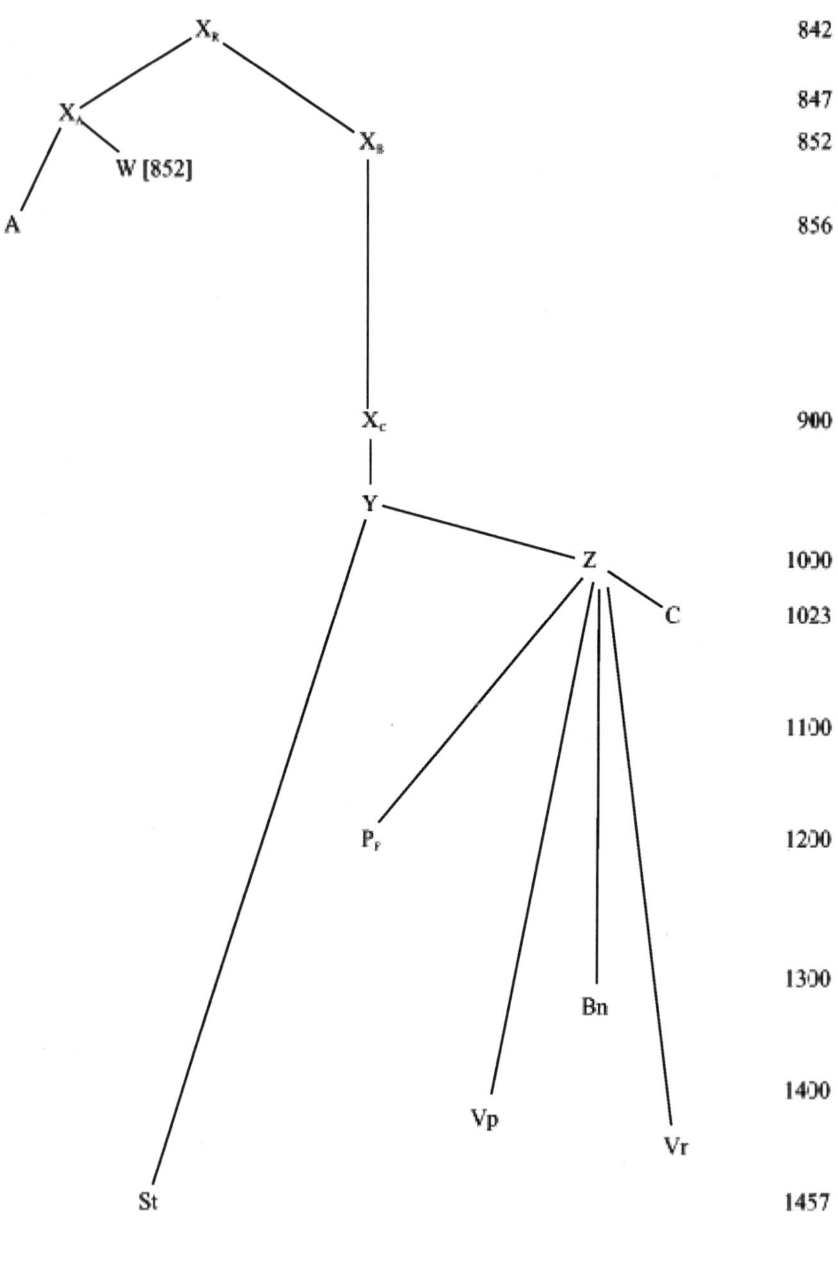

Figure 1: Stemma

that had not made their way into the edition as issued.[25] This copy may have contained further notes that were never intended to be incorporated into the text (such as the curious 'folia spolia'). Subsequently someone may have added further notes, inspired by the ones he already found in the text, but most of which, far from improving the text, introduced various errors, though these additions remained marginal or interlinear, and not yet part of the text itself. A subsequent scribe could easily have incorporated the annotations he found into the text of a new copy, thinking that they were all intended as corrections. That copy, complete with its many changes would in turn become the archetype for the copy made in 1457 now in Stuttgart: it would have lacked the prefaces, but included the addition on Hercules, it would have shared many variants with C and it would not have had any images. The images we do find in the margins of MS St may have been inspired by seeing another fully illustrated copy, or by any one of a number of illustrated handbooks on animals. The text of the archetype for the Stuttgart copy would then have been taken by someone to form the basis for an illustrated copy, based either on classical models, or on another cycle of illustrations. In 1022 that illustrated copy was taken to Montecassino to be copied there, and after MS C had been completed, returned to the Rheinland, where it subsequently became the archetype for MS Vp, the Palatine manuscript: this would explain the absence of the prefaces, the presence of the Hercules addition, and why it shares most distinctive readings with both Stuttgart and Cassinensis.[26] This would also explain why both the Palatine copy and MS C have a full set of images, and the Palatine copy has a few more than MS C. Above all, this would explain why there are more illustrations or spaces for illustrations in MS Vp: it is a more faithful copy of its archetype in that respect, while the person responsible for MS C decided to exclude a dozen or so of the pictures.[27]

One thing cannot be demonstrated without further evidence, and that is whether Hrabanus himself planned an illustrated edition or whether that was done in the century and a half between his death in 856 and the production of the Montecassino copy. There is certainly evidence for illustrated cycles of various kinds being produced in Fulda during the ninth century, but if Hrabanus himself was responsible for such a cycle, we might have expected either fragments to have survived, or reference to such a cycle in Rudolf of Fulda or other contemporary or near-contemporary sources.[28] Whatever the con-

25 The two letters were probably composed specifically for the edition he issued before 852 and included, perhaps copied on single leaves, with the copies he sent to both Haymo and King Ludwig.

26 Theobald became abbot in 1022; it is entirely possible that MS 132 was made for Montecassino on that occasion.

27 Reuter 1984, p. 19, wrongly concludes that Vr cannot be a copy of C, because the omission in Book 19 (the end of 19.5 and the start 19.6) is unique to C. The lacuna occurs between pages 458 and 459 in MS C, and is more likely the result of a missing leaf.

28 For Rudolf's summary of Hrabanus's writings see Rudolfus Fuldensis *Miracula sanctorum*, S. 340–341. Rudolf devotes 8 lines to a description of *In honorem sanctae crucis*, but fails to mention *De rerum naturis* at all.

clusions we draw from the textual evidence, the Montecassino copy appears to represent a revised edition in progress; it is not always a reliable witness for the text as originally envisioned by Hrabanus, except possibly for those readings that correct errors, or that improve the text. Generally speaking, it seems unnecessary to emend the text as represented by MS A just because of a reading in MS C, especially if that reading is not entirely compelling or convincing. Nevertheless, the lexical substitutions in MS C suggest that this group of manuscripts represents a second recension. Whatever the status of these variants, however, the Montecassino Hrabanus is a justly famous manuscript whose variant readings are textually very interesting; and these variant readings certainly deserve full representation in the apparatus criticus.

Appendix

The appendix lists selected variants from MS C in Books 6 and 19, using the text in MS A as base. Book 19 includes selected variants from MS W as well as from MS C. Lexical substitutions, word reversals and word order changes, as well as additions and omissions are noted. Orthographic variants have been omitted, as have some variants such as an omitted or added *et.* All the items discussed above have been checked in MSS Vp, Vr, St, and Bn where possible, as well as Pv and Pg, but only a few of the variants in the list below have also been checked in those MSS.

Book 6

6.1 De homine et partibus eius

19 iam] etiam *C*
27 peccato] testamento *C*
30 uoluntatis] uoluptatis *C*
47 suas] *om. C*
57 hominis uocabulum] uocabulum hominis *C*
62 impiissimum] impium *C*
63 humana non potest] non potest humana *C*
67 sanctitate ueritatis] ueritate sanctitatis *C*
72 pronuntiat] protulit *C*
75 quod] *om. C*
77 inspiret corpora] spiret in corpore *C*
80 mentes] mentes dicat *C*
110 paulo post] post paulo *C*
110 Tunc] Tunc uadit et *C*
126 legis] *om. C*
142 inuenta disputatio] disputatio inuenta *C*
146 homo sapit] sapit homo *C*
147 uero] autem *C*
152 gustus odoratus] odoratus gustus *C*
157 uias] uenas *C*
160 est] est enim *C*
168 propriam naturam datam] propria natura datur *C*
170 scripturae sacrae] sacrae scripturae *C*

180 autem] *om. C*
180 inquit] *om. C*
210 Item in malam partem ponitur uertex] Item uertex in malam partem ponitur *C*
224 bonis] pronis *C*
236 contunduntur] conduntur *C*
237 sancta] sacra *C*
242 mundus apparere] mundare *C*
253 mundata] purgata *C*
263 autem] *om. C*
266 inuictus fuit] fuit inuictus *C*
273 uni ex his minimis fratribus meis fecistis] uni fecistis ex his minimis fratribus meis *C*
299 item] iterum *C*
307 eius] *om. C*
312 effectu] affectu *C*
323 tamen] tunc *C*
334 conterere] conuertere *C*
356 siue ad libro diuinos] *om. C*
359 uolitantem] uoluntate *C*
372 actiuam et contemplatiuam] contemplatiuam quam actiuam *C*
373 dicunt] *om. C*
377 enim] *om. C*
382 dicunt] dicimus *C*
384 ornet] ordinet *C*
393 sunt autem] autem sunt *C*
411 oculos] oculos palpebres *C*
424 inter] in *C*
429 ergo] uero *C*
435 tuis] *om. C*
436 sunt patres] patres sunt *C*
439 praeparauit] parauit *C*
443 subpositae] subpositae sunt *C*
455 equus] equus patienter et *C*
461 retinendo] detinendo *C*
462 dixerunt] dicebant *C*
470 suo capite] capite suo *C*
478 uocem ipsam] ipsam uocem *C*
483 hoc est] et *C*
484 etiam] ergo *C*
486 nostras suscipe] suscipe nostras *C*
491 norimus] nouerimus *C*
494 solet intellegi] intellegi solet *C*
501 eius] *om. C*
509 procedunt] procedit *C*
523 Spiritus sanctus tamen] Tamen spiritus sanctus *C*
533 iustificaberis et ex uerbis tuis] *om. C*
574 Vnde] *om. C* (diuersosque C^{c})
601 item] iterum *C*
603 malam partem accipitur] malam excipitur partem *C*
617 quam] quia *C*
630 regnum dei non possidebunt] non possidebunt regnum dei *C*
644 brachium sanctum suum] sanctum suum brachium *C*

657 membris nostris] nostris membris *C*
665 desiderius] desiderius enim *C*
706 pro] *om. C*
715 Dialectica dialectica et rhetorica] Inter dialecticam et rhetoricam *C*
747 discribit] descripsit *C*
761 uita suas] uita culpas suas *C*
765 predicator sancto] sancto predicator *C*
771 absciderest Olofernis] Olofernis absciderest *C*
776 peximum] pexum *C*
777 dici] dicimus *C*
777 tractatum] tractum *C*
793 intellegunt et peccatores] et pecatores intellegunt *C*
795 prima est] est prima *C*
815 pinguedine] sanguine *C*
816 pro] quid *C*
822 in pingui ceruice contra deum] contra deum in pingui ceruice *C*
838 sancti] sancti uel predicatores bona *C*
844 carnium] carnium eius *C*
847 membris bonis] bonis membris *C*
862 inquit eius] eius inquit *C*
867 ibi] sibi *C*
872 inquit] *om. C*
885 significant sanctorum] sanctorum significant *C*
892 uicem] inuicem *C*
906 enim] *om. C*
938 ipsius] huius *C*
939 deum in] *om. C*
953 domini sunt] *om. C*
978 mihi] *om. C*
984 mea] *om. C*
984 configitur] confringitur *C*
984 mihi] *om. C*
1008 ipsius] eius *C*
1030 uitae alimenta] alimenta uitae *C*
1043 uero] ergo *C*
1061 cutem et carnem] carnem et cutem *C*
1063 mistice significant] significant mystice *C*
1088 est domini] domini est *C*
1094 ergo] quoque *C*
1098 sed eiectus est in aridam] *om. C*
1106 tractatus animae possunt accipi] animae possunt accipi tractatus *C*
1127 domorum] *om. C*
1154 mittere] emittere *C*
1155 orationum] orationum studio *C*
1193 nisi] *om. C*
1201 procedere est] est procedere *C*
1216 herbarum atque holerum] *om. C*
1216 trahunt] trahunt atque olerum *C*
1217 In Genesi dixisse] Dixisse in genesi *C*
1227 plurimos autem] autem plurimos *C*
1241 multa occulta] occulta multa *C*

1253 claudicauit] claudicabat *C*
1261 dicitur sermo dei] sermo dei dicitur *C*
1287 uero] ergo *C*
1289 tamen] dum ex quieta *C*
1293 uocabantur] uocantur *C*
1302 genua mea inquit] inquit genua mea *C*
1305 in Regum] in libro regum *C*
1318 filio suo Ioseph] Ioseph filio suo *C*
1321 significauit] significauerat *C*
1325 tegit] tetigit *C*
1337 consilia defuisse] defuisse consilia *C*
1344 ita] *om. C*
1345 non est in eo sanitas] sanitas non est in eo *C*
1354 nomen] *om. C*
1354 illi nomen] nomen illi *C*
1373 dilatata] dilatata. Constat uir ex ossibus centum uiginti quinque alii dicunt, ducenti uiginti quinque feminae autem centum uiginti sex. *C Vp Vr St*

6.2 De situ et habitu corporis humani

6.3 Quomodo humana membra asscribantur diabolo

1387 asscribantur] misceantur *C*
1390 scripturae sacrae] sacrae scripturae *C*
1398 saeculi huius] huius saeculi *C*
1399 eius] eius sicut *C*
1402 corda peccatorum] corda hominum uel peccatorum *C*

Book 19

19.1 De cultura agrorum

9 Idem et fimus est qui per agros lacitur. Et dictus fimus] *om. W*
15 quasi] *om. W*
19 dicta] *om. C*
26 concisiones] consiones *C*
26 Incenduntur] Incenditur *C*
30 enim] etiam *C*
31 ut] *om. C*
38 mittens] *om W* (*add.* W^c)
39 Vnde] *om. W*
41 sunt fidelium] fidelium sunt *C*
44 est saeculi] saeculi est *C*
48 bonorum operum] operum bonorum *C*

19.2 De frumentis

59 antea] antequam *C*
60 eius] eius sex *C*
61 legitur] legitur quod *C*
62 satiauit] satiaret *C*
63 Culmus] calamus *C*

66 minorum] *om. C*
70 qui] *om. C*
73 quoque scriptum est] *om. W*

19.3 De leguminibus

77 enim] quoque *C*
79 uidentur] habentur *C*
79 autem] *om. C*
82 carnibus] carnalibus *W C*
82 desideriis] desideriis unde *C*

19.4 De uitibus

85 uoluerunt] uoluerit *C*
87 quia] qui *W*
93 pinguedinis] pinguedine *W* (pinguedinis W^c), pinguibus *C*
94 interius] interius ut *C*
98 Quod] Qui *C*
100 septuaginta octauo] septuagesima *C*
101 quoque] autem *C*
107 ex die] de die in diem *C*
109 uel] id est *C*
110 cum] *om. C*
111 turrem] *om. C*
115 sic] sicut *W*
116 Predam] *om. W*
117 dabit aescas] diuidet spoliam *C*
117 ad] *om W (add.* W^c*), om. C*
119 diuinum imbrem] imbrem diuinum *C*
120 cetera] cetera in agris *C*
120 putatio] *om. C*
123 id est amputare, traducere transduxere] araducare aratis ducere *C*
127 aduenit] uenit *C*
131 autem] uero *C*
147 titulo quorundam] quorundam titulo *C*

19.5 De arboribus

151 autem] *om. C*
155 sic] sicut *W*
156 quidam habuit] habebit quidam *C*
156 uinea] uineam suam *C*
163 ueniant uolucres caeli] uolucres caeli ueniant *C*
170 haec] haec sunt *C*
170 salutaria] spolia *C*
170 beatus] *om. C*
173 illius] ipsius *C*
175 est illud] *om. C*
177 saeculi huius] huius saeculi *C*
178 eius] *om. W*
178 est illud] illud est *W*
181 referre] refert *C*

183 inmatura] inmatura qui prius quam matura fiant dura sunt *W*
184 mandendum] manducandum *C*
184 inmatura ad mandendum] inmatura que non sunt apta ad manducandum *C*
189 dumosis] mundosis *C*
192 Psaltero] psalmo *C*
195 timor domini] dominus *C*
197 dictum] dictum est *W*
198 est] *om. C*
201 aridum] uiride *C*
201 uiride et omne lignum] *om. W*
205/273 est illud – botro] *missing in C* [= 68 lines or ca. 2 folios; missing are the end of 19.5 and the beginning of 19.6]
217 regnat] regnauit *W*
222 derelictus] delictus *W*

19.6 De propiis nominibus arborum

239 quasi] quos *W*
256 eius] est *W*
267 sanctorum] sanctos *W*
273 pariter et] pariter cum *C*
279 ecclesia intellegi] intellegi aeclesia *W*
281 bonorum] pomorum *W C*
282 est enim] enim est *C*
288 legislatione] latione *W* ('legis'latione *W*[c]')
291 pastinauit] plantauit *C*
294 enim] *om. C*
295 putant dictum] dictum putant *C*
295 arbor eius rebus] arboribus *C*
297 enim] autem *C*
298 feruntur] fertur *C*
299 praefiguratio] praefiguratio est *C*
302 Greca nomina] nomina Greca *C*
309 hoc est demones] *om. C*
314 exudet] elidat *C*
315 tecta corio duriore] duriore corio tecta *C*
323 quiue] que *C*
325 nomen] nomen est *C*
340 haberentur] habebant *C*
345 fuerant] fuerit *C*
347 enim] *om. C*
354 operum] *om. C*
358 qui dum eiciuntur quasi castrantur] *om. C*
363 habitauerit] stetterit *C*
363 mysterio] ministerio *C*
365 aestamque habuerint] *om. C*
372 legitur] dicitur *C*
373 enim] *om. C*
375 uoluptatem] uoluptate *W*, uoluntate *C*
377 ceperit] deceperit *C*
377 ad uitiorum] diuitiarum *C*
380 omnes] mentes *C*

388 autem] *om. C*
390 prodesse. Cunctisque sub ea seruantur] *om W* (*add. W*[c])
396 buxus et pinus] Pinus et abuxus *C*
399 leuis] leuis habet *C*
399 de qua] unde et *C*
406 sunt] erant *C*
413 est] *om. C*
415 est utilis] utilis est *C*
419 conueniunt] conuenit *C*
422 Christum] *om. C*
424 dicitur] *om. C*
424 Saturabuntur] saciabuntur *W*
427–8 et confringet – comminuet eas] et reliqua *C*
428 inquit] *om. C*
429 cono] *om. C*
434 opprimerent] temperarent *C*
436 exprimit] deprimit *C*
438 montibus Ermon] monte syon *C*
440 doctores sunt] sunt doctores *C*
443 Iuniperus] Item Iuniperus *C*
445 dicitur] dicitur. iuniperes autem alias parua alia magna est *C*
451 peccatorum omnium] omnium peccatorum *C*
452 cortex] cortex eius *C*
461 Dominus] Dominus Iesus *C*
461 pro] *om. C*
464 quirinus] quiuernus *C*
464 quod ea soliti erant] eo quod de ea *C*
470 dixi] diximus *C*
477 arcus Parthi et aliae gentes] Parthi et aliae gentes arcus *C*
481 adferunt] affligunt *C*
485 sacrarum] sanctorum *C*
488 Alba autem – altera uiridia] *om. C*
491 Subtus] subdus *W*, Subtus quercum *C*
500 salices torrentis] torrentis salices *C*
501 dictum est] diximus *C*
502 tramaraciam] tramarace *C*
507 in deserto] *om. C*
512 mitissima] laetissima *W*, letissima *C*
515 hunc arborem] arborem hanc *W*
515 hunc] hanc *C*
519 steterit] stetit *C*
521 conseruabantur] [=*W*] consersabantur *A*, conuersabantur *C*
525 mirti] mirtix *W*, maxtis *C*
529 nomen] nomen habens *C*
529 generans] generat *C*
529 prestantiorem est] prestantior est *W*
529 est] *om. C*
533 qui exaudiuit – itineris mei] et reliqua *C*
537 Item] Et *C*
539 appellatur apud eos] apud eos appellatur *C*
541 in libro] *om. C*

542 illud] *om. C*
543 Propterea] postea *C*
544 nomen sumpsit] sumpsit nomen *C*
549 significat siue diuinam scripturam] siue diuinam scripturam significat *C*
553 eius] *om. C*
556 omnem] omnem herbam *C*
558 spinae uestrae ramnos] spinas uester ramnus *C*
560 Posteaque eius sudes] et postea sudes eius *C*
561 absorbeantur] obserueantur *C*
563 absorbet] obseruet *C*
565 diuitias et sollicitudines] sollicitudines et diuitias *C*
567 et diuitiis] *om. C*
568 spinae iuxta allegoriam] iuxta allegoriam spinae *C*
568 possunt] solent *C*
572 non] *om. C*
575 utique] atque *W*, inculte atque *C*
582 Christi fidem] fidem Christi *C*
584 Psalterio] psalmo *C*
586 autem] enim *C*
591 rigorem] uigorem *C*
593 legitur] dicitur *C*
593 speciosam] *om. C*
594 Suxerunt] Superserit *C*
597 Psalterio] psalmo *C*
599/600 Oleum sermo deceptoris in Psalmo: Oleum autem peccatoris non inpinguet caput meum] *om W (add. W^c) added BM W^c*
608 sit eius] eius sit *C*
604 exterminant] exterminabunt *C*
606 blanditiae] malitie *C*
609 trahentes] trahentes uocabulum *C*
610 Grecum] grecum nomen *W C*
611 lignorum] legitinorum *C*
612 produntur] producuntur *C*

19.7 De aromaticis arboribus

621 regina] regina legitur *C*
621 legitur] *om. C [placed earlier, after* regina]
628 autem] tum C
629 autem] *om. C*
632 similis spinae] spinae similis *W*
634 ignibus] ignes *C*
636 autem] *om. C*
638 ista] *om. C*
640 ammonitione] ammonione *W*
647 ceteris electis] electis ceteris *C*
649 corpus quoddam] corpus quid quoddam *C*
650 uerbi] uerbi dei *C*
653 dicitur ammoniaca] amoniaca dicitur *C*
656 herbe genus] genus herbe *C*
656 aquosis locis] in aquosis locis *C*
656 rebus etiam] etiam rebus *C*

658 ardor] arbor *C*
663 uocata] dicta *C*
663 Nam] *om. C*
670 autem] *om. W C*
673 arbor] arbor est *C*
674 sic serpentes igne fugantur et] ex *C*
674 piperis natura] natura piperis *C*
681 creditur] dicitur *C*
685 primis] pigmentariis *C*
686 primis] pigmentariis *C*
691 curo] uero *W C*
694 casia arbor aromatica est] casia est est arbor aromatica *C*
695 significat] designat *W C*
696 Psaltero] psalmo *C*
696 signat] designat *C*
703 unctionis] tinctionis *C*
707 notitiae] iustitiae *C*
712 ferreis uinculis] osseis uel lapideis cultellis *C*
718 mentio] *om. C*
726 recubitu] accubitu *C*

19.8 De herbis aromaticis, siue communibus

727 siue communibus] *om. C*
730 nominibus] nomina *C*
731 Fertur] Refertur *W*
733 quod] *om. C*
734 spectat] exspectat *C*
741 nobis gratiam suauitatis] suauitatis nobis gratiam *C*
748 cum] cum pro *C*
756 Psaltero] psalmo *C*
760 specimen] speciem *C*
760 inquit] *om. C*
762 germinant] germinabant *C*
762 floris] coloris *C*
763 effulget] refulget *C*
778 exaruia] exaruia quia *C*
780 Galbanum dicta non secrete] Diptamon mons crete *C*
780 non secrete] mons crete *W C*
789 dederat] dederunt *W*
791 sunt sancti] sancti sunt *C*
797 honorem] odorem *C*
802 carnis] carnalis *C*
807 preparatur] *om. C*
808 iustitia] iniustitia *W*
818 cadent] decident *W*
819 est res] res est *C*
824 Fenum] Fenum aut *C*
825 enim] autem *C*
826 magna quasi] quasi magna *C*

19.9 De oleribus

831 semper] *om. C*
833 et carnes ederent] ederent et carnes *C*
833 enim] *om. C*
833 arborum] arboribus *C*
834 significat ecclesiam] ecclesiam significat *C*
837 quia] quia diuini *C*
838 Item aliam significationem habet ortus] Item ortus aliam significationem habet *C*
841 quod interpretatur] *om. C*
849 Dilectus meus] *om. C*
851 Maria] Maria de qua dicitur *C*
852 ascendit] descendit *C*
857 mentis et acredinem peccati significant] et acredinem mentis significant *C*
858 Numerorum] numeri *C*
859 uestra] nostra *W C*
860 nihil aliud – nisi manna] et cetera *C*
863 seminatum germinat] germinat seminatum *C*
872 ergo] enim *C*
873 agni carnibus] carnibus agni *C*
875 redemptoris] redemptoris nostri *C*
876 ipsa amaritudo] amaritudo ipsa *C*
876 amorem uitae] uitae amorem *C*
886 dicitur] est *C*
886 sed est] *om. C*
887 aromatico] aromatico. Ypposelini dictum quod sit durum et asperum. Oleo selini quod mollior folio et caule tenerum *C St Vp Vr*
889 Quid autem] Quae *C*
889 contra] in *C*
890 ualent] ualent et quod *C*
892 pro pretiores] proniores *W C*
899 Haec fidem – plurimum ualet] *om. C St Vp*

Bibliography

Sources

Hrabanus Maurus

De universo [Rusch]

Hrabanus Maurus: *De universo*, ed. by Adolph Rusch, Strassbourg, 1466.

De rerum naturis [Colveneere]

Hrabanus Maurus: *De universo*, in *Magnentij H-Rabani Mauri, opera, quæ reperiri potuerunt omnia, in sex tomos distincta, collecta primùm industria I. Pamelij, nunc vero in lucem emissa curâ A. de Henin*, ed. by Georgius Colvenerius [Colveneere], Colonia Agrippina, 1627, II, 51–272.

De universo [PL]

Hrabanus Maurus: *De universo libri XII* (PL 111, col. 1–614).

Montecassino

Hrabanus Maurus: *De universo / De rerum naturis: Cod. Cass. 132, Archivio dell'Abbazia di Montecassino*, a cura di Guglielmo Cavallo, Torino, 1994.

In honorem sanctae crucis

Hrabanus Maurus: *In honorem sanctae crucis*, éd. par Michel Perrin, ed., CChr.CM 100, Turnhout, 1997.

Other Medieval Sources

Cronica Monasterii Casinensis

Cronica Monasterii Casinensis, hg. von Hartmut Hoffmann (MGH, Scriptores 34), Hannover, 1980.

Epistolae Karolini Aevi

Epistolae Karolini Aevi, hg. von Ernst Dümmler (MGH Epist. V), Berlin, 1899.

Isidorus Hispalensis *Etymologiae*

Isidorus Hispalensis: *Etymologiarum siue Originum Libri XX*, ed. by W.M. Lyndsay, Oxford Classical Texts, Oxford 1912.

Pseudo-Melitus Sardensis *Clavis Melitonis*

Pseudo-Melitus Sardensis: *Clavis Melitonis*, in *Analecta sacra spicilegio solesmensi parata*, éd. par Jean-Baptiste Pitra, I-VII, Paris, 1876–1891, II, 6–154.

Rudolfus Fuldensis *Miracula sanctorum*

Rudolfus Fuldensis: *Miracula sanctorum in Fuldenses ecclesias translatorum auctore Rudolfi*, hg. von Georg Waitz (MGH Scriptores 15.1), Hannover, 1887, 328–341.

Studies

BARNEY E. A. 2006
ISIDORUS HISPALENSIS: *The Etymologies of Isidore of Seville*, transl. by STEPHEN A. BARNEY, W.J. LEWIS, J.A. BEACH, OLIVER BERGHOF, Cambridge, 2006.

BUTZMANN 1964
HANS BUTZMANN: »Der Ezechiel-Kommentar des Hrabanus-Maurus und seine älteste Handschrift«, in *Bibliothek und Wissenschaft 1* (1964), 1–22.

BISCHOFF 1981
BERNHARD BISCHOFF: »Paläographie und Geschichte«, *Bibliotheksforum Bayern 9* (1981), 6–14.

HARRISON THOMSON 1934
S. HARRISON THOMSON: »Grosseteste's Topical Concordance to the Bible and the Fathers«, in *Speculum 9* (1934), 139–144.

HEYSE 1969
ELISABETH HEYSE: *Rabanus Maurus' Enzyklopädie ›De rerum naturis‹: Untersuchungen zu den Quellen und zur Methode der Kompilation* (Münchener Beträge zur Mediävistik und Renaissance Forschung 4), München, 1969.

HUNT 1955
RICHARD W. HUNT: »The Library of Robert Grosseteste«, in *Robert Grosseteste, Scholar and Bishop*, ed. by DANIEL ANGELO PHILIP CALLUS, Oxford 1955, 121–145.

LEHMANN 1927
PAUL LEHMANN: »Illustrierte Hrabanus Codices; Fuldaer Studien II« (Sitzungsberichte der Bayerische Akademie der Wissenschaften zu München, philosophisch-historische Klasse), München, 1927, 13–50.

PANOFSKY 1967
ERWIN PANOVSKY: »Hercules Agricola: a Further Complication in the Problem of the Illustrated Hrabanus Manuscripts«, in *Essays in the History of Art Presented Rudolf Wittkower*, ed. by DOUGLAS FRASER, HOWARD HIBBERD, MILTON J. LEWINE, London, 1967, 20–28.

PERRIN 1989
MICHEL PERRIN: »Quelques reflections sur le De laudibus sanctae crucis de Raban Maur: de la codicologie à la théologie en passant par la poétique«, in *Revue des Etudes Latines 67* (1989) 213–235.

REUTER 1984
MARIANNE REUTER: *Text und Bild im Codex 132 der Bibliothek von Montecassino »Liber Rabani de originibus rerum«: Untersuchungen zur mittelalterlichen Illustrationspraxis*, Munich, 1984.

SCHIPPER 1989
WILLIAM SCHIPPER: »A Provisional Checklist of Manuscripts Containing Rabanus's *De rerum naturis*«, in *Manuscripta 33* (1989), 109–118.

SCHIPPER 1996
WILLIAM SCHIPPER: »Annotated Copies of Rabanus Maurus's *De rerum naturis*«, in *English Manuscript Studies 1100–1700, 6* (1996), 1–13.

Schipper 1997

William Schipper: »The Earliest Copies of Rabanus Maurus' *De rerum naturis*«, in *Pre-Modern Encyclopaedic Texts,* ed. by Peter Binkley (*Brill's studies in intellectual history 79*), Leiden, 1997, 363–377.

Schipper 2004

William Schipper: »Rabanus Maurus and His Sources«, in *Schooling and Society: the Ordering and Reordering of Knowledge in Western Medieval Europe,* ed. by Michael Twoomey, Alastair A. MacDonald, Leuven, 2004, 1–21.

Schipper 2008 (in press)

William Schipper: »Textual Varieties in Manuscript Margins«, in *Signs of the Edge: Space, Text and Margins in Medieval Manuscripts,* ed. by Rolf H. Bremmer, Sarah L. Keefer, Leuven, 2008 (in press), 25–54.

Spilling 1992

Herrad Spilling: »Opus Magnentii Hrabani Mauri in honorem sanctae crucis – Hrabans Beziehung zu seinem Werk«, in *Fuldaer Hochschulschriften 18,* Frankfurt, 1992.

Unterkircher 1969

Franz Unterkircher: »Die datierten Handschriften der Österreichischen Nationalbibliothek bis zum Jahre 1400«, hg. von Franz Unterkircher, in *Katalog der datierten Handschriften in lateinische Schrift in Österreich 1,* Wien 1969, II, 18.

Archa Verbi 4 (2007) 127–141

Enzyklopädie und Wissensraum: *De rerum naturis* des Hrabanus Maurus

von Mechthild Dreyer

I Die philosophiehistorische Erforschung der Karolingerzeit

The period from the late eighth to the tenth centuries is, in philosophy, one of new beginnings, based on the rediscovery of old texts. [...] Thus the terrain of early medieval thought, as it has been painted, is an odd one: a sombre, featureless plain, where the few landmarks can be seen from afar – the Alcuin Hills, the Forest of Auxerre, and, more prominent than them all, the great plateau of Eriugena, dominated by its splendid cathedral, the *Periphyseon*.[1]

Orientiert man sich am Urteil des Philosophiehistorikers John Marenbon aus dem Jahre 1981, so wird man wohl nicht auf den Gedanken kommen, sich philosophiehistorisch mit dem Zeitraum vom späten 8. bis zum ausgehenden 9. Jahrhundert zu beschäftigen. Und erst recht wird man philosophiehistorisch keinen Gedanken an einen Hrabanus Maurus verschwenden, der in dieser düsteren gestaltlosen Ebene der Frühzeit mittelalterlicher Philosophie, die nur drei bemerkenswerte Geländepunkte kennt, noch nicht einmal von weitem zu sehen ist.

Marenbons Einschätzung der philosophischen (Un-)Bedeutsamkeit der Karolingerzeit und seine Überzeugung, daß – von Johannes Eriugena abgesehen – kaum ein Gelehrter des 8. und 9. Jahrhunderts von philosophischer Relevanz ist, können nicht als die etwas ausgefallene Position eines einzelnen Philosophiehistorikers abgetan werden. Vielmehr spiegeln sie die opinio communis philosophischer Mediävistik wieder, die in der von einigen Forschern benutzten Bezeichnung der Epoche als »Früh-« bzw. »Vorscholastik« ihren begrifflichen Ausdruck findet.[2] Was die sogenannte Früh- oder Vorscholastik so öde sein läßt, wird deutlich, wenn man sich die Hochscholastik, das 13. und 14. Jahrhundert, anschaut. Thomas von Aquin, Johannes Duns Scotus, dazu eventuell noch Meister Eckhart, Raimundus Lullus und Wilhelm von Ockham, alle diese Denker, insbesondere aber die beiden erstgenannten, stehen für ausgefeilte Positionen im Blick auf die großen Gegenstände der Philosophie, für originale Theoriebildungen, für Spekulation, für ein Denken aus eigener Perspektive. So etwas – folgt man der Einschätzung Marenbons – kann die Zeit

1 Marenbon 1981, S. 7.

2 Vgl. hierzu und zum folgenden: Böhner/Gilson 1954, S. 261–286; Flasch 2000, S. 169–190; Copleston 1975, S. 60–67; Schmidinger 1992, hier Sp. 1341; Armstrong 1967, S. 1–9, hier S. 4. zu Eriugena; Schrimpf 1995, Sp. 204–210; Schrimpf 1975, S. 171–184; Schrimpf 1987, S. 1–25, hier S. 5; vgl. Wieland 1996, Sp. 178f, der die Vorbereitung der epochalen Gestalt scholastischer Intellektualität bis ins ausgehende 10. Jahrhundert zurückverfolgt und so die Abgrenzung zwischen Früh- und Hochscholastik durchlässig macht.

vom 8. bis zum 9. Jahrhundert nicht, oder, denkt man an Alkuin, Heiric von Auxerre und Johannes Eriugena, zumindest nur sehr vereinzelt bieten. Marenbon im besonderen und auch die philosophische Mediävistik im allgemeinen gehen indes nicht so weit, der Epoche gänzlich jede Bedeutung für die Entwicklung der Philosophie abzusprechen. Insofern die Autoren der Vorscholastik klassische Texte erneut zugänglich machen würden, bereiteten sie – so die allgemein vertretene Überzeugung – einen Neuanfang in der Philosophie vor. Die Karolingerzeit ist Vor-Scholastik, Vorhalle zur Philosophie des Mittelalters.

Nun weiß man spätestens seit Gadamer, daß die Erkenntnis der Gegenstände wesentlich von den Vorurteilen abhängt, die das erkennende Subjekt bereits mitbringt. Vielleicht, wenn man nur anders zu sehen wüßte, hätte die Karolingerzeit mehr zu bieten als nur eine durch die Wiederentdeckung der klassischen Texte gegebene Vorbereitung eines neuen Anfangs in der Philosophie. Vielleicht hat sie ja eigene Positionen zu Zentralfragen der Philosophie, vielleicht sogar Theoriebildungen in Fragen der Welt- und Daseinsdeutung. Diese mögen zwar nicht mit Überlegungen zur Verwissenschaftlichung, wohl aber mit Thesen zum Wissenscharakter der Welt- und Daseinsdeutung einhergehen. Die folgenden Überlegungen wollen Hinweise dafür geben, daß solches in der Karolingerzeit in der Tat zu finden ist. Sie tun es im Blick auf das große Werk des Hrabanus Maurus, *De rerum naturis* (*DRN*), und damit in Bezug auf einen Autor, dem man gewöhnlich kaum Relevanz für die Philosophie zuzubilligen pflegt. Der Beitrag will Elemente für die folgenden beiden Forschungsthesen zusammentragen: (1) Die philosophiehistorische Relevanz der Enzyklopädie des Hrabanus besteht darin, eine methodisch geleitete, nämlich an der Grammatik orientierte universale Welt- und Daseinsdeutung zu präsentieren. Diese versteht die Welt und alle ihre Gegebenheiten als zeichenhaften Hinweis auf ihren Schöpfer und damit als einen Raum des Wissens von der Heilswirklichkeit. (2) Zur Weltwirklichkeit als einem Raum des Wissens erster Stufe verhält sich die Enzyklopädie, insofern sie das Insgesamt von Wissen von eben dieser Welt präsentiert, als ein Raum des Wissens zweiter Stufe.

Diese These zur Deutung von *DRN* geht von der methodologischen Voraussetzung aus, daß der Beitrag des Hrabanus wie der des karolingischen Zeitalters insgesamt nur dann sichtbar werden kann, wenn sich der Blick des mediävistischen Philosophiehistorikers ändert. Denn eine philosophiehistorische Auseinandersetzung mit der Zeit vor der Einrichtung der Universitäten bleibt unbefriedigend, wenn sie glaubt, Philosophie läge nur in originell ausgefeilten akademischen Theoriebildungen und systematischen Entwürfen vor. Ist Philosophie Auseinandersetzung mit den Grundfragen einer Zeit, dann ist philosophische Reflexion vor der Ausbildung der Schulen und Universitäten genau da zu vermuten, wo diese Grundfragen thematisiert werden. Zu ihrer Auffindung bedarf es der Kenntnis der politischen, sozialen und kulturellen Geschichte, der sprachlichen, literarischen und institutionellen Gegebenheiten einer Zeit.[3] So konnte beispielsweise die philosophische Relevanz der

3 Vgl. Kluxen 1981, S. 1–16; Kluxen 1988, S. 362–389; ferner Dreyer 2003, S. 406–414.

Theologen und Philosophen des 12. Jahrhunderts in den vergangenen Jahrzehnten erst durch diese Form einer die vielen Facetten eines Jahrhunderts berücksichtigenden Arbeit herausgestellt werden. Daß eine solche Sichtweise, welche die Ergebnisse aller mediävistischen Disziplinen berücksichtigt und damit die Perspektive des ausschließlich auf zeitlose Doktrin gerichteten Philosophiehistorikers weitet, auch das Zeitalter der Karolinger und damit auch das Werk des Hrabanus Maurus philosophiehistorisch in einem anderen Licht erscheinen lassen kann, ist die Grundannahme der nachfolgenden Überlegungen.

II Hrabans *De rerum naturis* im Lichte der literaturwissenschaftlichen Enzyklopädieforschung

Hrabans Werk *DRN* ist nach 842, jedoch vor seiner Ernennung zum Erzbischof von Mainz entstanden.[4] Mit dem Werk sind zwei Widmungsschreiben verbunden, die in der unkritischen Edition der PL dem Werk als *praefationes* vorangestellt sind. Das eine Schreiben richtet sich an König Ludwig den Deutschen, das andere an Bischof Haimo von Halberstadt, einen ehemaligen Mitschüler Hrabans.[5] Dem Brief an König Ludwig ist zu entnehmen, daß *DRN* ein Auftragswerk ist. Hraban sei vom König gebeten worden, ein Werk über die Eigentümlichkeiten der Sprache und die Bedeutung der mystischen Dinge zu verfassen.[6] Im Brief an Bischof Haimo stellt Hraban den Entstehungszusammenhang von *DRN* anders dar. Zum Zeitpunkt der Abfassung sei er – wie er schreibt – nicht mehr Abt von Fulda; er sei »von der Sorge um äußere Geschäfte befreit«.[7] In dieser Situation habe er für den von ihm verehrten Bischof, der im Gegensatz zu ihm »in den Dienst pastoraler Sorge erhoben« worden sei, etwas Schriftliches verfertigen wollen. Es solle Haimo in dessen prekärer Situation wohltuend und nützlich sein. »Mir ist«, so schreibt Hraban, »nämlich nicht unbekannt, welche Anfeindung du hattest, nicht nur von den Heiden, die dir benachbart sind, sondern auch von der Menge der Leute, die durch die Unverschämtheit und Unredlichkeit der Sitten deiner Väterlichkeit

4 Vgl. Heyse 1969; Brunhölzl 1982, S. 1–17; Enders 1996, S. 465–480; Böhne 1986, S. 606–610.

5 Vgl. Hrabanus Maurus *Epistola 36* und *37*.

6 »Nuper quoque quia vos, quando in praesentia vestra fui, compertum vos habere dixistis, aliquod opusculum me noviter confecisse de sermonum proprietate, et mystica rerum significatione; quod etiam a mea parvitate postulastis vobis dirigi, feci libenter quod petistis et ipsum opus vobis [...] transmisi [...]« (*Epistola 37*, S. 472, Z. 37–40).

7 Hierzu und zum folgenden: »Postquam me divina providentia ab exteriorum negotiorum cura absolvit, teque in pastoralis cure officium sublimavit, cogitabam, quid tuae sanctitati gratum et utile in scribendo conficere possem: quo haberes ob commemorationem in paucis breviter annotatum, quod ante in multorum codicum amplitudine, et facunda oratorum locutione dissertum copiose legisti. Neque enim mihi ignotum est, qualem infestationem habeas, non solum a paganis qui tibi confines sunt, sed etiam a populorum turbis, quae per insolentiam et improbitatem morum tuae paternitati non parvam molestiam ingerunt, et ob hoc frequenti orationi atque assiduae lectioni te vacare non permittunt.« (Hrabanus Maurus *Epistola 36*, S. 470, Z. 36–S. 471, Z. 6).

keinen geringen Verdruß bereitet haben und dir deshalb nicht erlauben, dich für den regelmäßigen Vortrag und die beständige Lektüre freizuhalten.« Hraban bietet ihm in dieser Situation eine von ihm verfaßte Schrift an, die »zur Vergegenwärtigung in wenigen [Bänden] das kurz verzeichnet [...]«, was Haimo zuvor an anderer Stelle, nämlich in einer Fülle von Büchern und in der gewandten Sprache der Redner ausführlich erörtert gelesen habe. *DRN* ist also nach Auskunft seines Verfassers ein Kompendium, das der raschen Auffrischung von (schon vorhandenem) Wissen dient. Näherhin ist es eine Zusammenstellung von Wissen, die in einer Missionssituation, also in der Seelsorge, notwendig und nützlich ist.

Hrabans Schrift orientiert sich, und auch das macht das Widmungsschreiben an Haimo deutlich, an einem Vorbild, den *Etymologien* des Isidor von Sevilla. In der Forschung werden beide Schriften als Exemplare der Gattung ›Enzyklopädie‹ klassifiziert. Dies ist einerseits problematisch, weil der Begriff ›Enzyklopädie‹ ein Terminus des ausgehenden Mittelalters bzw. der frühen Neuzeit (F. Pucciius 1490) ist.[8] Andererseits haben weder die Antike noch das Mittelalter einen eigenen Begriff für diese Textsorte ausgebildet, so daß es sich eingebürgert hat, den Terminus ›Enzyklopädie‹ auch avant la lettre zu benutzen.[9] Beide, *DRN* und die *Etymologien*, sind jedoch keine singulären Erscheinungen. Sie stehen vielmehr im Kontext einer größeren Tradition von Unternehmungen im spätantiken und frühmittelalterlichen lateinischen Kulturraum. Die Forschung sieht den letzten Ursprung dieser Textsorte im antiken Bildungsideal der ἐγκύκλιος παιδεία und seiner römischen Ausgestaltung in den *artes liberales* gegeben. Beiden Konzepten ist eigentümlich, das Wissen von der Welt, ihren Gegenständen und Sachverhalten in der Brechung der Inhalte einer Disziplinenvielfalt zu bieten.[10] Zu den Enzyklopädien der Spätantike und des beginnenden Mittelalters gehören als frühe einflußreiche Werke *De nuptiis Philologiae et Mercurii* des Martianus Capella, deren Datierung nicht zweifelsfrei geklärt ist, und die *Institutiones* des Mönches Cassiodor aus dem 6. Jahrhundert. Dem 6./7. Jahrhundert sind die enzyklopädischen Schriften Isidors von Sevilla zuzuweisen. Hierzu gehören vor allem die Schrift *Differentiae*, die den Ansatz einer enzyklopädischen Summe bietet, die 20 Bücher umfassende *Etymologiae* (*Origines*), ferner der *Liber numerorum*, eine Arbeit zur symbolischen Zahlenkunde sowie schließlich *De natura rerum*, ein Traktat zu

8 Vgl. Gruber 1986, hier Sp. 2031.

9 Vgl. z.B. Hummel 1982, S. 716–742, hier S. 716f. – Entsprechend unterscheidet das Historische Wörterbuch der Philosophie nicht nur zwischen ›Enzyklopädie‹ und ›Enzyklopädismus‹ – vielmehr legt Schalk 1972a, Sp. 573–575, überdies den Akzent klar auf die französischen Enzyklopädisten des 18. Jahrhunderts, von denen aus er auf – ausschließlich neuzeitliche – Vorläufer zurückblickt, während Schalk 1972b, Sp. 575–577, humanistische Autoren ins Zentrum stellt, nachdem zuvor nur pauschal auf mittelalterliche Enzyklopädien verwiesen worden ist: »Erst im Humanismus tut sich in Verbindung mit den Sprach- und Realienbüchern ein immer deutlicherer Zusammenhang auf, der die verschiedenen Wissenschaften miteinander verbindet« (Sp. 575).

10 Vgl. Gruber 1986, Sp. 2031ff.

Themen der Chronologie, Kosmologie und Astronomie. Diese zuletzt genannte Schrift wird dann zur Grundlage eines gleichnamigen Werkes, das Beda Venerabilis um 703 verfaßt, in das auch Stoffe der *Naturalis historia* des Plinius Eingang finden.

Eine im oben genannten Sinn perspektivisch geweitete philosophische Auseinandersetzung mit Hrabans *DRN* hat sich u.a. mit dem literarischen Genus der Schrift auseinanderzusetzen. Hier kann die philosophiehistorische Arbeit an die literaturwissenschaftliche Forschung der letzten anderthalb Jahrzehnte anknüpfen, die sich intensiv mit der Gattung der Enzyklopädie befaßt hat. Für den deutschsprachigen Raum ist insbesondere das von Christel Meier-Staubach geleitete Forschungsprojekt einschlägig: *Die Rolle der Enzyklopädie im Prozeß der Ausweitung pragmatischer Schriftlichkeit – Vom ›Weltbuch‹ zum Thesaurus sozialgebundenen Kulturwissens (12.–15. Jahrhundert)*. Es wurde im Rahmen des SFB 231 *Träger, Felder, Formen pragmatischer Schriftlichkeit im Mittelalter* an der Universität Münster durchgeführt. Im Zentrum dieses Projektes stehen u.a. die Enzyklopädien von Vinzenz von Beauvais, Bartholomäus Anglicus und Thomas von Cantimpré.

Auch wenn sich dieses mediävistische Forschungsvorhaben nur sehr beiläufig mit den Enzyklopädien der lateinischen Spätantike und des Frühmittelalters befaßt hat, so liefern doch insbesondere die Arbeiten von Christel Meier-Staubach ein Profil der Textsorte, das geeignet ist, in positiver Übernahme oder negativer Zurückweisung seiner Eigentümlichkeiten auch einige spezifische Merkmale des Hrabanischen Werkes zu bestimmen:[11] Hierzu gehören folgende Elemente: (1) Die mittelalterliche Enzyklopädie ist eine Akkumulation, eine umfassende Sammlung von Wissen, die einem spezifischen Ordnungsmuster folgt. (2) Verfügbares Wissen, das als akzeptiertes gelten kann und nicht selten einer langen Überlieferungskette entstammt, wird zweckorientiert zusammengestellt, wobei sich Werkform und Funktion gegenseitig bedingen. Inhalt und Form haben infolgedessen Folgen für den jeweiligen Legitimationsansatz und den Gebrauchswert einer Enzyklopädie. (3) Zum Profil der hochmittelalterlichen Enzyklopädie gehört ihr kompilatorischer Charakter. Vorhandenes Wissen wird aus den Werken allgemein anerkannter Autoren exzerpiert und zusammengestellt. So gewährleistet die authentische Wiedergabe der Lehre der Autoritäten einerseits Quellentreue und gibt dem Werk andererseits selbst Autorität. Die Enzyklopädie hat auf diese Weise eine feste Verbindung mit der Tradition. (4) Die Enzyklopädie des Mittelalters ist ein ›Weltbuch‹.[12] Sie vermittelt das Wissen von der Welt, ihren Gegenständen und Sachverhalten und konstituiert diese Welt zugleich im Prozeß der Vermittlung.

11 Vgl. zum folgenden: Busse 2005, S. 1–31; Meier-[Staubach] 1984, S. 467–500; Meier-[Staubach] 2002a, S. 11–24; Meier-[Staubach] 2002b, S. 511–532. Anregungen für die folgenden Überlegungen gab auch der Artikel von Biesterfeldt 2002, S. 43–83; Vgl. ferner Meier-[Staubach] 2003, S. 1–13.

12 Vgl. Meier-[Staubach] 1984 (vgl. Anm. 11), S. 477.

Weitere Möglichkeiten zur Bestimmung des spezifischen Charakters des Hrabanischen Werkes ergeben sich dadurch, daß man einige der Leitfragen der Untersuchungen Meier-Staubachs auf diese Schrift anwendet. Hierzu gehören u.a. die Frage nach dem Adressaten(-kreis) und der Funktion des Textes: Unterschieden werden könnte zwischen einer Bestandsaufnahme vorhandenen Wissens und dem Versuch, Wissen vor dem Vergessen zu retten. Zu fragen ist ferner nach den Ordnungsprinzipien. Welche sind es, die das Werk bestimmen? Werden sie neu formuliert oder von einem Vorgängerwerk übernommen oder wird eine vorgegebene Ordnung transformiert? Wie wählt der Autor die präsentierten Stoffe aus? Rezipiert oder integriert er neues Wissen? Welche Welt erschließt eine Enzyklopädie? Ferner ist der Stellenwert der Erfahrung in dem durch Autoritäten determinierten Textganzen zu bestimmen. Schließlich ist nach dem Praxisbezug zu fragen und nach einer eventuell vorhandenen Nutzenorientierung.

III *De rerum naturis*: Disziplinenübergreifendes Nachschlagewerk und geistliche Erbauungsschrift

Im Rahmen der literaturwissenschaftlichen Erforschung der Gattung der Enzyklopädie wurde auch ein Vorschlag zur Typisierung der Werke entwickelt. So unterscheidet Meier-Staubach unter funktionalem Aspekt folgende Grundtypen von enzyklopädischen Schriften:[13] politische Enzyklopädien (für den ›Staatsmann‹), Schulenzyklopädien, Klosterenzyklopädien, Predigerenzyklopädien, medizinische Enzyklopädien, Handels- und Gewerbeenzyklopädien im Gegensatz zu Universitätsenzyklopädien; Hausenzyklopädien und allgemeine Enzyklopädien. Zur letzten Gruppe zählt sie alle die Texte, die sich keiner Untergattung zuordnen lassen. Ausdrücklich nennt sie hier Hrabans *DRN*.

Wie alle anderen hier vorgestellten Forschungskategorien, so ist auch diese Klassifikation an Texten des 12. bis 15. Jahrhunderts gewonnen. Jedoch erweist sie sich für den Hraban-Text anders als die übrigen referierten Untersuchungsaspekte als wenig hilfreich. Denn die Typisierung spiegelt das Vorhandensein abgegrenzter und spezialisierter Wissensfelder wieder, die wiederum Arbeitsteiligkeit und praktizierte Disziplinenvielfalt voraussetzen. Diese aber bilden sich erst im Zuge der Rationalisierungsbestrebungen des 12. und 13. Jahrhunderts, beispielsweise in den Zünften und Schulen, heraus. Überblickt man die Inhalte von *DRN*, so bietet der Text alles andere als Spezial- oder Spezialistenwissen. Im Brief an König Ludwig den Deutschen schreibt Hraban dazu:

> So also habe ich zuerst schreibend einiges von diesem obersten Guten und von unserem wahren Schöpfer erörtert, d.h. von Vater, Sohn und Hl. Geist, dem einen und allmächtigen Gott […] Danach aber habe ich von den himmlischen und irdischen Geschöpfen gehandelt, nicht nur von der Natur, sondern auch von ihren Kräften und Wirkungen: […] Und weil es

13 Vgl. Meier-[Staubach] 2002b, S. 520–532.

mir nicht zukommt, von den heiligen Menschen, die im Alten und Neuen Testament erwähnt werden, und ihren mystischen Handlungen zu schweigen, und auch nicht von den Orten, an denen sie wohnten, habe ich es für gut befunden, ihre Namen und zugleich die der Orte aus der hebräischen in die lateinische Sprache zu übersetzen, um damit leichter die mystische Bedeutung erklären zu können. Ich habe auch im vorliegenden Werkchen nicht weniges über den katholischen Glauben und die christliche Religion hinzugefügt; und [ich habe von dem geschrieben, was dazu] im Gegensatz [steht]: über den Aberglauben der Heiden, über den Irrtum der Häretiker, über die Philosophen und Magier und die falschen Götter, über die Sprache der Heiden, über die Reiche und das Zivil- und Militärvokabular und die Verwandtschaften; über die Steine, Hölzer und Kräuter, die auf der Erde entstehen, über die verschiedenen Künste und Bauwerke und über vieles andere mehr […].[14]

Diese Aufzählung Hrabans, die er ausdrücklich als unvollständig charakterisiert, zeigt nicht nur das weite Spektrum der Gegenstände, die in dieser Schrift erfaßt werden. Sie macht auch deutlich, daß *DRN* ein fächer- und disziplinenübergreifenden Insgesamt von Wissen von den himmlischen und den irdischen Dingen bietet. Die Schrift handelt also von der Wirklichkeit im Ganzen und dies unter spezifisch christlicher Perspektive. Es präsentiert mit anderen Worten ein christlich geprägtes und aus christlicher Perspektive strukturiertes und gewichtetes Universalwissen.

Die vermeintliche ›Allgemeinheit‹ von *DRN* hat jedoch nicht nur mit der Diversität der Gegenstände zu tun, die das Werk behandelt, sondern auch mit den Zwecken, die Hraban mit der Abfassung der Schrift verfolgt. Die Briefe an Haimo von Halberstadt und König Ludwig den Deutschen machen unabhängig von aller Prolog-Topik und der Frage, wie man Hrabans widersprüchliche Angaben zum Entstehungszusammenhang der Schrift deuten will, zwei Zielrichtungen deutlich. Zum einen dient *DRN* – so Hraban in seinem Brief an Bischof Haimo – als komprimierte Zusammenstellung christlich akzentuierter universaler Wissensinhalte der schnellen Informationsauffindung. In dem anderen Schreiben heißt es, daß *DRN* das geistige Wachstum, die geistliche Übung und damit die Erlangung der Weisheit seines Lesers befördern solle.[15]

14 »Sic ergo primum de ipso summo bono et vero conditore nostro, hoc est Patre et Filio et Spiritu sancto, uno et solo omnipotente Deo […] Postea vero de caelestibus et terrestribus creaturis, non solum de natura, sed etiam de vi et effectibus earum, sermonem habere institui […] Et quia de sanctis hominibus, qui in vetere et novo testamento commemorantur, eorumque actionibus mysticis, necnon et de locis, in quibus habitabant, silere me non convenit, nomina ipsorum, simul et locorum ex Hebraica lingua in Latinam transferre placuit, ut inde facilius mysticam significationem explanare possem. Addidi quoque in presenti opusculo non pauca de fide catholica et religione christiana ; et e contrario de gentilium superstitione et hereticorum errore, de philosophis et magis atque falsis diis, de linguis gentium, de regum et militum, civiumque vocabulis atque affinitatibus ; de hoine et partibus eius, et reliquis animantibus ; de lapidibus, lignis et herbis, quae in terra gignuntur ; de variiartibus atque artificiis et aliis multis […]« (Hrabanus Maurus *Epistola 37*, S. 437, Z. 11–27).

15 Hierzu und zum folgenden: »Tu autem […] acceptis his, quae tibi transmisi, utere eis, ut decet, et tam tibi, quam illis, qui sub tuo regimine sunt constituti, ea utilia esse permitte, quatinus tuum bonum studium multis proveniat ad spiritualem profectum, et fiat tam tibi, quam illis, spirituale exercitium atque caelestis gaudii incrementum« (Hrabanus Maurus *Epistola 37*, S. 473, Z. 33–37).

Da im Falle dieses Briefes der von Hraban ins Auge gefaßte Leser König Ludwig selbst ist, solle das Werk mittelbar über eine von ihm inspirierte gute Herrschaft schließlich auch seinen Untertanen nützen. Die Enzyklopädie Hrabans ist also alles zusammen: disziplinenübergreifendes Nachschlagewerk für alle wichtigen, die gesamte Wirklichkeit betreffenden Glaubens- und Wissensinhalte, ferner Pastoral- bzw. Predigthilfe und schließlich geistliche Erbauungsschrift.[16]

IV Enzyklopädie und Wissensraum

Daß ein und dasselbe Werk Wissensbuch bzw. Nachschlagewerk und spirituelle Erbauungsschrift in einem sein kann, zugleich also inhaltlich divergierenden Zielen dient, hat zum einen mit der von Hraban gewählten äußeren Reihenfolge der in *DRN* präsentierten Stoffe zu tun. Aufgrund der gemeinsamen Lektüre mit Haimo waren ihm »kunstfertige Untersuchungen der Weltweisen über die Naturen der Dinge [bekannt], die sie aus einer Beschreibung der artes liberales und einer Untersuchung der übrigen Dinge zusammengestellt hatten.«[17] Gemeint ist mit dieser Beschreibung vor allem Isidors von Sevilla *Etymologiae*.[18] Dieser hatte seine Stoffe in der Weise angeordnet, daß er zunächst die *artes liberales* behandelt, um danach Inhalte der Medizin, des Rechts und des Glaubenswissens vorzustellen. Es folgen Ausführungen zu den Sprachen; sodann werden soziale Kenntnisse vermittelt und im Anschluß daran Gegenstände der Naturkunde, der Zoologie, der Kosmologie, der Geographie und Sachverhalte aus den Bereichen der Kultur.

Wie die bereits zitierte Stelle aus dem Brief an König Ludwig zum Inhalt der Enzyklopädie zeigt, übernimmt Hraban diese Reihenfolge für sein Werk nicht. Er orientiert sich vielmehr zunächst an einem Deszendenzmodell und ordnet seine Gegenstände beginnend mit Aussagen zu Gott und der Trinität. Es folgen die übrigen Wissensinhalte, wobei er Elemente einer Seinshierarchie mit denen der Heilsgeschichte verbindet. Während Isidor die Inhalte seiner Enzyklopädie nach Disziplinen gliedert, in dem er mit den Inhalten der *artes* beginnt und darauf das übrige nicht-artistische Wissen darlegt, bietet Hraban ein Wissensuniversum, das nicht nach Disziplinen oder Wissensbereichen eingeteilt ist und keine Trennung von religiösem und säkularem Wissen kennt. Sieht man einmal davon ab, wie stringent diese Ordnung in *DRN* durchgehalten ist, so bietet das Deszendenzmodell eine einheitsstiftende Perspektive. Sie macht es möglich, daß das Insgesamt der Gegenstände und Sachverhalte der Weltwirklichkeit nicht nur einfach abgehandelt wird, sondern darüber hinaus im einheitlichen Licht einer einzigen Deutung gesehen werden kann,

16 Vgl. dazu auch Enders 1996 (Anm. 4), S. 465–467.

17 »[…] huius mundi sapientium de rerum naturis solertes inquisitiones, quas in liberalium artium discriptione, et ceterarum rerum investigatione composuerunt […]« (Hrabanus Maurus *Epistola 36*, S. 470, Z. 34–35).

18 »Haec enim omnia mihi sollicite tractanti venit in mentem, ut iuxta morem antiquorum, qui de rerum naturis et nominum atque verborum ethimologiis plura conscripsere […]« (Hrabanus Maurus *Epistola 36*, S. 471, Z. 7–9).

im vorliegenden Fall im Licht einer einheitlichen christlichen Glaubensdeutung. Jedoch ist nicht nur die Anordnung der Inhalte von Bedeutung, sondern auch deren Aufbereitung und deutende Erschließung.

Daß *DRN* in der Lage ist, mehrere Zwecke zu erfüllen, hat zum anderen aber auch mit der von Hraban für sein Werk gewählten systematischen Ordnung zu tun, die er in seinem Schreiben an König Ludwig so charakterisiert:

> Es finden sich nämlich in ihm viele Darstellungen von den Naturen der Dinge und den Eigentümlichkeiten der Worte und sicherlich auch von der mystischen Bedeutung der Dinge. Dies habe ich deshalb so geglaubt einordnen zu müssen, daß ein kluger Leser die historische und mystische Erklärung der einzelnen Dinge kontinuierlich angeordnet findet: und so kann er auf gewisse Weise sein Bedürfnis befriedigen, in ihm wird er den Ausdruck der historischen Erzählung und der Allegorie finden.[19]

Hraban schreitet also programmatisch von der Grammatik über die Geschichte zum mystischen Sinn der Dinge fort.[20] Und genau diese mystische Dimension unterscheidet seine Enzyklopädie von den *Etymologien* Isidors. Zwar hatte auch dieser seiner Schrift zusätzlich zur Gliederung nach Wissensgebieten eine an der Sprache orientierte Ordnung gegeben. Isidor orientierte sich an grammatischen Kategorien, insbesondere an der der Etymologie, womit die Grammatik ihm zur Methode des Zugangs zu jeder Art von Kenntnissen von der Weltwirklichkeit wurde.[21] Aber Isidor ging letztlich nicht über diese etymologisch orientierte Sicht hinaus. Wie anders demgegenüber Hrabans Vorgehensweise ist, soll am Beispiel des Wortes ›vitis‹, ›Rebe‹, illustriert werden.

Hraban beginnt seine Ausführungen zum Stichwort ›Rebe‹ mit einem etymologischen Hinweis.[22] Die Rebe heiße im lateinischen ›vitis‹, weil in ihr die Kraft (vis) steckt, ziemlich schnell Wurzeln zu schlagen. Sodann verweist Hraban auf andere, die denken, daß die Reben ›vites‹ genannt würden, weil sie sich untereinander gleichsam mit Bändern (vittae) verschlingen. Nach diesen etymologischen Bemerkungen entwickelt Hraban den mystischen Sinn des Begriffs. Hier verweist er darauf, daß unter dem Begriff des Weinberges die Kirche oder das Volk Gottes verstanden werden kann. Es folgen Belege aus dem Alten Testament (zwei Belege aus dem Buch *Jesaia* und ein Beleg aus den *Psalmen*) für die Gleichsetzung von Weinberg und Volk Israel. Im Anschluß daran weist Hraban darauf hin, daß alles, was vom Weinberg gesagt werde,

19 »Sunt enim in eo plura exposita de rerum naturis, et verborum proprietatibus, necnon etiam de mystica rerum significatione. Quod idcirco ita ordinandum estimavi, ut lector prudens continuatim positam inveniret historicam et mysticam singularum rerum explanationem, et sic satisfacere quodammodo posset suo desiderio, in quo et historiae et allegoriae inveniret manifestationem« (Hrabanus Maurus, *Epistola 37*, S. 473, Z. 3–7). – Ähnlich auch Hrabans Äußerung im Brief an Haimo: »[…] ipse tibi aliquod opusculum conderem, in quo haberes scriptum non solum de rerum naturis et verborum proprietatibus, sed etiam de mystica earundem rerum significatione, ut continuatim positam invenires hystoricam et mysticam singularum rerum expositionem« (Hrabanus Maurus *Epistola 36*, S. 471, Z. 9–12).

20 Vgl. Brunhölzl 1982 (Anm. 4) und zustimmend auch Enders 1996 (Anm. 4), S. 466.

21 Vgl. Fontaine 1991, Sp. 677–680.

22 Hrabanus Maurus *De rerum naturis,* XIX cap. 4.

auch auf den Zustand der menschlichen Seele übertragen werden könne, und wenn einer dies alles sorgfältig prüfe und betrachte, so könne er es in geistlicher Weise auch in den Vorschriften der Kirche wiederfinden.

Verweist also der Begriff, in diesem Fall der der Rebe, in einer ersten Dimension auf die sinnlich wahrnehmbare Welt, so eröffnet er in seiner mystischen Lesart den Zugang zu einer neuen Welt, der Welt der Heilsgeschichte und der Taten Gottes.[23] Diese zweite Dimension ist jedoch deutlich unterbestimmt, wenn man sie als eine versteht, welche die erste nur ergänzt. Vielmehr ist die Sache, in diesem Fall die Rebe, erst dann angemessen verstanden, wenn man sie als ein letztlich auf Gott verweisendes Zeichen erfaßt. Die Hinzufügung einer zweiten Ebene reflektiert somit einen fundamentalen Unterschied im Welt- und Wissensverständnis gegenüber einem nur säkularen Blick auf die Welt. Der *ordo rerum* erweist sich damit als ein doppelter. Hinter der sichtbaren Welt verbirgt sich eine zweite, die eigentliche, zu der nur derjenige Zugang hat, der die Begriffe in ihrer doppelten Zeichenhaftigkeit zu lesen versteht.

Diesen Gedanken der Zeichenhaftigkeit der Begriffe und der Zeichenhaftigkeit der Welt hat Hrabanus Maurus dem Werk Augustins entlehnt. *De doctrina Christiana* entwickelt ihn im Kontext der Frage nach einer Methode der Schriftauslegung. *De magistro* entfaltet die Zeichenlehre im Blick auf die Frage nach den Inhalten des Lehrens und Lernens. Mit der Umsetzung der Augustinischen Zeichenlehre in *DRN* wird das sach- und begriffsbezogene Handbuch zugleich zum spirituellen Lesebuch. Dem Christen erschließt sich nicht nur der Literalsinn biblischer und anderer Begriffe, mit denen er die Weltwirklichkeit erfaßt, sondern er lernt auch die mit ihnen bezeichneten Dinge in ihrem Verweischarakter zu erkennen. Die Welt wird zum zweiten Offenbarungsbuch, die Welt ist lesbar.[24] Beleg für diese Deutung der Welt als Offenbarungsschrift ist die Organisation von *DRN*. Die Abfolge der Wissensinhalte entspricht nicht nur einem hierarchisch gedachten Weltaufbau, sondern die

23 Vgl. Meier-[Staubach] 1992, S. 157–175, hier S. 158–160, die zunächst kurz die Differenzen zwischen Isidor und Hraban hinsichtlich der Gliederung der beiden Werke darstellt. Dabei stützt sie sich auf Heyse 1969 (vgl. Anm. 4). Meier registriert ausdrücklich als Desiderat, daß »[d]ie genaue Interpretation seines [Hrabans] Verfahrens [...] auch nach Heyses hilfreichen Quellennachweisen noch aus[steht]« (S. 159, Anm. 16). Im Anschluß kommt Meier dann auch auf Hrabans allegorisierende Interessen als wichtige Neuerung zu sprechen, aber nur insofern diese zu Modifikationen der Vorlage, also von Isidors *Etymologiae* hinsichtlich der Gliederung führt: »Eine weitere Anregung steht sicher im Zusammenhang mit der anderen Neuerung Hrabans, der Zufügung der Deutungsebene in der Enzyklopädie. Sie komplettiert die abgebildete sinnlich wahrnehmbare Welt und ihre Bezeichnungen durch die geistige Signifikanz der Dinge [...] Für Hraban ist erst mit dieser Ergänzung des Weltbildes um die zweite Dimension, worin der *ordo rerum* sich doppelt spiegelt, die Vollständigkeit des Universalbuchs erreicht.« (S. 159f.). Die Frage nach der Bedeutung der Allegorese, d.h. des hinter ihr stehenden Verständnisses des Verhältnisses von Dingen und Zeichen, für Hrabans Wissens- bzw. Wissenschaftsauffassung bleibt, soweit ich sehe, nicht nur unbeantwortet, sondern sogar ungestellt.

24 Meier-[Staubach] 1992, S. 160.

Bucheinteilung selbst ist orientiert an der Offenbarungsschrift, deren Erschließung die Enzyklopädie als ganze dienen soll: Sie hat – wie Hraban ausdrücklich im Widmungsschreiben an König Ludwig vermerkt – in Anlehnung an die Zählung der alttestamentlichen Schriften durch Hieronymus 22 Bücher.[25] Das Buch des Wissens von der Welt und das Alte Testament haben die gleiche Grundstruktur. Schon mit diesem Hinweis ist aber klar, daß Hraban – ganz im Sinn Augustins – von einer fundamentalen hermeneutischen Mehrschichtigkeit der Welt ausgeht, in die sein eigenes Werk einbezogen wird.

V Die Heilsbedeutsamkeit des Wissens

Die vorliegenden Überlegungen haben die Enzyklopädie *DRN* des Hrabanus als eine universale Welt- und Daseinsdeutung eingestuft, welche die Welt als Schöpfungswirklichkeit versteht, die zeichenhaft auf ihren Schöpfer verweist und damit Raum des Wissens von der Heilswirklichkeit ist. Zur Weltwirklichkeit als einem Raum des Wissens erster Stufe verhält sich die Enzyklopädie als Repräsentant des Insgesamt von Wissens von eben dieser Welt als ein Raum des Wissens zweiter Stufe. Welche Bedeutung kommt nun diesem Wissen zu, das die Enzyklopädie vermittelt?

Wissenserwerb und Wissensbesitz haben für Hraban – und das macht er an vielen Stellen seines Werkes, u.a. auch in der *Institutio clericorum* deutlich – einen individuellen Nutzen.[26] Der Prozeß menschlicher Vervollkommnung ist auf Welt-, insbesondere aber auf Heilswissen angewiesen. Dabei liegt für Hraban das Hauptaugenmerk bei jeglichem Wissenserwerb ganz auf dem biblischen Wissen, was verständlich macht, wieso Hraban so sehr an den Schriftkommentaren gelegen ist. Wissen hat für Hraban infolgedessen auch eine eminent pastorale Relevanz. Wer kein theologisches, medizinisches oder historisches Wissen besitzt, sich in Rhetorik und Logik nicht auskennt und über keine Kenntnis der Sitten und der moralischen Verpflichtungen verfügt, kann nicht nur selbst nicht lehren. Er kann – so Hraban – weder den Nutzen all dieses Wissens angemessen bestimmen noch es zum Wohl der ihm anvertrauten Menschen richtig anwenden. Der Kleriker muß also in erster Linie um des Wohlergehens der ihm anvertrauten Menschen willen Wissen besitzen und ausgebildet sein.

Alles Wissen ist infolgedessen gut und muß gesammelt und vermittelt werden, das den Menschen in die Lage versetzt, den Weg der Vervollkommnung des eigenen Wesens zu finden und ihn bis zu seinem Ziel zu gehen. Dieser Maßstab hat zur Konsequenz, daß – anders als heute – nicht einzelwissenschaftliches, erst recht nicht anwendungsorientiertes, sondern universalistisches

25 »Decrevi enim hoc totum opus […] in viginti duos libros dispertiri: sub quo numero vetus testamentum legis divine interpres beatus Hieronimus complexum se asseruit […]« (Hrabanus Maurus *Epistola 37*, S. 473, Z. 29–31); vgl. dazu auch: »Sed Hebraei viginti duo elementa litterarum secundum Veteris Testamenti libros utuntur […]« (Isidorus Hispalensis *Etymologiarum sive originum*, I, III, 4). – An dieser Stelle sei Clemens Bayer (Bonn) für wertvolle Hinweise zu diesem Beitrag gedankt.

26 Vgl. hierzu und zum folgenden: Dreyer 2006, S. 35–49.

Wissen, das Welt- und Daseinsdeutung gibt, das im höchsten Maß nützliche und folglich zu pflegende und zu verbreitende Wissen ist. Die philosophiehistorisch zu würdigende Leistung Hrabans ist es, in seiner Schrift *DRN* nicht nur ein Insgesamt von Wissen von der Welt und ihren Gegebenheiten zusammengestellt zu haben, sondern mit dem Konzept der Zeichenhaftigkeit der Schöpfung eine Welt- und Daseinsdeutung formuliert zu haben, die das Wissen von der Welt und die gelingende Lebenspraxis in einen unauflösbaren Zusammenhang bringt.

Literaturverzeichnis

Quellen

Hrabanus Maurus

Epistolae

Hrabanus Maurus: *Epistolae,* in *Epistolae Karolini Aevi III* (Monumenta Germaniae Historica V, 379–516).

De rerum naturis

Hrabanus Maurus: *De rerum naturis* (PL 111, 9–614).

Andere mittelalterliche Quellen

Isidorus Hispalensis *Etymologiarum sive originum*

Isidorus Hispalensis: *Etymologiarum sive originum,* I, ed. W. M. Lindsay, Oxford 1957.

Abhandlungen

Armstrong 1967

Arthur Hilary Armstrong: »Introductory«, in *The Cambridge History of Later Greek and Early Medieval Philosophy,* hg. von Arthur Hilary Armstrong, Cambridge 1967, 1–9.

Biesterfeldt 2002

Hans Hinrich Biesterfeldt: »Arabisch-islamische Enzyklopädien: Formen und Funktionen«, in *Die Enzyklopädie im Wandel vom Hochmittelalter bis zur frühen Neuzeit,* hg. von Christel Meier-[Staubach] (Münsterische Mittelalter-Schriften 78), München 2002, 43–83.

Böhne 1986

Winfried Böhne: »Hrabanus Maurus«, in *Theologische Realenzyklopädie,* XV (1986), 606–610.

Böhner/Gilson 1954
Philoteus Böhner, Etienne Gilson: *Christliche Philosophie von ihren Anfängen bis Nikolaus von Cues*, Paderborn 1954, 261–286.

Brunhölzl 1982
Franz Brunhölzl: »Zur geistigen Bedeutung des Hrabanus Maurus«, in *Hrabanus Maurus. Lehrer, Abt und Bischof*, hg. von Raymund Kottje, Harald Zimmermann (Akademie der Wissenschaften und der Literatur, Einzelveröffentlichung 4), Wiesbaden 1982, 1–17.

Busse 2005
Wilhelm Busse: Enzyklopädie und Summe. Ordnungstypen des Wissens. Lehreinheit 2, in *5. Interdisziplinäre Sommer-Akademie: Wissenschaftskosmos im Mittelalter*, Heinrich-Heine-Universität Düsseldorf 2005.

Copleston 1975
Frederick Charles Copleston: *Geschichte der Philosophie im Mittelalter*, München 1976.

Dreyer 2006
Mechthild Dreyer: »Alkuin und Hrabanus Maurus: Wozu Wissen?«, in *Hrabanus Maurus, Gelehrter, Abt von Fulda und Erzbischof von Mainz. Neues Jahrbuch für das Bistum Mainz*, hg. von Franz-Josef Felten, Barbara Nichtweiss, Mainz 2006, 35–49.

Dreyer 2003
Mechthild Dreyer: »Die Philosophie und ihre Geschichte«, in *Theologie und Philosophie 78* (2003) 406–414.

Enders 1996
Markus Enders: »Die Bestimmung der wahren Philosophie bei Hrabanus Maurus in ihrem geschichtlichen Zusammenhang«, in *Kloster Fulda in der Welt der Karolinger und Ottonen*, hg. von Gangolf Schrimpf, Frankfurt/M. 1996, 465–480.

Flasch 2000
Kurt Flasch: *Das philosophische Denken im Mittelalter. Von Augustin zu Machiavelli*, Stuttgart 2000.

Fontaine 1991
Jacques Fontaine: »Isidor von Sevilla«, in *Lexikon des Mittelalters*, V (1991), 677–680.

Gruber 1986
Joachim Gruber: »Enzyklopädie, Enzyklopädik«, in *Lexikon des Mittelalters*, III (1986), 2031–2039, 2031f.

Heyse 1969
Elisabeth Heyse: *Hrabanus Maurus' Enzyklopädie »De rerum naturis«. Untersuchungen zu den Quellen und zur Methode der Kompilation* (Münchener Beiträge zur Mediävistik und Renaissance-Forschung 4), München 1969.

Hummel 1982
Gert Hummel: »Enzyklopädie«, in *Theologische Realenzyklopädie*, IX (1982), 716–742.

Kluxen 1981
Wolfgang Kluxen: »Leitideen und Zielsetzung philosophiegeschichtlicher Mittelalterforschung«, in *Sprache und Erkenntnis im Mittelalter*, hg. von Wolfgang Kluxen (Miscellanea Mediaevalia 13,1), Berlin 1981, 1–16.

Kluxen 1988
Wolfgang Kluxen: »Die geschichtliche Erforschung der mittelalterlichen Philosophie und die Neuscholastik«, in *Christliche Philosophie im katholischen Denken des 19. und 20. Jahrhunderts*, II, hg. von Emerich Coreth, Walter M. Neidl, Georg Pfligersdorffer, Graz 1988, 362–389.

Marenbon 1981
John Marenbon: *From the Circle of Alcuin to the School of Auxerre*, Cambridge 1981, 7.

Meier-[Staubach] 1984
Christel Meier-[Staubach]: »Grundzüge der mittelalterlichen Enzyklopädik. Zu Inhalten, Formen und Funktionen einer problematischen Gattung«, in *Literatur und Laienbildung im Spätmittelalter und in der Reformationszeit.* Symposion Wolfenbüttel 1981, hg. von Ludger Grenzmann, Karl Stackmann (Germanistische Symposien V), Stuttgart 1984, 467–500.

Meier-[Staubach] 1992
Christel Meier-[Staubach]: »Vom Homo Coelestis zum Homo Faber«, in *Pragmatische Schriftlichkeit im Mittelalter*, hg. von Hagen Keller (Münsterische Mittelalter-Schriften 65), München 1992, 157–175.

Meier-[Staubach] 2002a
Christel Meier-[Staubach]: »Einführung«, in *Die Enzyklopädie im Wandel vom Hochmittelalter bis zur frühen Neuzeit*, hg. von Christel Meier-[Staubach] (Münsterische Mittelalter-Schriften 78), München 2002, 11–24.

Meier-[Staubach] 2002b
Christel Meier-[Staubach]: »Enzyklopädischer Ordo und sozialer Gebrauchsraum. Modelle der Funktionalität einer universalen Literaturform«, in *Die Enzyklopädie im Wandel vom Hochmittelalter bis zur Frühen Neuzeit*, hg. von Christel Meier-[Staubach] (Münsterische Mittelalter-Schriften 78), München 2002, 511–532.

Meier-[Staubach] 2003
Christel Meier-[Staubach]: »Enzyklopädien«, in *Schrift im Wandel. Wandel durch Schrift. Die Entwicklung der Schriftlichkeit im Mittelalter*, hg. von Franz-Josef Arlinghaus, Turnhout 2003 (CD-ROM), 1–13.

Schalk 1972b
F. Schalk: »Enzyklopädismus«, in *Historisches Wörterbuch der Philosophie*, II (1972), 575–577.

Schalk 1972a
F. Schalk: »Enzyklopädie«, in *Historisches Wörterbuch der Philosophie*, II (1972), 573–575.

Schmidinger 1992
Heinrich M. Schmidinger: »Scholastik«, in *Historisches Wörterbuch der Philosophie*, VIII (1992), 1332–1342.

SCHRIMPF 1995
GANGOLF SCHRIMPF: »Frühscholastik«, in *Lexikon für Theologie und Kirche,* IV (1995), 204–210.

SCHRIMPF 1987
GANGOLF SCHRIMPF: »Bausteine für einen historischen Begriff der scholastischen Philosophie«, in *Philosophie im Mittelalter. Entwicklungslinien und Paradigmen,* hg. von JAN P. BECKMANN, LUDGER HONNEFELDER, GANGOLF SCHRIMPF, GEORG WIELAND, Hamburg 1987, 1–25.

SCHRIMPF 1975
GANGOLF SCHRIMPF: »Der Ursprung des mittelalterlichen Philosophiebegriffs in der karolingischen Kultur«, in *Thomas von Aquin im philosophischen Gespräch,* hg. von WOLFGANG KLUXEN, Freiburg 1975, 171–184.

WIELAND 1996
GEORG WIELAND: »Hochscholastik – I. 12. Jahrhundert«, in *Lexikon für Theologie und Kirche,* V (1996), 178f.

Archa Verbi 4 (2007) 142–154

Bibel, Tradition, Seelsorge
Zu Grundlagen und Perspektiven Hrabans

von RAYMUND KOTTJE

Über Hraban als Kenner und Erklärer der Bibel ist schon viel geschrieben und geforscht worden, auch noch in den letzten Jahren.[1] Ebenso wissen wir viel über seine Kenntnis der altkirchlichen Tradition, seine Benutzung der patristischen Literatur bis hin zu Beda[2] sowie über seine Vertrautheit mit der kirchlichen Rechtsüberlieferung: den päpstlichen Dekretalen und den Bestimmungen ost- und westkirchlicher Konzilien, die ihm durch die alten kirchlichen Rechtssammlungen Dionysiana und Hispana, Quesnelliana und Cresconius zugänglich waren, sodann über seine Kenntnis der karolingischen Konzilien, einiger Bußbücher und anscheinend auch der germanischen Volksrechte.[3] Weniger hat man sich expressis verbis mit Hraban als Seelsorger beschäftigt, mit seinen seelsorglichen Interessen und Praktiken.[4] Für sein Verhältnis zu Bibel und Tradition ist ein reiches Material zusammengetragen worden und für sein Wirken als Seelsorger liegen viele Einzelfeststellungen vor. Gefragt worden ist aber noch nicht, inwieweit Bibel und Tradition sein Denken und Wirken, auch das als Seelsorger, geprägt haben. Dienten etwa die von ihm zitierten biblischen, patristischen und kirchenrechtlichen Texte nur zur Stütze von Meinungen, Entscheidungen oder Urteilen, die Hraban auf Grund von Herkommen oder Gewohnheit gewonnen hatte, oder waren sie grundlegend für sein Denken und seine Praxis?

Die Mehrzahl der sehr zahlreichen Werke Hrabans bilden seine Erklärungen fast aller biblischen Bücher des Alten und des Neuen Testaments.[5] Aber nicht allein sie sind Zeugen seiner umfassenden Bibelkenntnis. Sie kommt auch zum Ausdruck in seinen Briefen und mehr oder weniger umfangreich in fast allen übrigen Werken, selbst in seinen Stellungnahmen zu kirchenrecht-

1 Vgl. FELTEN/NICHTWEISS 2006; KOTTJE 2006, S. 191 f.; HAARLÄNDER 2006; KOTZUR 2006. Die Beiträge zum Kongreß »Raban Maur (780–856) et son temps«, Lille-Amiens 5–8 juillet 2006 wie die der Tagung in Fulda, »Kirche und Schrift. Das Wirken des Hrabanus Maurus in Fulda«, September 2006, hg. von MARC AEILKO ARIS, befinden sich im Druck.

2 Vgl. z.B. den Brief Hrabans an Erzbischof Otgar von Mainz 842: »ut de canonibus et sanctorum patrum sententiis breviter excerperem […]« *Epistolae* (MGH Epistolae V, S. 462 Z. 30f.) und den an Bischof Heribald von Auxerre 853: »[…] quae in sacris canonibus inde explicata repperi […] In libris veteris et novi testamenti […] De quibus pauca hic inserere curavi.« (ebd. S. 511 Z. 1.3.5f.).

3 Vgl. HRABANUS MAURUS *Poenitentium* c. 3: »[…] non solum lex damnat, sed etiam evangelica auctoritas« (PL 112, Sp. 1406A).

4 Aus neuerer Zeit nur HÄGELE 1980, S. 77–93.

5 Vgl. BERARDUCCI 2006; KOTTJE (im Druck).

lichen Fragen, insbesondere im Zusammenhang mit der Ehe und dem Verwandtschaftsgrad als Ehehindernis. Viele Schriften sind entstanden auf Bitten oder Fragen von anderen hin, manche aus dem Unterricht erwachsen. Die meisten, die sich an ihn wandten, auch Kaiser und Könige, haben dies getan, weil er in Fragen, die aus der Bibel zu beantworten waren oder für die man auf eine Antwort aus der Bibel glaubte hoffen zu können, als Autorität angesehen wurde.[6]

In der Tat war die Bibel ihm nicht nur vertraut, er lebte aus ihr. Sie war eine wesentliche Grundlage seines Denkens. Das zeigt sich von den Anfängen seines schriftstellerischen Schaffens mit *De laudibus sanctae crucis*[7] an bis zu seiner wahrscheinlich letzten Schrift *De anima*[8]. Zwar hat er in den verschiedenen Werken in ungleicher Dichte aus der Bibel geschöpft. Das ergab sich von der Sache her. So hat er in dem auf die Bildung der Kleriker ausgerichteten Werk *De institutione clericorum* relativ wenige Bibelzitate angeführt,[9] während seine Antworten auf vor allem Moral und Eherecht betreffende Fragen von Chorbischof Reginbald von Mainz[10] und von Abt Hatto, seinem Nachfolger in Fulda[11], gefüllt sind mit Verweisen auf die Bibel. Bemerkenswert zahlreich und grundlegend für seine Argumentation sind auch die Bibelzitate in seiner an Ludwig den Frommen 834 gerichteten Schrift über die Achtung der Kinder gegenüber den Eltern.[12] Ebenso ist hinzuweisen auf den Gebrauch und die Bedeutung der Bibel in seinen Bußbüchern. In seinem Widmungsbrief an Bischof Heribald zu seinem für ihn verfaßten Bußbuch weist er nachdrücklich auf die grundlegende Bedeutung der Heiligen Schrift als Richtschnur für das Handeln hin; er greife deshalb fast immer dann auf die Bibel zurück, wenn er ein von den überlieferten Satzungen abweichendes Urteil vertrete.[13]

Dabei stützte er sich auf die Heilige Schrift in ihrer ganzen Breite, wenn auch mit einem gewissen Schwerpunkt auf den Büchern des Alten Testaments.[14] Entscheidend war der jeweilige sachliche Zusammenhang. Insgesamt ist festzustellen, daß für die Beurteilung der Frage, welche Rolle in Hrabans Denken und Schreiben die Bibel spielte, die Zahl der zitierten Texte weniger wichtig ist als ihre unabhängige Benutzung und Auswertung. Auf sie wurde soeben im Zusammenhang mit den Bußbüchern hingewiesen, und sie läßt sich in fast allen seinen Schriften belegen.

6 Vgl. u.a. die Bitten Frechulfs von Lisieux, Hilduins von Saint-Denis, des Lupus von Ferrières, Humberts von Würzburg und Kaiser Lothars I. in *Epistolae* (MGH Epistolae V), S. 392, 396, 402 f., 429f., 439f., 443 f.

7 Vgl. Hrabanus Maurus *In honorem* (CChr.CM 100). Zur Bibelzitation vgl. Perrin 1988, S. 235 f.; Ferrari 1999, S. 34 und 266f.

8 Hrabanus Maurus *De anima* (PL 110); vgl. Mähl 1969, S. 142–146.

9 Vgl. Hrabanus Maurus *De institutione clericorum*, S. 590 (Register).

10 Hrabanus Maurus *Epistolae* (MGH Epistolae V), S. 448–454.

11 Ebd. S. 455–462.

12 Ebd. S. 404–415.

13 Vgl. ebd. S. 510f.

14 Vgl. die Mehrzahl der alttestamentlichen Zitate in den zuvor genannten Schriften.

Ebenso ist nach der Bedeutung der Tradition für Hraban zu fragen. Zunächst ist zu beobachten, daß die Kirchenväter bis zu Isidor von Sevilla († 636), unter den jüngeren von ihm zitierten Autoren Beda und Alkuin und auch die älteren und jüngeren Rechtssatzungen in seinen Schriften keineswegs so häufig begegnen, wie man es vielleicht erwartet. Aber auch hier gibt es verständliche Unterschiede. In seinem Werk *De institutione clericorum* werden z.B. Aussagen der Kirchenväter Tertullian, Hieronymus, Augustinus, Gregor der Große und vor allem Isidor zitiert, nur recht selten die Bibel.[15] Für seine beiden Bußbücher und seine kleineren Schriften über kirchenrechtliche Fragen hat er hingegen die Kirchenväter nur sehr selten herangezogen[16], wohl aber, sachlich naheliegend, die altkirchlichen Satzungen, besonders der römischen, spanischen und gallischen Konzilien wie die einiger Bußbücher.[17]

Recht aufschlußreich für seine selbständige Behandlung von Rechtsfragen erscheint seine Sicht des ihm von mehreren Fragern vorgelegten Problems, von welchem Verwandtschaftsgrad an eine Ehe erlaubt sei. Mehrere Autoritäten, u.a. Papst Gregor der Große und Papst Zacharias, hatten sich hierzu unterschiedlich geäußert. Nach Gregor war eine Ehe bei Verwandtschaft im 3. und 4. Grad erlaubt, von Zacharias wurde eine Verwandtschaft bis zum 7. Grad als Ehehindernis bezeichnet. Hraban stützt seine Antwort vorrangig auf eine Passage im Buch Leviticus (Lev. 18,1–18). Sie führe zu der Auffassung Gregors, daß eine Ehe vom 3. oder 4. Verwandtschaftsgrad an erlaubt sei. Er weist aber dann auch hin auf eine Satzung in den Canones Theodori, des aus dem Orient stammenden Erzbischofs Theodor von Canterbury († 690), in der es heißt, daß in der griechischen Kirche eine Ehe auch beim 3. Grad der Verwandtschaft gültig sei, in der römischen Kirche erst beim 5. Grad. Wenn also, so folgert Hraban, in neuerer Zeit Päpste forderten, eine Ehe erst vom 6. oder 7. Verwandtschaftsgrad an abzuschließen, so sei anzunehmen, daß sie dies mehr auf Grund von Gewohnheit als auf Grund eines göttlichen Gebotes verlangten. Er meine deshalb, daß hier Theodor, der zwischen Gregor und Isidor die Mitte halte, zu folgen sei, daß also eine Ehe zumindest vom 5. Grad an erlaubt sei. Das jedenfalls verbieten weder das göttliche Gesetz noch Entscheidungen der Heiligen Väter.[18]

Diese Äußerung Hrabans ist in unserem Zusammenhang höchst bemerkenswert, läßt sie doch erkennen, wie er sich ein Urteil bildet: gestützt auf eine Passage der Bibel und im Gefolge einer hochgeachteten kirchlichen Autorität, aber unter Distanzierung von anderen kirchlichen Autoritäten, auch von Päpsten. Auch in den übrigen Schriften Hrabans wird immer wieder deutlich, daß für ihn die Tradition in Gestalt der Kirchenväter und des älteren kirchlichen Rechts zwar von grundlegender Bedeutung war, aber nur in Verbindung mit dem höherrangigen Orientierungswert der Bibel.

15 Vgl. Hrabanus Maurus *Institutione clericorum*, S. 38–50; zu Bibelzitaten ebd. S. 590 (Register).

16 Vgl. Kottje 1980, S. 212f.

17 Vgl. ebd. S. 192–200 und S. 204–212.

18 Vgl. Hrabanus Maurus *Epistolae* (MGH Epistolae V), S. 445 ff.; ebenso Hrabanus Maurus *De consanguineorum*; Kottje 1982, S. 123.

Daß die Bibel für ihn generell die höchste Autorität war, an der auch kirchliche Rechtsüberlieferungen zu messen waren, läßt nicht nur sein zuvor genanntes Urteil über das Ehehindernis der Verwandtschaft erkennen, sondern ebenso seine Stellungnahme zu Rechten und Aufgaben der Chorbischöfe im Brief an den Metzer Erzbischof Drogo,[19] zu Fragen der Bußdisziplin in seinen Briefen an den Mainzer Chorbischof Reginbald,[20] an den Chorbischof und die Kleriker in Straßburg[21] wie in seinen beiden Bußbüchern[22]. Auffällig ist ferner, daß er in seinen Schriften über die Darbringung von Kindern an Klöster (*De oblatione puerorum*[23]) und in seinem Traktat über die Ehrerbietung der Kinder gegenüber den Eltern (*De honore parentum*[24]) mit zahlreichen biblischen Texten fast ausschließlich die spirituellen Probleme, nicht jedoch die damit verbundenen Rechtsfragen behandelt.

Die Kirchenväter und das überlieferte Recht waren mithin für Hrabans Denken grundlegend. Sie waren es jedoch nur in Unterordnung unter die höhere Autorität der Bibel.

Während die Bedeutung der Bibel und der Kirchenväter wie die des überlieferten kirchlichen Rechts schon häufig Gegenstand der Forschung gewesen sind, ist nach der Bedeutung der Seelsorge in seinem Denken und Wirken bisher nur sehr selten und sehr oberflächlich gefragt worden.[25] Das überrascht, hat er sich doch zu Fragen, die unmittelbar oder indirekt mit der Seelsorge in Verbindung standen, in einer Reihe von Schriften geäußert, und in einigen anderen, vor allem in seinen Bußbüchern und in den Bestimmungen der von ihm als Erzbischof geleiteten Konzilien, zumindest dem ersten, kommt sein Interesse an seelsorglichen Problemen deutlich zum Ausdruck.

Schon seine ersten Schriften als Lehrer und dann als Abt galten seelsorglichen Aufgaben: »De institutione clericorum«, sein spätestens 819 fertiggestelltes, Erzbischof Haistulf von Mainz gewidmetes Handbuch für die Bildung und Ausbildung von Klerikern,[26] sodann »De computo«, eine 820 verfaßte Schrift zu Problemen der Zeitrechnung[27] und eine 822–826 auf Bitten von Erzbischof Haistulf zusammengestellte Sammlung von Predigten (*Sermones in festivitatibus praecipuis in anni circulo*[28]). Seine Quellen für die drei Werke waren außer der Bibel die Kirchenväter, vor allem Augustinus, Isidor und Beda.[29]

19 Hrabanus Maurus *Epistolae* (MGH Epistolae V), S. 431–439.

20 Ebd. S. 448–454 und S. 479f.

21 Ebd.

22 Vgl. Kottje 1980, S. 212f.

23 Hrabanus Maurus *De oblatione puerorum* (PL 107).

24 Hrabanus Maurus *Epistolae* (MGH Epistolae V), S. 404–415.

25 Vgl. Hägele 1980. Picker 2001 behandelt fast ausschließlich Wesen und Aufgaben des Klerikers nach Hraban, vor allem in *De institutione clericorum*, nicht aber dessen seelsorgerliche Orientierung; das Bußsakrament bleibt völlig unberücksichtigt.

26 Vgl. *De institutione clericorum*, S. 34, 96, 521.

27 Hrabanus Maurus *De computo* (CChr. CM 44), S. 199–321.

28 Hrabanus Maurus *Epistolae* (MGH Epistolae V), S. 391.

29 Vgl. Hrabanus Maurus *De institutione clericorum*, S. 38–50; Ders. *De computo*, S. 327 (Bibelzitate) und 328 ff. (Kirchenväter, vor allem Beda).

Nach seinem Rücktritt als Abt verfaßte er zwei weitere Werke im Blick auf die Seelsorge: zunächst *De rerum naturis,* eine Enzyklopädie in 22 Büchern im Gefolge von Isidors *Etymologiae* für seinen ehemaligen Fuldaer Mitschüler Heimo, der seit 840 Bischof von Halberstadt war. Es enthielt zusammengefaßt, was für das Verständnis der Bibel und ihre geistliche Deutung von Nutzen war, und sollte für Heimo ein Hilfsmittel bei der Seelsorge sein, danach auch für andere Nutzen haben, u.a. für König Ludwig den Deutschen, dem Hraban wenig später ein Exemplar widmete.[30] Sodann widmete er nach 843 seinem Nachfolger als Abt von Fulda, Hatto, ein geistlich-theologisches Werk über die Möglichkeit des Menschen, Gott zu schauen (*De videndo deum,de puritate cordis et de modo paenitentiae*). Er folgte in dieser Schrift besonders Augustinus, Ambrosius, Hieronymus und Gregor dem Großen, griff aber auch in reichem Maß auf die Bibel zurück.[31] Etwa in derselben Zeit entstand seine Schrift *De disciplina ecclesiastica,* die dem in Thüringen wirkenden Chorbischof Reginbald bei seinen seelsorglichen Aufgaben helfen sollte. Hier ging es um die Bekehrung der heidnischen Bevölkerung, dementsprechend um die für den Christen grundlegenden Gebete und Kenntnisse. Hauptquellen sind für Hraban wieder die Hl. Schrift und die Kirchenväter, vor allem Augustinus.[32] Ferner hat er in diesen Jahren auf Bitten des Abtes Ratleik von Seligenstadt ein Martyrologium verfaßt, das wohl im Zusammenhang mit seinen Bemühungen um Heiligen- und Reliquienverehrung zu sehen ist.[33] Andere Zeugnisse für sie sind seine *Carmina*[34], seine Inschriften in Versform für Kirchen, Altäre und Reliquiare, u.a. für die ca. 30 Kirchen in den Dörfern des Abteigebietes, die auf seine Veranlassung hin errichtet worden sind.[35] In seinen letzten Lebensjahren verfaßte Hraban noch eine kleine, König Lothar II. gewidmete Schrift *De anima,* hauptsächlich über die Kardinaltugenden, gestützt auf Cassiodor, Prosper, Gregor den Großen und besonders intensiv auf Alkuin.[36]

Nachdrücklicher als in fast allen zuvor genannten Schriften Hrabans kommt sein Interesse an seelsorglichen Problemen in seinen Beiträgen zu Bußfragen zum Ausdruck. An erster Stelle sind hier seine beiden als Paenitentialia überlieferten Zusammenstellungen von Vergehen und entsprechenden kirchlichen Bußen zu nennen, die er zunächst, etwa 841/2, auf Fragen Erzbischof Otgars von Mainz (826–847)[37], sodann, vielleicht noch 853, auf die

30 Hrabanus Maurus *De rerum naturis* (PL 111); Ders. *Epistolae* (MGH Epistolae V), S. 470–474; zum Werk und seiner Überlieferung vgl. Heyse 1969.

31 Hrabanus Maurus *De videndo deum* (PL 112, Sp. 1261–1332).

32 Hrabanus Maurus *De disciplina ecclesiastica* (PL 112, Sp. 1191–1262).

33 Hrabanus Maurus *Martyrologium* (PL 110, Sp. 1121–1188, CChr. CM 44, 3–161).

34 Hrabanus Maurus *Carmina* (MGH Poetae II, 154–258).

35 Vgl. Rudolf von Fulda *Miracula* c. 14 (MGH SS 15,1, S. 339f.); dazu Kölzer, S. 11.

36 Hrabanus Maurus *De anima* (PL 110, Sp. 1109–1120); der Widmungsbrief an Lothar in *Epistolae* (MGH Epistolae V), S. 514f. Vgl. Mähl 1969.

37 Hrabanus Maurus *Paenitentiale ad Otgarium* (PL 112, Sp. 1397D–1424D). Widmungsbrief und Teile der cc. 1, 11 u. 20 sowie die Schlußbemerkung in Ders. *Epistolae* (MGH Epistolae V), S. 462–465.

von Bischof Heribald von Auxerre (828–857) hin verfaßt hat[38]. Sie unterscheiden sich von den Kapitularien zeitgenössischer Bischöfe[39], aber auch vom Paenitentiale Bischof Halitgars von Cambrai[40], ebenfalls einem Zeitgenossen, vor allem dadurch, daß bei Hraban nicht in erster Linie solche Sünden zusammengestellt sind, die auch in Rechtstexten, z.B. Konzilsbestimmungen, begegnen oder die allgemein bekannt und verbreitet waren. Auch sie kommen in Hrabans Büchern zwar vor, aber außerdem trifft man in ihnen auf verschiedene andere Tat- und Herzenssünden, für die vorab die Bibel, nur selten das Recht die Norm war.[41]

Noch deutlicher wird der Unterschied beim Vergleich mit den Antworten Hrabans auf die in zwei Briefen gestellten Fragen des Chorbischofs Reginbald.[42] In ihnen ging es nicht nur um Sünde und Buße, sondern u.a. um Fragen, die mit dem Verkauf eines Christen an Heiden verbunden sind[43] oder ob ein nicht von einem Priester Getaufter nochmals getauft werden müsse – was Hraban verneint, »[...] quoniam unus dominus, una fides, unum baptisma est«[44].Es ging aber auch um Fragen der Buße, z.B. wenn ein Kind tot im Bett der Eltern gefunden wurde[45] oder bei Schlägen eines Ehemannes auf die Ehefrau, die schwanger ist, oder wenn jemand mit Tieren Unzucht begeht[46].

Waren die zuvor behandelten Texte Hrabans durch Fragen von anderen – Otgar, Heribald und Reginbald – veranlaßt, so besitzen wir in einer Reihe von weiteren Texten unverkennbare Zeugnisse für sein persönliches Interesse an seelsorglichen Fragen und Aufgaben. An erster Stelle soll der Blick auf die Sammlung von 60 Kapiteln gerichtet werden, zu der in einer nur noch in einem Exemplar erhaltenen Abschrift des *Paenitentiale* Halitgars, die aus Mainz stammt, dessen 4. Buch *Über die Vergehen der Laien* (*De iudicio paenitentium laicorum*) erweitert worden ist.[47] Die Bearbeitung ist so gut wie sicher von Hraban oder im engsten Kreis um ihn vorgenommen worden. Auf Hraban weisen jedenfalls die Texte der Erweiterung: aus dem Paenitentiale für Erzbischof Otgar, aus den von Hraban benutzten Rechtssammlungen Hispana und Dionysio-Hadriana, zwei Canones des Mainzer Konzils von 847, aus Bußbüchern des 8. Jahrhunderts und bemerkenswert zahlreichen Bibelzitaten. Die hinzugefügten Texte betreffen Vergehen, die bei Halitgar nicht begegnen,

38 Hrabanus Maurus *Paenitentiale* (PL 110, Sp. 467C–494C); Widmungsbrief und cc. 30, 33 u. 34 in ders. *Epistolae* (MGH Epistolae V), S. 509–514; Widmungsbrief und Schluß von c. 34 in Kottje 1980, S. 276–279.

39 Vgl. MGH Capitula episcoporum 1–4.

40 Halitgarius *Paenitentiale* (PL 105, Sp. 651D–710 A); Schmitz 1958, S. 264–300; die Briefe Ebos und Halitgars in *Epistolae* (MGH Epistolae V), S. 617; vgl. Kottje 1980, S. 146f.

41 Vgl. Kottje 1980, S. 190–211 und 213ff.

42 Hrabanus Maurus *Epistolae* (MGH Epistolae V), S. 448–454 und 479f.

43 Ebd. S. 449 ad I.

44 Ebd. S. 452ff. ad VI; Zitat: S. 453 Z. 1f.

45 Ebd. S. 449f.

46 Ebd. S. 479f.

47 Halitgarius *Paenitentiale*, 681A–688A; Schmitz 1958, S. 279–286.

z.B. verschiedene Arten des Mordes (cc. 1–4,6 u. 7), Abtreibung (c. 8), Verhältnis zu Ehefrau und Konkubine (c. 36), Meineid (c. 39), falsche Zeugen (c. 51), Habsucht und Begierde (c. 54), Wucher (cc. 55 u. 56), Trunksucht (cc. 58 u. 59) und die Hauptlaster (c. 60).[48] Es handelt sich also vorwiegend um Sünden, die der »kleine Mann« unter den Laien beging. Ist es da nicht beachtenswert und ein Zeichen für Hrabans Interesse an der Seelsorge, daß er sich veranlaßt fühlte, das Werk Halitgars um diese Texte zu ergänzen?

Ähnlich gehen wahrscheinlich einige Bestimmungen der Konzilien von Mainz 847 und 852, die unter dem Vorsitz Hrabans tagten,[49] auf dessen Bemühungen um die Klärung oder Lösung seelsorglicher Fragen zurück.[50] So sind einige der insgesamt 31 Bestimmungen 847 aufgenommen, die keine Vorlage aus älteren Konzilien haben, vielmehr wörtlich aus Hrabans Paenitentiale für Otgar stammen; sie betrafen verschiedene Formen des Mordes und die Abtreibung.[51] Ein anderer Kanon ohne Vorlage befaßte sich mit der Buße und Salbung eines lebensgefährlich Erkrankten[52] und könnte ebenfalls auf Hrabans Einfluß zurückzuführen sein.

Unter den 25 Canones des Mainzer Konzils im Oktober 852 ist keiner, der darauf schließen ließe, daß er unmittelbar auf einen Text von Hraban als Vorlage zurückginge. Zu zwei Canones gibt es allerdings auffällige Parallelen in Hrabans erstem Brief an den Mainzer Chorbischof Reginbald, der vor 842 geschrieben worden ist.[53] Mit ihm verbindet c. 13 des Konzils der ausdrückliche Hinweis, daß für die Ermordung eines Ehepartners jedem, Mann oder Frau, dieselbe Buße aufzuerlegen ist, denn Mann und Frau sind nach gleichem Recht zu richten (»[...] equum iudicium sit super eos [...]«).[54] Auch findet sich in c. 9 des Konzils ebenso wie im Brief an Reginbald eine – allerdings nicht übereinstimmende – Bußangabe für Eltern, deren Kind in ihrem Bett erdrückt worden ist.[55] Daß Hraban Einfluß auf die Aufnahme der beiden Konzilskanones gehabt hat, darf als möglich gelten, ist aber durch keinen Anhaltspunkt gestützt. Die übrigen Kanones dieses Konzils lassen jedenfalls keine interessengeleitete Mitwirkung von seiner Seite erkennen.[56] Man kann

48 Über die Erweiterung von HALITGARIUS *Paenitentiale* IV vgl. KOTTJE 1980, S. 90–102, Abdruck des Textes ebd. S. 256–275.

49 Vgl. zu diesen Konzilien HARTMANN 1982, S. 130–144; HARTMANN 1989, S. 224f.

50 Vgl. auch HARTMANN 1982, S. 138 f.: In der Tendenz seien »eindeutige Beziehungen zu Hraban« aufzuzeigen.

51 c. 20 über Verwandtenmörder = Paenitentiale für Otgar c. 11; c. 21 über Abtreibung = Paenit. f. Otgar c. 11; c. 22 über Mord = Paenit. f. Otgar cc. 12–14; c. 23 über fahrlässigen Mord = Paenit. f. Otgar c. 15 (MGH Concilia III, 171–173 = PL 112, Sp. 1410C–1411D).

52 c. 26 (MGH Concilia III 173f.).

53 HRABANUS MAURUS *Epistolae* (MGH Epistolae V), S. 448–454.

54 *Concilia aevi Karolini* (MGH Concilia III) S. 250; vgl. HRABANUS MAURUS *Epistolae* (MGH Epistolae V), S. 450 Z. 7.

55 *Concilia aevi Karolini* (MGH Concilia III) S. 247; vgl. HRABANUS MAURUS *Epistolae* (MGH Epistolae V), S. 450 Z. 1–4.

56 Die meisten Bestimmungen dieses Konzils (15 von 25) galten Fragen des bischöflichen und priesterlichen Lebens und Dienstes.

also nicht wie beim ersten Mainzer Konzil unter seiner Leitung annehmen, daß die Beschlüsse des Konzils von 852 von Hrabans seelsorglichen Erfahrungen wesentlich beeinflußt worden wären.

Sein Bemühen um Förderung der Seelsorge wird aber auf einem anderen, bisher in diesem Zusammenhang fast gar nicht berücksichtigten Gebiet erkennbar: durch seine Förderung der Übersetzung von Texten der Bibel und für den Gottesdienst in die Volkssprache, deren Erforschung vorwiegend den Sprach- und Literaturwissenschaftlern der älteren Germanistik zu verdanken ist. Beachtet sind bislang vor allem seine Predigtsammlungen, deren erste, schon im Rahmen seiner Erstlingswerke vorgestellte, er in den Anfängen seiner Zeit als Abt von Fulda auf Bitten Erzbischof Haistulfs von Mainz zusammengestellt hat.[57] Eine weitere Sammlung von Predigten, jetzt mit Erklärungen der sonntäglichen Epistel- und Evangelienlesungen auf Bitten Kaiser Lothars, liegt erst aus seinen letzten Lebensjahren vor.[58] Eine Reihe von einzeln überlieferten Predigten unter Hrabans Namen lassen aber auf noch manche von ihm verfaßte Texte schließen, die er auswärtigen Adressaten übersandt hat.[59] Er hat damit dem Gebot zur Predigt in der Volkssprache entsprochen, das von den Reformsynoden des Jahres 813 ergangen und vom Mainzer Konzil 847 unter seinem Vorsitz wiederum eingeschärft worden war.[60]

Der Nachdruck, mit dem Hraban sich für den Gebrauch der Volkssprache eingesetzt hat, blieb aber nicht auf die Predigt begrenzt, er galt vielmehr dem gesamten Bereich der christlichen Verkündigung, des Gottesdienstes und des Lebens der Christen. Wenn sein unmittelbarer Einfluß auch nicht in jedem Fall sicher nachweisbar ist, so kann es doch nicht als zufällig angesehen werden, daß zu Hrabans Zeit als Abt von Fulda hier außer der sicher von ihm veranlaßten Übersetzung der Evangelienharmonie des Tatian ins Althochdeutsche wahrscheinlich auch das diesem Werk nachgedichtete Bibelepos *Heliand* in Fulda entstanden ist, wo zumindest die Vorrede von Hraban oder einem Mönch aus seinem Umkreis verfaßt wurde,[61] daß auch die *Fuldaer Beichte* aus dem Einflußbereich Hrabans stammt[62] und daß ferner Otfrid von Weißenburg, der Verfasser des bekannten *Liber evangeliorum*, Schüler Hrabans in Fulda gewesen ist[63].

Diese Hinweise auf die Förderung der Volkssprache im kirchlichen Bereich vom Kloster Fulda aus unter Abt Hraban mögen genügen. Sie sollten zeigen, wie sehr hier das Interesse an der Volkssprache im Dienst der Seelsorge

57 Hrabanus Maurus *Epistolae* (MGH Epistolae V), S. 391: Widmungsbrief.

58 Die Widmungsbriefe zu Teil I und II in Hrabanus Maurus *Epistolae* (MGH Epistolae V), S. 503–506; vgl. ders. *Homiliae* (PL 110, Sp. 9–124 und Sp. 135–468).

59 Handschriftlich gut bezeugt vor allem die Allerheiligen-Predigt *Legimus*.

60 Vgl. Konzil von Mainz 847, c. 1: »... quilibet episcopus habeat omelias ... et ut easdem omelias quisque aperte transferre studeat in rusticam Romanam linguam aut Teotiscam.« (MGH Concilia III 164). Vgl. Haubrichs 2006, S. 103.

61 Vgl. Haubrichs 2006, S. 107.

62 Vgl. ebd.

63 Vgl. ebd. S. 109ff.

gestanden hat. Und der Motor dieses Interesses war vor allem Hraban, der sich einmal mehr in seinen Gedanken wie in seinen Zielen als Seelsorger erweist.

Ob auf Hraban auch die Sammlung der germanischen *Volksrechte* zurückgeht, die jedenfalls zu seiner Zeit in Fulda vorhanden war, ist nicht zu belegen. Gesichert ist lediglich, daß Lupus von Ferrières hier noch vor 840 eine Abschrift einer solchen Sammlung mit der *Lex Salica, Ribuaria, Alamannorum* und *Baiuariorum* für Markgraf Eberhard von Friaul herstellen konnte.[64] Auch ist ungesichert, ob das Trierer Fragment einer althochdeutschen Übersetzung der *Lex Salica*, das auf Grund des palaeographischen Befunds im zweiten Viertel des 9. Jahrhunderts in Mainz geschrieben sein könnte, das aber sprachlich auf eine Fuldaer Vorlage weist, dem Interessenbereich Hrabans zuzuordnen ist.[65] Daß solche volksrechtlichen Texte für die Leitung eines Konvents mit Mitgliedern aus einem weiten Einzugsbereich – aus Bayern bis Sachsen, aus dem Rheinland bis Thüringen sich erstreckend – von rechtlicher Bedeutung sein konnte, ist gewiß.[66] Ob ihr Besitz auch als Zeugnis für Hrabans seelsorgliche Interessen zu werten ist, hängt vom Verständnis des Aufgabenbereichs der Seelsorge ab.

Abschließend und zusammenfassend sei hier festgestellt, daß nicht nur Bibel und Tradition zu den Grundlagen von Hrabans Denken gehörten, sondern daß man Hraban wohl nur dann gerecht würdigen kann, wenn man ihn auch als Seelsorger mit weiten Perspektiven sieht. Inwieweit er über seine schriftlichen Bemühungen als Seelsorger hinaus allerdings auch Seelsorger in der Begegnung mit kleinen konkreten Gemeinschaften oder gar einzelnen Menschen, etwa den Mönchen seines großen Konvents, gewesen ist, lassen die Quellen nicht erkennen.

64 *Lex Alamannorum* (MGH Leges III) S. 3f.; MGH Epp. VI S. 2; dazu Kottje 1982, S. 127 f.

65 Vgl. Kottje 1982, S. 128.

66 Zum Einzugsbereich der Fuldaer Klostergemeinschaft vgl. Schmid 1978a; hier bes. Schmid 1978b, S. 624f. sowie Bd. 8/2.3: Freise 1978, S. 1003–1269, bes. S. 1009f.; vgl. auch die Auswertung der fuldischen Namenüberlieferung durch Geunich 1996, S. 175.

Literaturverzeichnis

Quellen

Hrabanus Maurus

Carmina
Hrabanus Maurus: *Carmina* (MGH Poetae II, 154–258).

De anima
Hrabanus Maurus: *De anima* (PL 110, 1109–1120)

De computo
Hrabanus Maurus: *De computo*, ed. Wesley M. Stevens (CChr. CM 44), Turnhout 1979.

De consanguineorum
Hrabanus Maurus: *De consanguineorum nuptiis et de magorum praestigiis falsisque divinationibus* (MGH Epistolae V, 455–458).

De disciplina
Hrabanus Maurus: *De ecclesiastica disciplina* (PL 112, 1191–1262).

De institutione clericorum
Hrabanus Maurus: *De institutione clericorum libri tres.* Studien und Edition von Detlev Zimpel (Freiburger Beiträge zur mittelalterlichen Geschichte 7), Frankfurt a.M. 1996.

De oblatione puerorum
Hrabanus Maurus: *Liber de oblatione puerorum* (PL 107, 419–440).

De rerum naturis
Hrabanus Maurus: *De rerum naturis* (*De universo*) (PL 111, 9–614)

De videndo deum
Hrabanus Maurus: *De videndo deum, de puritate cordis et modo poenitentiae* (PL 112, 1261–1332).

Epistolae
Hrabanus Maurus: *Epistolae*, in *Epistolae Karolini aevi III* (MGH Epistolae V 379–533).

Homiliae
Hrabanus Maurus: *Homiliae* (PL 110, 9–468).

In honorem
Hrabanus Maurus: *De laudibus sanctae crucis*, ed. Michel Perrin (CChr. CM 100), Turnhout 1997.

Martyrologium
Hrabanus Maurus: *Martyrologium*, ed. John McCulloh (CChr. CM 44), Turnhout 1979.

Paenitentiale
Hrabanus Maurus: *Paenitentiale ad Heribaldum* (PL 110, 467C–494C).

Paenitentium
Hrabanus Maurus: *Paenitentium liber ad Otgarium* (PL 112, 1397–1424).

Andere mittelalterliche Quellen

Concilia aevi Karolini
Concilia aevi Karolini DCCCXLIII–DCCCLIX (MGH Concilia III).

HALITGARIUS *Paenitentiale*
HALITGARIUS: *Paenitentiale* (PL 105, 651D–710A).

Lex Alamannorum
Lex Alamannorum (MGH Leges III, 1–182).

RUDOLF VON FULDA *Miracula*
RUDOLF VON FULDA: *Miracula sanctorum in Fuldenses ecclesias translatorum,* (MGH Scriptorum 15, 1).

ABHANDLUNGEN

BERARDUCCI 2006
SILVIA CANTELLI BERARDUCCI: Hrabani Mauri Opera Exegetica. Repertorium fontium, I–III (*Instrumenta Patristica et Mediaevalia 38*), Turnhout 2006.

FELTEN/NICHTWEISS 2006
Hrabanus Maurus. Gelehrter, Abt von Fulda und Erzbischof von Mainz, hg. von FRANZ J. FELTEN und BARBARA NICHTWEISS (Neues Jahrbuch für das Bistum Mainz, 2006), Mainz 2006.

FERRARI 1999
MICHELE C. FERRARI: *Il ›Liber sanctae crucis‹ di Rabano Mauro,* Bern 1999.

FREISE 1978
ECKHARD FREISE: »Studien zum Einzugsbereich der Klostergemeinschaft von Fulda«, in Die *Klostergemeinschaft von Fulda im früheren Mittelalter,* hg. von KARL SCHMID (Münstersche Mittelalterschriften, 8/2.3), München 1978

GEUNICH 1996
DIETER GEUNICH: »Die personelle Entwicklung der Klostergemeinschaft von Fulda bis zum Jahr 1000«, in *Kloster Fulda in der Welt der Karolinger und Ottonen,* hg. von GANGOLF SCHRIMPF (Fuldaer Studien 7), Frankfurt a.M. 1996, 163–176.

HAARLÄNDER 2006
STEPHANIE HAARLÄNDER: *Rabanus Maurus zum Kennenlernen. Ein Lesebuch,* Mainz 2006.

HÄGELE 1980
PAULUS HÄGELE: »Hraban als Lehrer und Seelsorger«, in *Hrabanus Maurus und seine Zeit,* hg. von WINFRIED BÖHNE (Festschrift der Rabanus-Maurus-Schule), Fulda 1980, 77–93.

HARTMANN 1989
WILFRIED HARTMANN: *Die Synoden der Karolingerzeit im Frankenreich und in Italien* (Konziliengeschichte Reihe A), Paderborn 1989.

HARTMANN 1982
WILFRIED HARTMANN: »Die Mainzer Synoden des Hrabanus Maurus«, in *Hrabanus Maurus. Lehrer, Abt und Bischof*, hg. von RAYMUND KOTTJE und HARALD ZIMMERMANN (Akademie der Wissenschaften und der Literatur Mainz. Abhandlung der Geistes- und Sozialwissenschaftl. Kl. Einzelveröffentlichung 4), Wiesbaden 1982, 130–144.

HAUBRICHS 2006
WOLFGANG HAUBRICHS: »Fulda, Hrabanus Maurus und die theodiske Schriftlichkeit«, in *Hrabanus Maurus. Gelehrter, Abt von Fulda und Erzbischof von Mainz*, hg. von FRANZ J. FELTEN und BARBARA NICHTWEISS (Neues Jahrbuch für das Bistum Mainz, 2006), Mainz 2006, 93–120.

HEYSE 1969
ELISABETH HEYSE: *Hrabanus Maurus' Enzyklopädie ›De rerum naturis‹. Untersuchungen zu den Quellen und zur Methode der Kompilation* (Münchener Beiträge zur Mediävistik und Renaissance-Forschung 4), München 1969.

KÖLZER
THEO KÖLZER: »Hrabanus Maurus – Mönch zwischen Kloster und Welt«, in *Kirche und Schrift. Das Wirken des Hrabanus Maurus in Fulda (Tagung Sept. 2006)*, hg. von MARC AEILKO ARIS (im Druck).

KOTTJE 1980
RAYMUND KOTTJE: *Die Bußbücher Halitgars von Cambrai und des Hrabanus Maurus. Ihre Überlieferung und ihre Quellen* (Beiträge zur Geschichte und Quellenkunde des Mittelalters 8,) Berlin/New York 1980.

KOTTJE (im Druck)
RAYMUND KOTTJE: »Die handschriftliche Überlieferung der Bibelkommentare des Hrabanus Maurus«, in *Raban Maur et son temps*, hg. von MICHEL PERRIN u.a., Turnhout 2008 (im Druck).

KOTTJE 2006
RAYMUND KOTTJE: »Hrabanus Maurus«, in *DBE 25* (2006) 191f.

KOTTJE 1982
RAYMUND KOTTJE: »Hrabanus und das Recht«, in *Hrabanus Maurus. Lehrer, Abt und Bischof*, hg. von RAYMUND KOTTJE und HARALD ZIMMERMANN (Akademie der Wissenschaften und der Literatur Mainz. Abhandlung der Geistes- und Sozialwissenschaftl. Kl. Einzelveröffentlichung 4) Wiesbaden 1982, 118–129.

KOTZUR 2006
Rabanus Maurus. Auf den Spuren eines karolingischen Gelehrten, hg. von HANS-JÜRGEN KOTZUR, Mainz 2006.

MÄHL 1969
SIBYLLE MÄHL: *Quadriga virtutum. Die Kardinaltugenden in der Geistesgeschichte der Karolingerzeit* (Beihefte zum Archiv für Kulturgeschichte 9), Köln/Wien 1969.

PERRIN 1988
MICHEL PERRIN: *Raban Maur. Louanges de la Sainte Croix*, Paris/Amiens 1988.

PICKER 2001

HANNS-CHRISTOPH PICKER: »Pastor doctus. Klerikerbild und karolingische Reformen bei Hrabanus Maurus«, in *Veröffentlichungen des Instituts für Europäische Geschichte Mainz, Abteilung für Abendländische Religionsgeschichte*, 186, hg. von GERHARD MAY, Mainz 2001.

SCHMID 1978a

Die Klostergemeinschaft von Fulda im früheren Mittelalter, hg. von KARL SCHMID (Münstersche Mittelalterschriften, Bd. 8/2.2), München 1978.

SCHMID 1978b

KARL SCHMID: »Mönchslisten und Klosterkonvent von Fulda zur Zeit der Karolinger«, in *Die Klostergemeinschaft von Fulda im früheren Mittelalter*, hg. von KARL SCHMID (Münstersche Mittelalterschriften, Bd. 8/2.2), München 1978, 571–639.

SCHMITZ 1958

HERMANN-JOSEF SCHMITZ: *Die Bußbücher und das kanonische Bußverfahren*, Graz 1958.

Archa Verbi 4 (2007) 155–199

Arguing with Spirituality against Spirituality. A Cistercian Apologia for Mensural Music by Petrus dictus Palma ociosa (1336)*

by CHRISTIAN THOMAS LEITMEIR

SINE AUCTORITATE NULLA CERTITUDO: INHIBITIONS AND PROHIBITIONS

Adso of Melk, in a famous scene from Umberto Eco's novel *Il nome della rosa*,[1] finds himself trapped in a moral dilemma. After his first sexual experience in the abbey kitchen, the Benedictine novice awakes with a guilty conscience. Undoubtedly his shameful surrender to the enticements of the flesh, incited through a young kitchen maid, meant a severe offence against his Lord, putting his soul at risk of condemnation. And yet, despite sincere efforts to chastise his heart, he is unable to feel undivided remorse, which he knows he would have so truly deserved. Yet the amorous incident gave rise to thoughts the erudite monk had read about in sound Christian mysticism. Much to his bewilderment, what he experienced matches exactly the mystical ecstasy described by spiritual writers or the ultimate bodily sacrifice of a martyr burned at the stake. Even when Adso conjures up the event in his mind from the safe distance of some decades, he cannot help describing it in religious terms; his thoughts (related by Eco in the form of an inner monologue) are permeated by quotations from the Song of Songs and mystic theologians. The apparent convergence of the most profane and the most holy forms of love proves deeply unsettling, and he keeps on asking nagging questions about the source whence his ecstatic vision sprang: Was he lifted for an instant into mystic communion with his Creator or did he just fall victim to a snare of the devil? Was he a saint or a sinner? In dire need of an answer, Adso puts his trust in biblical exegesis as a method to achieve the desired *discretio spiritum.* Hoping that his amorous adventure would lend itself to an allegorical interpretation, he seeks to determine whether carnal pleasures, which a virtuous soul ought to find but detestable, can genuinely be experienced in the same

* A preliminary form of this article was presented at the Tenth International Symposium on Late Medieval and Renaissance Music at Neustift (Novacella) in July 2006. I am grateful to The Warburg Institute (University of London), which supported my research through a Long-Term Frances A. Yates Fellowship, and to the following colleagues for help in various forms: Margaret Bent, Michael Bernhard, Bonnie Blackburn, Barbara Eichner, Roland and Gertraud Gaiser, Alexandra Gajewski, Volker Leppin, Johanne Cornelia Linde, Constant Mews and Andreas Puth. I owe particular thanks to Leofranc Holford-Strevens, who not only polished my Latin translations, but suggested emendations of corrupt passages in the Latin original. All translations are mine, unless noted otherwise.

1 Eco 1980, pp. 245–253 (Terzo Giorno, Dopo compieta). English Translation, pp. 243–250.

metaphors as spiritual rapture and perhaps even signify the latter. As this investigation does not yield the desired unambiguous result, Adso seeks orientation in the Church Fathers, only to realise that they are completely silent on this particular issue. Failed even by authorities, Adso ultimately has to bury his hopes to finding out whether his experiences were based on celestial revelation or diabolic delusion and to clear his guilt-ridden conscience: "É che la giustezza dell' interpretazione non può essere fissata che dall'autorità dei padri, e nel caso di cui mi cruccio non ho auctoritas a cui la mia mente obbediente possa rifarsi, e bruccio nel dubbio … ."[2]

However imaginatively Eco's novel recreated the world of the 14th century, this episode at least would have struck a chord with contemporary theorists of *musica mensurabilis*, who taught the rules of contrapuntally ordered polyphony and mensural (i.e. rhythmically measured) notation. Those from a monastic background in particular would have shared Adso's devastating uncertainty about whether and how an illicit practice could be rehabilitated and theorised. They, too, suffered from a fundamental lack of *auctoritates* that would have enabled them to evaluate their musical experiences, preferences and activities. In this respect, *musica mensurabilis* was set apart unfavourably from her sister disciplines, subsumed in the Middle Ages under the umbrella term *musica*: Both the treatises on *musica speculativa* and on *cantus planus* were firmly anchored in authorities, classical texts that provided a commonly accepted set of basic propositions and axioms. Speculative music theory could build on a whole array of authorities from Pythagoras and Plato to their late-Classical and early-Medieval commentators and followers, most notably Augustine, Boethius, Macrobius and Calcidius.[3] Strictly theoretical in outlook, the study of harmonious numerical proportions made its way into the *quadrivium*, the scientific component of the seven liberal arts. Although chant theorists were concerned with less elevated matters of 'contingent' music as composed and performed by human agents, they walked on equally solid ground. After all, by medieval standards their subject owed its existence to the saints Gregory the Great and Ambrose, who were commonly regarded as the creators and 'inventors' of liturgical monophony.[4] The theoretical foundations of the discipline had been laid through the eleventh-century treatises *Micrologus* by Guido of Arezzo and, to a lesser degree, *De musica cum tonario* by John of Affligem. Given that the credentials of a discipline rested on the authorised origins of its subject as well as on authoritative reference texts, *musica mensurabilis* was in a precarious situation. Concerned with polyphony and rhythmic notation, it taught subjects that were truly original inventions of the Middle Ages and, having no precedent models in Classical and Patristic antiquity, lacked entirely

2 Eco, p. 252. English Translation, p. 248: "The fact is that correct interpretation can be established only on the authority of the fathers, and in the case that torments me, I have no auctoritas to which my obedient mind canrefer, and I burn in doubt … ."

3 Bernhard e.a. 1990.

4 A concise summary of their role and reputation as creators of the plainchant repertoire is given in David Hiley's excellent chant handbook: Hiley 1993, pp. 503–513 (Gregory). 487–494 (Ambrose).

support through tradition. As such (in contrast to her senior sister disciplines) *musica mensurabilis* failed to build upon the work of a commonly approved theorist or at least to name an inventor. This becomes evident in the prologue of *Ars cantus mensurabilis musicæ* (c. 1280) by Franco of Cologne, where the author has to offer himself as authority for his field, while speculative music theory ("theorice") and plainchant ("practice") are invested with weighty authorities:[5]

Cum de plana musica quidam philosophi sufficienter tractaverint, ipsamque nobis tam theorice quam practice efficaciter illucidaverint, theorice praecipue Boetius, practice vero Guido monachus, et maxime de tropis ecclesiasticis beatus Gregorius, idcirco nos de mensurabili musica, quam ipsa plana praecedit tanquam principalis subalternam, ad preces quorundam magnatum tractare proponentes, non pervertendo ordinem ipsam planam perfectissime a praedictis philosophis supponimus propalatam.[6]

As the validity of a medieval argument substantially depended on *auctoritates* in its support, *musica mensurabilis* ran the risk of being dismissed from the outset as novel, unqualified and dubious. In order to shield their subject from criticism, mensural theorists developed a variety of strategies to compensate for this substantial authoritative gap. Among the most efficient and best researched tricks they had in their bag proved the import of argumentative tropes and paradigms from disciplines of unquestionable epistemological status and pedigree.[7] Another popular strategy was the feigning of evidence: Occasionally mensural treatises were attributed by their authors to renowned writers such as Bede or Thomas Aquinas.[8] More creatively, the treatise of the Anonymous St Emmeram is presented as an extensive gloss of a didactic poem, with commentary and authoritative text stemming from the same pen.[9]

5 Franco's courage to take full responsibility for the doctrines he proposed had born fruit already in the subsequent generation which referred to him as the 'inventor' of mensural music. See, for instance *De musica mensurabili*, p. 54: "venerabilis Magister Franco, primus inventor artis musicae mensuratae". John Tewkesbury *Quatuor Principalia*, Quartum principale, cap. VII: "De figuris inventis a Francone et de inventione minime".

6 "Now that the scholars [philosophi] have treated sufficiently of plainsong and have fully explained it to us both theoretically and practically (theoretically above all Boethius, practically Guido Monachus, and as to the ecclesiastical tropes, especially the blessed Gregory); we propose – in accordance with the entreaties of certain magnates and without losing sight of the natural order – to treat of measurable music which plainsong, described so well by the scholars [philosophi] cited above, precedes as does the principal the subaltern" Franco de Colonia *Ars cantus mensurabilis musicæ*, p. 23. Slightly amended English translation from Strunk/Treitler 1998, p. 227.

7 Such interdisciplinary borrowings have been amply documented with regard to grammar and rhetoric (e.g. Bielitz 1977; Reckow 1982; Bent 1998), mathematics and philosophy (Haas 1982; Tanay 1989; Tanay 1999).

8 Ps.-Aquinas *De arte musica*. Ps.-Bede *Musica quadrate seu mensurata*. The remarkable attribution of a mensural treatise to Bede, who had died some 600 years before the invention of mensural music, is based on a lost manuscript that was used by Johannes Hervagius for his edition of Bede's works, published in Basle in 1563. The text is largely identical with the 13th-century treatise Magister Lambertus *Tractatus de musica*.

9 Cf. Jeremy Yudkin's excellent edition and translation of *De musica mensurata*.

From the late thirteenth century onwards, theorists often opted for a methodological change of perspective and sold their doctrines as derived from an empirical analysis of current musical practice (needless to say that in this case the 'quotations'' from contemporary compositions could be authentic as well as contrived).[10]

While all mensural theorists had to solve the lack of authoritative backing somehow, the situation was exacerbated further for monastic writers. They were not only required to produce credentials for their doctrines, the very subject they taught was considered illicit and immoral. Almost unanimously the reform branches of the traditional orders, such as the Cistercians, and the new mendicant orders had condemned the innovative practices of singing descant and mensural music. With the notable exception of the Franciscans, who conceived themselves as *ioculatores Dei* and praised talented confreres for their polyphonic skills,[11] they unanimously banned the practice of mensural music from their communities. In extreme cases polyphony on the whole was to be eliminated, as the Order of Preachers decided on their General Chapter in Bologna (1244) and confirmed through the Chapter of London in 1250. According to this statute, not even the singing in parallel octaves (the simplest form of 'polyphony' that does hardly deserve this name) was allowed. This and other monastic prohibitions of polyphony are listed in Table 1.

From a modern perspective one might wonder what motivated such severe stipulations against polyphony. In fact they grew out of a fundamental concern among Christian authors (seminally expressed by St Paul and St Augustine) who realised that music in general was a mixed blessing for spiritual life: While it unmistakably had the power to incite devotion, it could also have the opposite effect and lead pious souls astray.[12] By the end of Classical Antiquity, at least monophonic chant was accepted, as nobody dared to challenge the authorities of St Gregory and St Ambrose who allegedly established and sanctioned its use in the liturgy.[13] Polyphony, however, remained a stumbling block and bone of contention. Especially harsh were the attacks mounted by

10 Franco of Cologne, the first mensural theorist to adduce examples to this end, significantly uses both types of quotations: The core pieces of the motet repertoire serve to bestow authority to his theoretical points, if they accord with the latter. Whenever his doctrines depart from contemporary practice, however, he resorts to self-composed camouflage examples. See Leitmeir 2005, pp. 37–45.

11 The Franciscan Salimbene de Adam devotes one chapter each of his *Cronica* (c.1280) to the achievements of Henry of Pisa ("De fratre Henrico Pisano et de cantibus suis") and Vita of Lucca ("De fratre Vita Luccensi et de cantibus suis"), who were celebrated performers, improvisers and composers of monophonic as well as polyphonic music. Salimbene de Adam *Cronica*, pp. 181–184.

12 Wolfgang Fuhrmann's magisterial monograph (Fuhrmann 2004) provides a profound description and analysis of this discourse from St Paul (1 Kor 14,15; Kol 3,16; Eph 5,18–20) and the Desert Fathers up to the later Middle Ages.

13 Significantly, when Thomas Aquinas discusses the question whether God should be praised with song (Thomas de Aquino *Summa Theologiæ* II-II q. 91 a. 2: Utrum cantus sint assumendi ad laudem divinam), he lists no less than five positions against singing, while

monastic reformers of the High and Later Middle Ages, who wanted to purify the Church from abuses that had crept in and from worldly vanities that had undermined true religion. Together with other pleasures that allured the senses polyphony was perceived as a dangerous threat, if not literally an insinuation from the devil or his subservient demons. For once, it distracted the mind from the liturgy and devotion. Moreover, as mensural music and all other artistically demanding forms of polyphony were the domain of specialist singers, it was feared that it nurtured only their hauteur, narcissism and vanity, an effect that undermined the very foundations of coenobitic monasticism.[14]

In addition to detrimental psychological effects on performers and listeners of music, the objections extended to concrete technical matters: Elaborate polyphonic settings showed little respect, if not blunt irreverence towards the plainsong melodies on which they were based. With increasing voice numbers (initially from two, expanding to four parts) and contrapuntal complexity, what should have been a polyphonic embellishment of the cantus firmus completely overgrew its liturgical foundation and attracted all attention to itself. Sophisticated settings were primarily received as artifices in their own right, while the cantus firmus that formed its core (if it was not abandoned) was hardly recognisable. The Cistercian statutes of 1217 (see Table 1) branded exactly this abuse, when they reproached the abbots of the monasteries at Dore and Tintern (both situated in the Herefordshire diocese) for performing polyphony in three and four parts "more sæcularium", i.e. following the practice of large-scale *organa* that originated at Notre Dame in Paris in the twelfth century and remained a prerogative of (secular) cathedral chapters and collegiate churches.[15] Not surprisingly, from the perspective of reform-oriented orders such polyphonic opulence was to be condemned as degeneration of and distraction from the original monastic pursuits.

he is left with only a single argument in its favour: "Sed contra est, quod beatus Ambrosius in ecclesia Mediolanensi cantus instituit, ut Augustinus refert, in IX Confess." For Thomas, however, the authority of Ambrose suffices to counterbalance and outdo the opposing positions.

14 This was, of course, equally applicable to chant, as is attested vividly by the medieval authors. In a chapter on "The vain pleasures of hearing" from his moralising treatise *Speculum Caritatis* (lib. 1, cap. 23: De vana aurium voluptate), Aelred of Riveaulx mounts a spirited attack on singers who disrespect the real function of song as part of monastic prayer and worship and instead take pride in their own vocal skills, which they exhibit theatrically. Aelred Rievallensis *Speculum Caritatis*, pp. 97–99.

15 Organa of the Notre Dame type, collected and distributed in the so-called *Magnus liber de gradali et antiphonario*, treated syllabic passages of chant as sustained pedal points (termed *organum proprie dictum*), melismatic passages were rendered in a note-against-note setting (termed *discantus*). In the former setting the individual notes of the chant were expanded to such length that they ceased to form a coherent melodic *gestalt*. In the latter the decorative voices, moving at the same speed as the chant, obtained the primary melodic and rhythmic interest and made the chant barely audible. A useful and concise introduction to Notre Dame polyphony is given by Knapp 1990.

Subsequent musical developments found even less sympathy with reform-oriented and mendicant orders. By 1321 the emancipation of 'art' from its liturgical purpose had proceeded to a degree that even the Pope issued a ban of certain practices. It is possibly more than a coincidence that the prohibition of the motet, hocket and notational innovations in John XXII's extravagant bull *Docta sanctorum* (1323–4), was anticipated by the Cistercians in 1320, which stipulated similar condemnations (see Table 1).[16] Like John XXII, the General Chapter of the Cistercians intended to cleanse the liturgy ("in officio divino") from musical 'novelties' ("ridiculosas novitates") that had crept in; additionally they reinstated the original Cistercian chant as established by Bernard of Clairvaux ("antiqua forma cantandi a beato patre nostro Bernardo tradita") as only legitimate songs. From the abuses explicitly listed in the statute it becomes clear what they regarded as indecent innovations: They were opposed to notational syncopations, hockets and, more generally, to every musical feature that led to distraction and violated the Cistercian ideal of simplicity. In short, the Cistercians sought to eradicate all forms of elaborate polyphony and among them particularly those that had become trendy at the time (and presumably were practised in Cistercian convents).

While the occasional performance of so-called 'simple polyphony' seems to have been tacitly accepted,[17] all changes of the simple liturgical formulae and excessive sophistications had no place in the realm of true religion. It can easily be seen why hockets (lat.: "hoquetus", literally translated as hiccup), described as "lascivi" by contemporaries,[18] ended up on the Cistercian black list. Put in simple terms, they truncated melodies by chopping them up into individual notes, which were performed in alternation by singers so that one sang while the other paused.[19] The technique of hocketing, often produced to comical effect, was made possible through the precise measurement of time (including rests), which in turn built on notational innovations. The unequivocal representation of duration through musical figures, first proposed by the mensural theorists of the late thirteenth century, could only be achieved at a

16 An edition of the bull and a perceptive commentary is given in HUCKE 1984 and KÖRNDLE 1998, pp. 90–94. Franz Körndle is currently preparing a critical edition and a study of its long-lasting reception history. Attention to the parallels between *Docta sanctorum* and the Cistercian statues of 1320 was first drawn by MAÎTRE 1991, pp. 283f.

17 In this respect, at least Cistercians practice was in agreement with *Docta sanctorum*, in which John XXII explicitly conceded "occasionally and especially on feast days the practice … of adding special consonances …, which enhance the melody when sung above the simple ecclesiastical chant in such a way as to leave the plainchant itself pure and intact" ("Per hoc autem non intendimus prohibere, quin interdum diebus festis præcipue … aliquæ consonantiæ quæ melodiam sapiunt … supra cantum ecclesiasticum simplicem proferantur, sic tamen ut ipsius cantus integritas illibata permaneat"). On 'simple polyphony' and its use within the Cistercian order see particularly GRASSIN-GUERMOUCHE 2001, FERREIRA 2001/2002 and GRASSIN-GUERMOUCHE 2005.

18 ROBERTUS DE HANDLO *Regule*, p. 104: "hoketi lascivi".

19 FROBENIUS 1988.

precariously high price: The mensuralists altered the shapes of chant notation, which, owing to its tradition and pedigree, was considered sacrosanct. Avant-garde theorists of the early fourteenth century, polemically described as "moderni" and representatives of an *ars nova,* added to the strain through their radical re-organisation of musical time (which gave rise to the criticised syncopations) and through the invention of a new figure for the smallest notatable time unit: The *minima* used as its basis the lozenge shaped sign that was used in chant as *currens* (and in mensural notation served to indicate as a *semibreve*). In order to distinguish the minima from the latter it was costumed with a tail (*cauda*),[20] a technique that was bound to provoke reform-oriented and tradition-conscious clergymen.

The genre of the motet is strikingly absent from monastic music legislation, although it was officially condemned by John XXII. Probably the abuse of "riding roughshod over the [chant] melodies through vernacular motets", to use the Pope's own words,[21] instinctively appalled monks and friars to a degree that no formal prohibition was necessary. Emerging as a new genre from Notre Dame polyphony, the thirteenth-century motet took its predecessor's proclivity towards exuberant musical embellishment one step further, a proclivity which had provoked a monastic ban already: The composition received a certain autonomy from its liturgical context in that it used the chant only as inspiration for the newly composed parts which became the dominant feature. Moreover, instead of setting a whole chant melody, motets cut out a chunk of the tune that was attractive for polyphonic elaboration. The chant, already mutilated, was not even given textual attention, as the listener was distracted towards the faster moving upper voices each of which had its own text. While in some cases the polytextual fabric could serve as a profound spiritual commentary on the chant passage, motets with vernacular texts tended to betray at best ignorance and at worst intentional irreverence,[22] not to mention that, if anything, the simultaneous sounding of different vocal parts and texts generated an alarming distraction from spiritual pursuits. All in all, there was clearly no place for the motet within a decent monastic liturgy, even if no formal prohibition was issued.

20 For more information on the notational innovations of the 13th and 14th centuries see the survey by GALLO 1984.

21 "Nam melodias hoquetis intersecant, discantibus lubricant, triplis et motetis vulgaribus nonnunquam inculcant adeo, ut interdum antiphonarii et gradualis fundamenta despiciant, ignorent, super quo ædificant, tonos nesciant, quos non discernunt, immo confundunt, quum ex earum multitudine notarum adscensiones pudicæ, descensiones temperatæ, plani cantus, quibus toni ipsi secernuntur ad invicem, obfuscentur" (quoted from KÖRNDLE 1998, p. 93).

22 On the construction of spiritual and less spiritual meaning in polytextual structures of the 13th-century motet see HUOT 1997. The classic study of this musical genre is still EVERIST 1993.

Theorising a Forbidden Art: The Pretext of Petrus dictus Palma ociosa's *Compendium de discantu mensurabili*

In the light of monastic hostility towards polyphony and mensural music, it is all the more surprising how many monks nevertheless wrote treatises about the very practices that were condemned and prohibited. The Carmelite friar and university lecturer John Hothby (d. 1487), for instance, became one of the foremost music theorists of his time (his œuvre amounting to more than a dozen treatises on counterpoint, mensural notation and musical proportions),[23] not to mention his considerable activities as a composer and scribe of vocal and keyboard music.[24] The Dominicans, albeit obliged to steer clear of even the simplest manifestations of polyphony, are known to have practiced and recorded it from early on.[25] Towards the end of the 13th century the Parisian Dominican Jerome of Moravia presented no less than four treatises on mensural music in his monograph *De musica*, a compilation that was to become the reference work on the subject in the university library at Paris.[26] Even the Cistercians, who were otherwise renowned for their ascetic and reformist zeal, demonstrably showed at least a theoretical interest in mensural music, as is attested by the *Compendium de discantu mensurabili* (1336) of Frater Petrus dictus Palma ociosa. Strikingly, the professed monk from the Cistercian abbey of Cercamp in the diocese of Amiens discusses the latest trends in *ars nova* mensuration and counterpoint, which were even more contentious than traditional mensural practice.

Monastic writers who had the courage to theorise a forbidden practice at all needed to be extremely circumspect not to fall victim to potential charges and disciplinary punishments. They had to guard themselves *and* the subject they taught from epistemological as well as moral criticism and, if they were not entirely cynical, they were to reconcile it somehow with the spirituality of their order. The required multiple defence was immensely difficult if not impossible to achieve and accounts for some peculiarities within the argument which can only be understood from a monastic background. This can best be illustrated through the *Compendium de discantu mensurabili* by the above-named Cistercian monk Petrus dictus Palma ociosa, of which this article offers a close reading.[27] The treatise repays a paradigmatic study for two reasons: firstly, in order to convince his imagined opponents from within the order, Petrus audaciously uses enough to use the entire spectrum of sophistic devices (from blunt distortions of facts to inconspicuous twists of the argument), which

23 Johannes Hothby *De arte contrapuncti, Calliopeia legale, De musica mensurabili, De proportionibus, Tractatuli contra Ramum* etc.

24 Johannes Hothby *Musical Works*. See also Memelsdorff 2006.

25 Levy 1974. A list of Dominican sources with polyphony is given in Huglo 1974, p. 35.

26 Hieronymus de Moravia *Tractatus de Musica*. On the transmission and reception of the manuscript that contained Jerome's treatise (Paris, Bibliothèque nationale, lat. 16663) see Huglo 1992.

27 In absence of a critical edition of the treatise (which the author of this study is currently preparing), all quotations are taken from the only existing edition by Johannes Wolf, published in the early 20th century: Petrus dictus Palma ociosa *Compendium*.

betray his intention most clearly. Secondly, while his immersion in the Cistercian mindset is easily recoverable, this aspect has as yet not been recognised.[28] Despite the recent reawakening interest in the text, justly praised by Daniel Leech-Wilkinson as "the most interesting of fourteenth-century *contrapunctus* treatises", musicologists have exclusively stressed its pivotal status in the history of music theory, without commenting on its specifically Cistercian features.[29] As this article aims to show, Petrus' spirited apologia for of mensural music represents an equally crucial (and otherwise undocumented) stage within the aesthetic discussions in his order and sheds significant light on monastic spirituality of the later Middle Ages in general.

As this investigation is primarily theological in scope it is permissible to bypass the musical technicalities of the treatise (thoroughly elucidated by Klaus-Jürgen Sachs)[30] – save for those that are explicitly interlinked with theological arguments and monastic norms. Thus for our purposes a short general introduction on the treatise and its author must suffice, before we can go *medias in res* and examine the theologically significant passages of the text. The *Compendium de discantu mensurabili* is singular in more than one respect: It is the only testimony of a treatise on polyphonic music that can be attributed to a Cistercian author with certainty.[31] Furthermore, it has come down to us as a unicum in a source, now kept in the Stadt- und Regionalbibliothek Erfurt (Collegium Amplonianum 8° 94). Table 2 provides a short bibliographical description of the manuscript, which is composed of five geographically, chronologically and thematically diverse fascicles.[32] Unfortunately the provenance of the manuscript cannot be traced back further than the fifteenth century, when it became part of the library of Amplonius Rating, lecturer at the University of Erfurt. At least fascicle no. 3, which contains Petrus' *Compendium*,

28 Even Claire Maître, a distinguished specialist of Cistercian chant, does not venture an explanation of the irritating issue why a Cistercian would write a treatise on *ars nova* counterpoint and notation, although she is the only one who poses this question. See Maître 1991.

29 Leech-Wilkinson 1993, the quotation at p. 173. Leech-Wilkinson reads the peculiarities of the treatise (such as the unique concept of 'flowers' of mensural music) primarily as a vestige of its purpose as instruction for improvised (as opposed to written) polyphony. In his critical response to this hypothesis, Klaus-Jürgen Sachs (Sachs 2005) persuasively places the treatise within the development of *contrapunctus* theory, in which, according to Sachs, it witnesses an otherwise undocumented crucial intermediary stage. Elizabeth Eva Leach (Leach 2000) shows how Petrus' idea of *contrapunctus diminutus* (as well as those of other theorists) can be sensibly used as an analytical approach to 14th-century polyphony.

30 Most recently Sachs 2005, where references to his earlier work on the treatise are given. The general structure and outline are described in Sachs 2005 and Maître 1991.

31 Recently Claire Maître (Maître 1990) conjectured that the Anon. La Fage, too, might stem from a Cistercian author. Even if her attribution is correct, however, Petrus dictus Palma ociosa would nonetheless be the only Cistercian author authored to write a treatise on mensural polyphony.

32 The table is based on the more extensive codicological description given in *RISM B III*[6], pp. 290–5.

originated in temporal and, perhaps, geographical proximity to the treatise itself. On codicological grounds its origin has been tentatively identified as French, its date was ascertained as 1350, i.e. our copy originated only some 15 years after the original, dated 1336 in the explicit by the author. As the explicit provides the only biographical information about Petrus dictus Palma ociosa, it is worth quoting:

Explicit compendium de discantu mensurabili compilatum a fratre Petro dicto Palma ociosa oriundo de Bernardi Villa in Pontino monacho ecclesiae sanctae Mariae Caricampi Cisterciensis ordinis Ambianensis diocesis anno ab incarnatione Domini nostri Jesu Christi 1336°.[33]

Beyond the basic dates that Petrus was born in Bernaville (Ponthieu) and belonged to the Cistercian community at Cercamps, the author remains completely obscure. The archive of Cercamps abbey was destroyed during the French Revolution, and Petrus was not known to the chroniclers and historiographers of his order.[34] Nor does the rather extraordinary cognomen "Palma ociosa" bring us closer to his personality.[35] It has been suggested by Leech-Wilkinson that *palma ociosa* (lit.: "idle palm/hand") means a deformed hand.[36] This translation, although certainly possibly, is not fully compelling: In Latin texts of the Classical and Medieval periods the adjective *otiosus* is not known to occur in combination with *palma* to indicate a lame or otherwise crippled hand. Moreover, the Middle Ages generally tend to refer to a medical handicap directly rather than through a euphemism, as attributes like Hermannus Contractus (Hermann the Lame) and Notker Balbulus (Notker the Stammerer) indicate. In that respect, if Petrus had a deformed extremity, one would have expected *manus otiosa* instead of the somewhat understated *palma* (used as a *pars pro toto*). Indeed, the expression *manus otiosa* can occasionally be found in Latin literature, although the only documented instance within Classical Latin appears in the *Germania* by Tacitus, a work that was not known in the Middle Ages.[37] Nonetheless, when Tacitus characterises the Swedes

33 "Here ends the compendium on mensural discantus compiled by Brother Petrus dictus Palma ociosa, born in Bernaville in Ponthieu, monk of the Church of St Mary of Cercamps of the Cistercian order in the diocese of Amiens, [written] in the year 1336 from the incarnation of our Lord Jesus Christ." PETRUS DICTUS PALMA OCIOSA *Compendium*, p. 534 (f. 59v in the Erfurt manuscript).

34 Neither MIRÆUS 1614 nor DE VISCH 1656 nor indeed any subsequent Cistercian historiographer mention him.

35 In my search for the meaning of *palma ociosa* I have greatly profited from discussions with the Latinists Charles Burnett, Johanne Cornelia Linde, Karin Schlapbach and, above all, Leofranc-Holford Strevens, as well as the theologians Martin Alberich Altermatt OCist, Wolfgang Buchmüller OCist, Marianne Schlosser and Pia Antonia Sondermann OCD.

36 LEECH-WILKINSON 2001, p. 523. This reading inspired Leech-Wilkinson to speculate further that the alleged deformity would have posed a challenge for Petrus when he had to teach the gamut through the 'Guidonian Hand', "particularly if it was his left hand".

37 TACITUS *Germania*, 44.3: "est apud illos [sc. Suiones (Swedes)] et opibus honos eoque unus imperitat, nullis iam exceptionibus, non precario iure parendi. nec arma, ut apud ceteros Germanos, in promiscuo, sed clausa sub custode, et quidem servo, quia subitos

(Suiones) as peaceful and 'idle-handed', he suggests that their reluctance to take up arms makes them prone to lasciviousness. This notion, however, seems to have been in circulation, since Bernard of Clairvaux uses the same expression in *De consideratione ad Eugenium Papam* in order to warn of the divergence between words and deeds.[38] This text, stemming from a widely disseminated treatise of the Cistercian author par excellence, will certainly have been familiar to every Cistercian monk of any erudition and thus to Petrus as well. In this light *palma ociosa* is likely to have a satirical overtone. Perhaps Petrus was reluctant to do his share of manual labour and was therefore nicknamed 'idle hand' by his confreres; or it was used to distinguish the scholar Petrus, who was exclusively drawn to intellectual work, from a conversus of the same name, relegated to the tough grind, such as the archetypical Cistercian occupations of clearing woods and constructing fish ponds. An altogether different interpretation might translate *palma* as palm tree and correspondingly read the cognomen as an enigmatic or playful allegory, the deeper meaning of which, however, would only have been understood by insiders. Yet another possibility would be to understand *palma* literally as palm tree and correspondingly as an attribute that referred to Petrus' local or genealogical origin (e.g. an allusion to his birthplace or 'family' name). As such, the informative autobiographical explicit of the treatise notwithstanding, the author and the immediate milieu from which his treatise originated prove ultimately elusive. For that reason Petrus' *Compendium*, an erratic block though it may be, is all the more significant to scholarship, as a close reading allows to reconstruct the very intellectual context that otherwise escapes the historian.

Circumspection and Audacity: A Sophistic Re-Appraisal of *Musica mensurabilis*

Petrus' response to the Cistercian ban on elaborate polyphony is most remarkable. He turned the very spirituality of his own order, which sought to eliminate polyphonic practices on the whole, into a counter-weapon to defend and colonise a small territory where even the most innovative stances on counterpoint notation, such as the *quatre prolacions*, could be safely held and employed. Right from the start Petrus deals with all precarious matters in a subtle and elegant way, as the preface shows:

Ad honorem Sanctae et Individuae Trinitatis et intemeratae virginis Mariae totiusque curiae celestis necnon ad devotionem fidelium excitandam quandam artem sive doctrinam compendiosam de discantu mensurabili edere proposui, quatinus regi regum omnium salvatori subtiliter ac melodiose psallere cupientes dimissis instrumentis quibuscumque manufactis ex

hostium incursus prohibet Oceanus, *otiosë* porro armatorum *manus* facile lasciviunt: enimvero neque nobilem neque ingenuum, ne libertinum quidem armis præponere regia utilitas est" (italics mine).

38 Bernardus Claraevallensis *De consideratione*, par. 14, p. 422: "Monstruosa res gradus summus et animus infimus, sedes prima et vita ima, lingua magniloqua et *manus otiosa*, sermo multus et fructus nullus, vultus gravis et actus levis, ingens auctoritas et nutans stabilitas."

instrumentis naturalibus aliunde deifica[39] natura mediante compositis ad psallendum convenientibus cum intentione cordis debita et vocis modulatione omni saecularitate et vana gloria postpositis harmoniam suavissimam Deo etiam hominibus acceptabilem impendere non differamus[40] divina officia celebrando. Quam quidem artem sive doctrinam in tribus capitulis divino mihi pneumate auxilia impendente percipere faciam complementum. In primo igitur capitulo agetur de discantu simplici et eius speciebus, in secundo de falsa musica, in tertio de floribus musicae mensurabilis.[41]

While Petrus does not concede openly that he is arguing against substantial reservations, he has cleverly built in refutations of potential criticism. Conscious that ventures into a minefield, however, he is careful not to cast himself as the author of the treatise, who could have been held personally responsible for his positions. Instead, as the explicit reveals, he limits his role to that of a compiler who summarised established doctrines in the didactic form of a compendium ("compendium de discantu mensurabili compilatum a fratre Petro dicto Palma ociosa"). The dedication to the Holy Trinity and to the Blessed Virgin (to whom the Cistercian order showed a very profound devotion)[42] is to be understood in a similar vein. This *captatio benevolentiæ* is set up to signal Petrus' good and pious intention as does the invocation of the Holy Spirit near the end of the preface. Following the opening statement, he claims that the second purpose of his treatise is to serve "ad devotionem fidelium excitandam" ("to rouse the devotion of the faithful"). This is a bold contention, given that his order had prohibited polyphony precisely because it was seen to distract from religious devotion. Steering back immediately, Petrus hastens to tune in with the Cistercian bashing of instrumental music ("dismissis instrumentis quibuscumque manufactis").

A similar zigzag strategy serves to neutralise the controversial desire to praise God not only "melodiose", but "subtiliter". While innovative approaches in many disciplines (polemically referred to as *via moderna, ars nova* etc.) were praised or shamed in the fourteenth century for their "subtilitas", the Cistercians were among its most outspoken critics, as this attribute was directly opposed to "simplicitas", notably one of the key elements of their own spirituality.

39 deifica] ms.: deifico

40 differamus] ms.: differam

41 "To the honour of the Holy and Indivisible Trinity and the immaculate virgin Mary and the entire court of heaven and in order to rouse the devotion of the faithful I have proposed to publish a manual or brief treatise on mensural *discantus,* in order that, wishing to sing subtly and melodiously praises to the King of Kings and Redeemer of all (dispensing with manufactured instruments) with natural instruments, formed from another source by the help of divine Nature, fitting for singing [God's] praise with due intention of the heart and modulation of the voice, all secular thoughts and vain glory having been put away, we would not delay performing that harmony sweetest to God and also acceptable to man in celebrating the divine Office. This manual or treatise in three chapters I will, with the help of the Holy Spirit, cause to be completed in three chapters. So, in my first chapter the subject shall be simple *discantus* and its species, in the second *falsa musica,* in the third the mensural flowers of music." Petrus dictus Palma ociosa *Compendium,* pp. 505f. (f. 59v in the manuscript).

42 See also below, pp. 176f.

From a Cistercian point of view, subtlety was regarded as a fall from the natural state of grace.[43] Cunningly responding to this paradigm, Petrus drops the positive catchword nature, when he praises the human voice as the natural and God-given instrument of man ("ex instrumentis naturalibus aliunde deifico natura mediante compositis"). Moreover the art of singing "subtiliter", as he defines it, does not lead to sinful behaviour. Conversely, it is a song of praise, which the heart owes to the Lord ("cum intentione cordis debita"), and is opposed to all secular attitudes and vain glories ("omni sæcularitate et vana gloria"), to which singers of *discantus* were notoriously prone to succumb.

When Petrus proceeds to define his subject (under the heading "de musica ... in speciali") after preliminary general remarks on the etymology and traditional definition of *musica*,[44] he tackles the questionable nature of *musica mensurabilis* in a manner that can only be characterised as nonchalant:

Unde notandum, quod Musica dividitur in musicam mensurabilem et non mensurabilem. Musica mensurabilis est vere perfecteque canendi scientia, omnium musicantium vocum speculatrix, gubernatrix et magistra.[45]

In this passage he bluntly pretends that *musica mensurabilis* is beyond criticism. On the contrary: "Mensural [i.e. measured] music is the science of true and perfect singing, the overseer of all music-making, their leader and mistress." Note that Petrus consciously chooses terms that implicitly underscore his bold claim. Instead of the more appropriate (if not expected) term 'art' he uses 'science', suggesting that his discipline is dealing with hard facts applying the strictest philosophical standards.[46] He avoids the term *ars*, commonly defined as theory instructing action, because he wants to hush up that *musica mensurabilis* theorises matters that are actually contingent, the product of

43 Given the centrality of "simplicitas" to the Cistercian mindset, it does not surprise that the musically relevant statute from 1320 (see Table 1) takes recourse to this concept when branding all departures from authentic Cistercian chant: "Capitulum generale ordinat et diffinit quod antiqua forma cantandi a beato patre nostro Bernardo tradita, sincopationibus notarum et etiam hoquetis interdictus, in cantu nostro simpliciter quia talia magis dissolutionem quam devotionem sapiant, firmiter teneatur".

44 "Musica est ars sive scientia bene et recte modulandi sono cantuque congrua vel musica secundum quod dicit beatus Isidorus est peritia modulationis sono cantuque consistens. Et dicitur musica a moys, quod est aqua, et ycos scientia, quasi scientia aquatica. Unde musica interpretatur achates ideo quod plectrum linguae semper est humidum et nulla vox procedit ab ore modulantis nisi aquatice, vel musica a musis per derivationem. Novem enim dicuntur esse musae. Nota, quod novem sunt instrumenta quae vocem humanam operantur scilicet duo labia, quatuor dentes principales, palatum linguae, concavitas gutturis, anhelitus et pulmones. Unde versus: Instrumenta novem sunt: pulmo, lingua, palatum,/ Quatuor et dentes et duo labia simul." Petrus dictus Palma ociosa *Compendium*, p. 507 (f. 59v).

45 Petrus dictus Palma ociosa *Compendium*, p. 506 (f. 59v).

46 The characterization of musica mensurabilis as science rather than art is legitimated through the classical Augustinian definition of music as "ars sive scientia bene et recte modulandi", cited a few sentences before.

human acts and practices and therefore open to moral judgements.[47] *Speculatrix* is another word that has rich connotations. From late Antiquity, its masculine form *speculator* was used as a Latin translation and synonym of the Greek word ἐπίσκοπος. Correspondingly Petrus assigns measured music a status equivalent to that of a bishop within the Church: It is at the top of the administrative and executive hierarchy (*gubernatrix*) and it holds (in ecclesiological terminology) the *magisterium*, i.e. it teaches and guards the truth (*magistra*). In the directly following alternative definition Petrus ventures one step further:

Vel sic: Musica mensurabilis est quae per tempora praecise et recte est mensuratrix. Musica immensurabilis est illa, per quam cantatur divinum officium secundum gamma manus et monocordum et secundum tropos abusive tonos nominatos principales et collaterales, de quibus beati Jeronimus, Gregorius et Guido cum pluribus aliis tractaverunt. Et dicitur immensurabilis, quia sine certo numero temporum cantatur; similiter ad voluntatem cantantis pronuntiatur secundum quod sibi melius placuerit et visum fuerit oportunum.[48]

The definition of mensural music in opposition to chant is a masterpiece of sophistry, through which Petrus subversively makes his reader believe that chant is in fact less compatible with Cistercian standards than the illicit practice of polyphony. His definition of plainchant as *musica non mensurabilis*, i.e. non-mensural or non-measured music, deliberately casts plainchant in such pejorative terms that by comparison *musica mensurabilis* appears in a favourable light. *Musica mensurabilis*, as Petrus presents it, would not even require authoritative support, because its principal qualities: precision and correctness

47 This epistemological classification is based on a seminal division from Aristotle's *Metaphysics* ii.1, which was commented by many a famous theologian from Grosseteste and Aquinas to Scotus and Buridan and allows to establish a parallel tripartite subdivision of music into *scientia*, *ars* and *usus*. Only speculative music theory, defined as applied arithmetics, falls under the category of *scientia* and proceeds methodically by logical demonstration (accordingly it is characterised through a "habitus demonstrationis" in Aquinas's commentary). While *musica theorica* reflects upon the eternal laws of proportion in sound, *musica practica* (i.e. the practice of plainchant and polyphony) is concerned with music as an artificial object contingent on its individual producer. As an *ars*, it tries to understand the rules behind them in order to obtain the qualification to produce music correctly and to teach its principles (Aquinas assigns to it a "habitus factivus cum ratione"). *Usus*, in contrast, corresponds to the *habitus* of a musical performer who is capable of producing music, but lacks any theoretical knowledge of and qualification for what he is doing, how and why he is doing it. In short, the brainless musician whom already Guido (Guido Aretinus *Regulæ rhythmicæ*, p. 95) had in mind when he stated: "Nam qui facit quod non sapit, diffinitur bestia" ("The one who produces music, but does not understand it, is defined as beast").

48 "Or: Mensural music is the measurer that [measures] precisely and correctly through time units (tempora). Non-mensural music is that in which the divine Office is sung according to the gamut, the hand and the monochord and according to the tropes, which are inappropriately called tones, principal and collateral, of which the blessed Jerome, Gregory, Guido and several others have treated. And it is called non-mensural because it is sung without a determined number of time [units]. Similarly it is delivered at the will of the singer according to what pleases him better and what seems fitting to him." Petrus dictus Palma ociosa *Compendium*, p. 506 (f. 59v–60r).

("praecise et recte") ideally match Cistercian ideals. Plainchant, on the contrary, is defined *ex negativo* as lacking these positive attributes and appears to be of a most questionable status, even though it is backed by the authorities Jerome, Gregory and Guido of Arezzo. Petrus uses the fact that chant notation does not determine exact time durations very much to its disadvantage. Since the notation is unclear, imprecise and irrational ("since certo numero"), its rhythmic realisation is entirely subject to the whim of the performer ("ad voluntatem cantantis"), who delivers the music "according to what pleases him better and what seems fitting to him". As an ultimate logical consequence of this definition, it would be plainchant that radically infringed the principles of rationality and uniformity that were central to the Cistercian understanding of liturgical music. Ironically it would not be mensural music then but chant that ought to have been at risk of prohibition and in dire need of legitimation.

The "Flowers of Mensural Music": Using Precedents from Visual Arts

Already the opening passages of the treatise allow us to draw a profile of the author and his motives. His defence strategy is that of a virtuosic spin doctor. Petrus suggestively twists the facts to make his audience believe that black is white and wrong is right. Once the sophistic nature of his argumentative technique is recognised, the attentive reader cannot fail to find it pervading the entire treatise. Particularly pertinent to Cistercian spirituality is the concept of "flores musicæ mensurabilis", which Petrus significantly introduced to music theory. On a surface level, one would be inclined to read these 'flowers' as a technical term from rhetoric: From Cicero onwards, *flos* is used, together with its synonym *color*, to specify the *ornatus*, which is added during the *elocutio*, when the orator fleshes out the structure of his speech with words. The concept of 'flowers', however, generally pervades rhetorical writings of the time, such as *De ornamentis verborum* by Marbod of Rennes and others.[49] Among the most widely circulating treatises of the time, the *Flores rhetorici* by the 12th-century theologian Alberic of Monte Cassino (Albericus Casinensis, c. 1030–1105), even use the word as its title.[50]

Within a Cistercian context, however, the term *flos* had particular overtones which made it a powerful persuasive device for Petrus' purpose. The very idea of floral ornaments resonated strongly with another field of Cistercian art, where something, albeit prohibited in theory, nonetheless managed to acquire gradually the status of an accepted practice. The Cistercians, who emerged as an observant reform branch from the Benedictine order in the late 11th century, were driven by the desire to reinstate the monastic ideal laid down by St Benedict in the 6th century. Monastic life, as they perceived it, stood for a life of penance and contrition, spent in prayer and manual labour according to the Benedictine principle *ora et labora*. Correspondingly true

49 Marbodus de Rennes *De ornamentis verborum*.

50 Albericus Casinensis *Flores rhetorici*. Alberic, the author of this poetic treatise and sample letters, is known to theologians primarily through his spirited refutation of Berengar on the controversial discussion of the real presence in the Eucharist.

monks aspired to devote their life to God alone, which implied a radical renunciation of the world. For this reason Cistercians were highly critical of secular elements which they observed to have intruded and gradually corrupted contemporary monasticism. They sought to restore its true nature through a strict obligation to the norms of poverty, simplicity and austerity. For this reason they were deeply suspicious of all pleasures that appealed to the senses and attracted to the world a mind that was destined for heaven.[51] Music, as we could observe, was one of the targets of Cistercian criticism, but they were equally cautious to control the alluring forces of the visual. Aelred of Riveaulx, for instance, devoted one chapter each of his moralising tract *Speculum Caritatis* to the "vain pleasures" in which eye and ear delight.[52]

It was Bernard of Clairvaux who played the seminal role in codifying aesthetics for future generations of Cistercians. In his *Apologia ad Guillelmum* (1124), which was to become one of the defining texts for the *forma ordinis*, Bernard developed the Cistercian aesthetics of simplicity and austerity as a counter-concept to the excessive use of art and decoration in secular and monastic churches (particularly those of the Cluniac type). As a major abuse he slated the *superfluitas* of images in Romanesque churches, which abounded in exuberant, often carnivalesque decoration, featuring monstrous chimeras and other hybrid creatures. Bernard's view was adopted officially by his order in the *Prima collectio* (1134), which advocated an aesthetic 'no frills' policy and condemned from monasteries all 'superfluities' and 'curiosities' that caused distraction from pious pursuits and instead filled the soul with vain or irreverent delights.[53] The rich Cistercian legislation on art vividly demonstrates how rigorous the measures were that Bernard and his followers issued to ban anything that would stimulate vagabond imagination.[54] No depictions of persons and objects were allowed, save for the image of Christ crucified. Moreover paintings and sculptures were strictly forbidden as were coloured windows[55] and tiles that formed ornate pavements.

While these regulations theoretically remained in force throughout the Middle Ages, from the mid–13th century certain violations were in practice soon treated with lenience, if not embraced wholeheartedly. Cistercian grisaille windows, which had to replace traditional coloured glass, may serve as an

51 On the spirituality of the early Cistercians see most recently Bell 1999.

52 Aelred Rievallensis *Speculum Caritatis*, ii 22 ("De concupiscientia oculorum quæ in exteriori et interiori curiositate sita, quæ ad viam perfectiorem conversos affligit) and 23 ("De vana aurium voluptate").

53 Canivez *Statuta Capitulorum*, p. 17 (Statutorum Annorum Precedentium Prima Collectio (1134), no. 10). Warnatsch-Gleich 2005, pp. 190f.

54 The most comprehensive collection of Cistercian legislation on art is given in Norton 1990, who excerpted the edition of normative Cistercian texts by Canivez *Statuta Capitulorum* and added statutes that are missing in that edition.

55 The prohibition of coloured glass is often mistaken for an exclusive permission of 'white', i.e. completely transparent glass. The Cistercians were only opposed to glass that had to be stained with pigments so that their understanding of *albus* included anything that looked greyish, greenish-grey, blueish or cloudy yellow. See Kinder 2002, pp. 217f.

example to illustrate this development.[56] While the windows increasingly lean towards colour and pictorial ornament, the breach of the norm is usually mitigated by the use of abstract geometrical patterns. Broadly speaking, the earliest surviving Cistercian glazing that shows any ornamentation at all makes use of interlace designs or geometric grids, often superimposed with patterns of circles. In the window from Obazine (Plate 1), which is representative of this type, a complex geometrical pattern is construed through interlaced circles. As another twelfth-century window from Obazine demonstrates (Plate 2), the patterns are from early on arranged to form more or less explicit floral elements, such as palmettes, fleurs-de-lys or leaves. According to a literal interpretation of the statutes such depictions ought to have been prosecuted. That they were nevertheless tolerated (and not doomed to destruction, which was occasionally stipulated in the case of other unacceptable offences against the norm)[57] should not be explained away simply as decadence. Upon closer inspection there seems to emerge a certain logic behind the unexpected toleration of certain ornaments, which, though *stricto sensu* prohibited, could be brought in line with the Cistercian mindset. Bernhard's attack of contemporary church decoration, which was aimed specifically at the exuberant Romanesque ornamentation, might have allowed for simpler forms as long as they did not distract the mind from contemplation and prayer. These requirements are certainly met by early Cistercian grisaille windows: They show a pronounced distance from the exuberant and irrational designs, often filled with monstrous creatures of all imaginable and unimaginable kinds, that were fashionable at the time. Even though the Cistercians did not (want to) abstain from ornaments altogether, they returned to more ancient and less figurative patterns from the Carolingian period.[58] In comparison with the follies of Romanesque decoration this style would indeed have looked quite ascetic. Moreover, the ornaments typically used in Cistercian glass significantly restrain the pictorial appeal of the ornament by reaching a high level of rational abstraction.

As the thirteenth century proceeded, depictions occur more frequently and in increasing degrees of explicitness. Such pictorial images could be immunised against Cistercian concerns, once they were faithful to nature (*natura*) in addition to meeting the before-mentioned conditions of *ratio* and *simplicitas*. With respect to the latter, one should note that Bernard polemicized against pictorial representations in Romanesque churches precisely because in

56 From the vast literature on Cistercian glass see especially the monograph by Zakin 1979, which superseded and amended the older, though still seminal study by Frodl-Kraft 1965, as well as the more recent studies by Lillich 1993 and Richter 1993.

57 The statutes of 1159, for instance, stipulate: "Vitræ diversorum colorum ante prohibitionem factæ infra triennium amoveantur." Canivez *Statuta Capitulorum*, i, p. 70 (Statutes of the General Chapter (1159), no. 9).

58 Zakin 1979, pp. 115f., based on a compelling discussion of potential sources for early Cistercian designs at pp. 86–116.

his eyes their obsession with fanciful, unrealistic chimaeras distorted and perverted the God-given order of nature for the sake of sheer curiosity.[59] On these grounds vegetal imagery seemed to be acceptable, particularly as the floral motives and leaves that indeed are found in thirteenth-century grisaille windows reproduced natural forms. Their usage could be embraced almost unconditionally if the motives were laden with spiritual meaning in Christian iconography and spirituality. Vine shoots, for instance, which feature prominently in Cistercian fenestration (Plate 3 and 4),[60] refer to the sacramental gift of the Eucharist and the allegorical description of Christ as the vine of which the disciples are the branches (John 15,5: "Ego sum vitis, vos palmites. Qui manet in me et ego in eo hic fert fructum multum, quia sine me nihil potestis facere."), to name but the most eminent biblical passages.

Other vegetal images such as palmettes (derived, for instance, from Plate 2), from early on popular in Cistercian glazing, and the fleur-de-lys can be connected to St Bernard.[61] Trees and flowers featured prominently in his writings (which significantly was not confined to proscriptive norms).[62] Bernard explored the mystical significance of the latter both extensively and intensively in his series of sermons on the Song of Song, which inspired arguably his most profound spiritual prose. His commentaries on this book from the Old Testament is particularly rich in allegorical readings of 'flowers': In general Bernard sees flowers as a symbol of Christ and the resurrection (based on Sg 2,11f.)[63] and as a synonym of the land of Nazareth (which he translates into Latin as *flos*).[64] More specifically Bernard is drawn to the image of the lily, with which chapter 2 of the *Canticum Canticorum* is saturated (Sg 2,16: "libenter inter lilia pascitur flos campi" and Sg 2,1: "lilia convallium"). To Bernard the lily spiritually represents on the one hand truth, on the other hand God, the

59 Bernardus Claraevallensis *Apologia* cap. 28–30 ("De picturis et sculpturis et argento in monasteriis"), p. 104–107. Superstition might be another, though equally reproachable, motivation for depicting monstrous creatures. Particularly if they appear over entrance doors they could have served (in the intention of their creators) as apotropaeic magic against evil demons. See Nicolai 1994, p. 30.

60 As a comparison between the two examples shows, floral images, which had before only been outlined through the latticed web of lead, even began to be painted onto the panes of glass themselves from the mid–13th century.

61 This relation is persuasively established by Zakin 1979, pp. 154–161.

62 With regard to trees, Bernard's frequent elaboration of the Jesse Tree image (Jes 11,1–3) is of central significance and even believed to have popularised this iconographic theme. See, for instance, Bernardus Claraevallensis *Sermo 2*, pp. 33f.

63 Bernardus Claraevallensis *De diligendo deo*, cap. 3/8, pp. 126: "Porro autem Resurrectionis insignia, novos adverte flores sequentis temporis, in novam sub gratia revirescentis æstatem, quorum fructum generalis futura resurrectio in fine parturiet sine fine mansuram. ›Iam‹, inquit, ›hiems transiit, imber abiit et recessit, flores apparuerunt in terra nostra‹ (Sg. 2,11f.)."

64 Bernardus Claraevallensis *Sermo 3*, par. 5, p. 39: "'Flores', inquit, 'apparuerunt in terra nostra' (Sg 2,12). Neque hinc discrepat, quod Nazareth interpretatur flos. Amat florgeram patriam flos de radice Iese, et libenter inter lilia pascitur flos campi et lilium convallium (Jes 11,1; Sg 2,16; Sg 2,1)."

Eternal light (because of its white colour), and, both meanings combined, "the light to lighten the gentiles."[65] Bernard's elaboration of the lily theme might well explain why Cistercian windows show this flower in the stylised form as fleur-de-lys.[66] After all, Bernard's writings provided a welcome excuse to incorporate flowery motives into abstract decorations: While depictions were forbidden, they could be tolerated if they drew the mind to contemplate spiritual truths instead of causing distraction.

To sum up so far: in Cistercian glass windows, by and large, rational structure and stylisation prevail. Pictorial images, albeit on principle proscribed, were tolerated if they were a faithful reproduction of nature (as created by God) and saturated with spiritual meaning, particularly if the allegorical connection had been developed by St Bernard: Among the images rehabilitated on this account floral and vegetal images had pride of place.[67] Even then, however, the Cistercians usually avoided an excessive naturalism which again would draw the spectator's attention to a curious study of every little detail. Instead depictions usually grow out of decorative patterns derived from nature and are highly stylised. Geometric decoration cultivated by the Cistercians is typically characterised by simplicity, symmetry and self-containment (which distinguishes them from Islamic, Celtic and contemporary forms of ornamentation).[68] The primary purpose of the ornament was to convey a sense of rational order through which visual contemplation was led to a contemplation of Divine Providence.[69]

In other media of Cistercian art, too, ornamental decoration and pictorial images were exempt from normative restrictions, as long as they conformed to the norms of *ratio* and *natura* (and, more specifically, *flos*), even though the licences were never officially put down as licences to breach the rule. Grisaille windows find their direct counterpart in Cistercian book illuminations, the two even developed in mutual interdependence – at least after the order had adopted Bernard's rigorous aesthetic views and departed from its

65 See the quotation in the preceding note and BERNARDUS CLARAEVALLENSIS *Sermo 70* cap. 2/5, p. 210: "Bonum autem lilium veritas, candore conspicuum, odore pæcipuum; denique candor est lucis æternæ, splendor et figura substantiæ Dei. Lilium plane, quod ad novam benedictionem terra nostra produxit, et paravit ante faciem omnium populorum, lumen ad revelationem gentium. Donec sub maledicto fuit terra, spinas et tribulos germinavit. At nunc veritatis de terra orta est, Domino benedicente, speciosus omnino quidam flos campi et lilium convallium."

66 ZAKIN 1979, pp. 157–161.

67 As the surviving evidence suggests, these requirements for pictorial representation were commonly observed within the order. Early exceptions such as the founders' windows in Doberan and Heiligenkreuz are rare and owed their existence to extraordinary circumstances (although in the long run they opened the door to a more lenient policy). See LYMANT 1980 (on Heiligenkreuz, Altenberg and Wettingen) and RICHTER 1993 (on Doberan).

68 The only example that breaches the norm of self-containment is window C at La Bénissons-Dieu.

69 ZAKIN 1979, pp. 161–165.

early predilection for lavish figural illuminations.[70] Artisans in both fields were drawn to interlaced designs and floral patterns that often show striking resemblances. A unique source documenting these parallels is the so-called *Reuner Musterbuch* (Vienna, Österreichische Nationalbibliothek, cod. 507), believed to have been produced at the Cistercian abbey of Reun (in NW-Austria), where it is first listed in 1344.[71] The patterns collected in this manuscript circulated widely within the order, as similar and related designs occur in Cistercian contexts throughout Europe.[72] Significantly, the *Reuner Musterbuch* shows prototypical Cistercian ornaments, such as the different variations on abstract and/or floral patterns (f. 11r, Plate 5) and the spiral vine (f. 6r, Plate 6, which smuggles into the decorated initial Q smuggles the figure of a little dragon).

Bernard's hostility towards visual decoration and depiction was directed not only against stained glass and narrative images, but against elaborate ornament and colour in general. In the *Apologia* of 1124–5 he reproached contemporary abbeys for their ornate pavements, often made from coloured tiles. In particular he scorned as irreverent the depictions of sacred images (such as saints and angels) on the floor where they were they were (willingly or unwillingly) trampled underfoot.[73] The order officially turned this concern, probably considered of minor relevance, into an official prohibition as late as 1205,[74] but from then on it was regularly reinstated in the statutes of the General Chapter up to the early fourteenth century (although after 1236 no breaches of the norm were prosecuted).[75] But even if Cistercians abstained from coloured tiles and used exclusively plain ones, they often assembled

70 The earliest generation of Cistercians cultivated a passion for elaborate miniatures, as is attested by the excessively illuminated manuscripts that were produced under Bernard's predecessors: the "Bible of Stephen Harding" (Dijon, Bibl. mun., Mss. 12–15, begun under Alberic, completed under Stephen Harding) and the Cîteaux "Moralia in Job" (Dijon, Bibl. mun., Mss. 168–170 and 173, produced under Stephen Harding). The flourish of book illumination, populated with an abundance depictions and genre scenes, came to a sudden end under the influence of Bernard of Clairvaux, whose austere aesthetic determined the subsequent stance of the order. The best codicological study of the named manuscripts is given by ZALUSKA 1989 and ZALUSKA 1991. On the change of policy under Bernhard see RUDOLPH 1987.

71 HERMANN 1926 p. 353; VERMEEREN 1956 p. 31.

72 ZAKIN 1979, pp. 137–140.

73 BERNARDUS *Apologia*, cap. 28, p. 106: "Ut quid saltem Sanctorum imagines non reveremur, quibus utique ipsum, quod pedibus conculcatur, scatet pavimentum? Sæpe spuitur in ore Angeli, sæpe alicuius Sanctorum facies calcibus tunditur transeuntium. Et si non sacris imaginibus, cur vel non parcitur pulchris coloribus? Cur decoras quod mox fœdandum est? Cur depingis quod necesse est cunculcari? Quid ibi valent venustæ formæ, ubi pulvere maculantur assiduo? Denique, quid hæc ad pauperes, ad monachos, ad spirituales viros?"

74 CANIVEZ *Statuta Capitulorum*, I, pp. 308f. (Statutes of the General Chapter (1205), no. 10). "Tegule variate" are first mentioned in the statutes of 1182–3, which are, however, probably inauthentic. LECLERCQ 1954, pp. 74–82.

75 On tile pavements in Cistercian legislation and practice see NORTON 1986b and COTHREN 1982.

them in a way so as to form elaborate ornaments that were much more costly to manufacture and lay out than square patterned tiles. Indeed, not by coincidence, their imagery reveals close similarities to that used in the other Cistercian media: The mosaics were arranged according to abstract geometrical principles. Depictions typically arise out of these patterns and show stylised images of leaves, flowers and other natural objects, as is illustrated by the rosette from Meaux (Plate 7). Square two-colour tiles, which superseded the older mosaic technique around the mid–13th century, feature abstract or vegetative ornaments (Plate 8).

These parallels to Cistercian fenestration and book illumination strongly suggest that the criteria *ratio* and *natura/flos* could generally serve as licence for elaborate ornamentation and depictions. They even seem to be at work in the realm of sculpture. According to a strict interpretation of the statutes, Cistercian churches had to be void of images and sculptures save for the depiction of Christ, which was allowed to be painted onto wooden crucifixes. For this reason even tympana and capitals, which in secular and other monastic churches of the time were richly decorated with narrative sculpture, had to be left unadorned. Through the backdoor pushed open by the concept of *ratio* and *flos*, floral and geometric designs, too, slipped occasionally into Cistercian churches. To name but one salient example, in the tympanon over the south doorway to the cloister at Bonmot Abbey, a flower receives a most prominent place, situated in the centre of a cross.[76] When decorated capitals occur, they show stylised leaves. In exceptional cases, as in the cloister of Flaran, one finds even heads and human figures lurking behind the foliage.[77]

This art-historical digression demonstrates how vital the concept of 'flowers' as a means of decoration was to Cistercian spirituality, so much so that it could even be used to justify ornaments and depictions that were otherwise illicit by Cistercian standards. The "flores mensurabilis musicæ", advocated by Petrus dictus Palma ociosa in the final chapter of his treatise, have to be understood in this light:

> Viso de falsa musica diligenter, ultimo restat videndum de floribus musicae mensurabilis. Sicut videmus arborem tempore aestatis adornatam et decoratam floribus et animam sanctam hominis virtutibus necnon etiam beatissimam virginem Mariam de incarnatione filii sui unigeniti sine corruptione, sic omnis discantus de floribus musicae mensurabilis adornatur et etiam decoratur.[78]

A hard-boiled sophist and devotee of the *ars nova*, Petrus seeks to extend to music the licence that had unofficially been granted for visual objects. Significantly, when he introduces this novel concept, he explicitly draws on the

76 Kinder 2002, pl. 9/xi.

77 Kinder 2002, pl. 5/x..

78 "Having observed diligently [the rules of] *musica falsa*, it ultimately remains to look at the flowers of mensural music. As we see a tree in summertime adorned and decorated with flowers [the correct English translation would be: ›blossom‹], and a sacred human soul with virtues, and indeed the most blessed virgin Marian through the incarnation of her only son without corruption, so every discantus is adorned and also decorated with flowers of mensural music." Petrus dictus Palma ociosa *Compendium*, p. 516 (f. 63v).

parallel to nature, which had been efficiently exploited by artists before: His "flowers of mensural music" are like the flowers that "adorn and decorate a tree during summertime". That is to say, the polyphonic elaboration of a cantus firmus is as natural an ornament as the flowers that grow out of tree. For a reader experienced in spiritual literature and exegesis this metaphor evoked further images: Be it in nature or in mensural music, such ›flowers‹ effuse a sweet fragrance (traditionally interpreted as a sign of holiness) and, in the long run, yielded rich fruit (which resonated with Mt 7,16: "A fructibus eorum cognoscetis eos" – "Ye shall know them by their fruits").

Petrus, however, is not content with pointing out this parallel. Aware of the fact that he defends an illicit practice he adds an ethical dimension to his metaphor. Two more comparisons help him to underscore the moral value of floral ornament in music: "As [...] a sacred human soul [is adorned] with virtues, and indeed the most blessed virgin Mary with the incarnation of her only son without corruption, so every discantus is decorated and also adorned through flowers of mensural music." The first analogy draws on the ancient image that good deeds embellish a human person.[79] They make a person's moral integrity, located in the soul and not perceptible as such, apparent to his neighbours (again Mt 7,16 is applicable). Conversely, a good person is not just good in himself, but his goodness emanates in the form of good deeds as naturally as flowers.

The second analogy with Mary invokes an image that had powerful reverberations with Cistercian spirituality: From early on the order had developed a profound devotion for the Blessed Virgin. It found its expression, for instance, in the decision of the General Chapter of 1134 to dedicate all Cistercian churches and monasteries to the mother of Christ, the patron of the abbey of Cîteaux, whence the order took its origin and name.[80] In 1281 Mary was even declared its official patroness, which implied that she served as the representative of the order. This decision had legal ramifications, as the Blessed Virgin was regarded as the protector in all spiritual and secular, but also legal affairs. The iconographic type of the Madonna of Mercy (*Schutzmantelmadonna*), which was cultivated and popularised by the order from the early 13th century, underscored this relation.[81] According to an ancient legal custom, an adoption (or legitimation of a spurious child) became binding when the 'mother'

79 See, for instance, the *loci classici* in Aristotle *Nicomachean Ethics*, book iv.3 ("De magnanimitate") and *Economics* iii.1. In the Christian tradition the latter theme occurs in a much commented passage from 1 Petr 3,3f., who contrasts exterior artificial beauty of a woman with the genuine beauty in which the virtuos soul is clad.

80 Van Damme/de la Croix *Les plus anciennes textes de Cîteaux*, p. 26. Canivez *Statuta Capitulorum*, i, p. 178 (Statutorum Annorum Precedentium Prima Collectio (1134), no. 1018).

81 Of seminal importance in that respect was the vision of a Cistercian monk, recorded in Cæsarius Heisterbacensis *Dialogus miraculorum*, dist. VII cap. 59 ("De monacho, qui ordinem Cisterciensem sub eius pallio vidit in regno cælorum), i, pp. 79f.

took it under her cloak.[82] Not surprisingly, then, this relation is represented on Cistercian seals, which from 1335 (i.e. one year before our treatise was written) had to show an image of Mary. The *Virgo Protectrix* type, which became very popular in the 14th century, even seemed to have originated at Cercamps Abbey, the home of Petrus dictus Palma ociosa, and rapidly spread after it was adopted on a seal of Cîteaux.[83]

The Marian devotion of the Cistercians also manifested itself in the liturgy. From 1152 the Blessed Virgin was daily commemorated in the Office, from 1194 a daily conventual mass was celebrated in her honour. In 1194 the General Chapter introduced an *Officium Minor de Beatissima Virgine Maria.* In 1220 a votive mass is first recorded in Cistercian missals (while the corresponding office is not documented prior to 1654).[84] And, above all, the *Salve regina,* alleged to have been composed or at least brought into its definitive form by St Bernard, became one of the centre pieces of the Cistercian liturgy, where it is said after Compline.[85] In the light of the Cistercians' extraordinary devotion to Mary, it was a clever move of Petrus to bolster his case with the Blessed Virgin. By mentioning her name in relation with mensural music he invoked Mary as the patroness of this prohibited art. His comparison suggested that polyphony sprang from liturgical chant just as Christ was born from Mary. As such he established yet another elegant link with the image of the Tree of Jesse (Is 11:1), prophetic prefiguration of Christ's incarnation, and the initial, vegetative component of his threefold analogy. Significantly, the Cistercians were not only disposed towards tolerating ornaments and depictions on account of their floral and rational nature, the θεοτόκος Mary issued the licence for bypassing the ban of figural painting and sculptures. From around 1300 (within cultural memory of Petrus) Marian statutes found their way into Cistercian monasteries; originally placed on the outside of churches (such as in the tympanon of the west gate in Riddaghausen),[86] then increasingly inside (e.g. the retable in Stams).[87] Petrus thus had every reason to believe that Mary, who had authorised pictorial art and sculpture, would also help to sanction the use of elaborate polyphony.

82 Mussbacher 1977, p. 177. I do not share, however, Mussbacher's hypothesis that the frequent mentioning of Mary in exlibris notes of Cistercian books is indicative of the fact that she was conceived as their owner. Instead I would suggest to understand these passages as an abbreviation. In this respect, "Liber sancte Marie in hailsbrunn", for instance, actually meant "Liber [ecclesiæ] sancte Marie in hailsbrunn."

83 Bony 1987, p. 202.

84 Mussbacher 1977, p. 1180.

85 Maas-Ewerd 1993, p. 649.

86 Mussbacher 1977, p. 172 (with plate).

87 Laabs 2000, p. 187.

Ratio SUBSERVIT *Auctoritati*: RECONSTRUCTING AUTHENTICITY THROUGH REASON

The rich meaning of the term 'flowers' alone allowed Petrus to induce in his readers a favourable disposition towards polyphonic decoration. If it was indeed not different from the floral motives found in Cistercian grisailles windows, manuscripts and capitals, then their equivalent in music should be acceptable, too. As yet, in order to dispel the last shadows of doubt, Petrus needed to vindicate that his "flowers of mensural music" complied with *ratio*, the second condition required for a dispensation from the ban of superfluous ornaments. This is the reason why he is eager to stress their controlled and rational nature:

Dicunt enim flores musicae mensurabilis, quando plures voces seu notulae, quod idem est, diversimode figuratae secundum uniuscuiusque qualitatem ad unam vocem seu notulam simplicem tantum quantitatem illarum continentem iusta proportione reducuntur.[88]

In this passage, Petrus deliberately strikes the chord of *simplicitas*, which is very much in line with Cistercian spirituality. In fact he applies a fundamental Cistercian ideal to mensural music, which had been accused of its very opposite: *superfluitas*. Petrus' potential critics find themselves reassured that a simple pattern lies at the heart of the musical embellishments and that the latter can be reduced to that very core – to take up his previous metaphor, a tree in wintertime, which had lost all its leaves. On this basis Petrus counters the common indictment that polyphonic musical ornamentation in general would be irrational and arbitrary. The musical 'flowers' he asserts, however, are beyond such criticism because they are highly stylised and ruled by the principle of strict numerical proportion ("iusta proportione"). From there he goes on as follows:

Quamvis autem nonnulli dicant et affirment flores scientiae musicalis fore innumerabiles secundum diversos modos discantus, et de innumerabilibus non valet haberi certitudo, volentes[89] ob hanc causam de floribus huiusmodi aliquam artem componere. Tamen ne iuvenes et alii cupientes in dicta scientia proficere aliquam artem de eadem non habentes ob hoc fiant tepidi et remissi istam scilicet addiscendo, idcirco ego circa capacitatem ingenioli mei XII modos seu maneries de discantu mensurabili floribus adornato compilavi. Qui quidem modi seu maneries, prout cuilibet competit, ordinantur sub modo perfecto et imperfecto et sub tempore perfecto et imperfecto et sub prolatione maiori et minori.[90]

88 "For they speak of flowers of mensural music, when several pitches or notes (which is the same thing), which are notated differently according to their respective qualities, are by just proportion ('iusta proportione') reduced to one pitch or simple note, which contains their quantity [i.e. of these decorative pitches]." PETRUS DICTUS PALMA OCIOSA *Compendium*, pp. 516f (f. 63v).

89 nolentes] ms.: volentes.

90 "As much as some people say and claim that the flowers of the musical science are innumerable with respect to different modes of discant [i.e. the different mensurations] and that one cannot have certainty in things innumerable, being unwilling for this reason to compose any manual on such flowers; nevertheless, in order to prevent young people and others, who wish to proceed in the said science, but have no manual on the subject, from becoming lukewarm and idle in learning it, I have so far as my little ingenuity allows, compiled 12 modes or manners of measured discant adorned with flowers. These 12 modes or manners are ordered, as is suitable for each, in perfect and

Petrus deliberately puts into the mouth of his critics the classic Aristotelian argument that infinity is an epistemological anathema. Through this paradigm he cunningly creates a smoke screen, which puts him in the position to present a miraculously simple solution to an imagined problem: Using the 'little ingenuity' he has ("circa capacitatem ingenioli mei"), he proposes a self-designed system that allows rationalising *discantus* ornamentation in a system of no more than twelve modes. The choice of this number reveals once more Petrus' theological erudition as well as his persuasive skills. In a Christian context, twelve is laden with symbolic significance, regarded as the smallest number to denote an entirety: the twelve tribes of Israel, the twelve Apostles, the twelve gates of the heavenly city.[91]

Undoubtedly Petrus' ingenuity was considerably greater than he himself admitted. Although his system promised to refute the remaining doubts against elaborate polyphony, he justifies it through something that had recently become the target of fierce criticism, especially from clerical and ecclesiastical circles. In essence his system of twelve modes runs down to the idea of the 'quatre prolacions', the hallmark of the much-contested *ars nova.* They present schematically the different mensural constellations, possible under the following precarious assumptions: First, in addition to tripartite division (*divisio perfecta*) the note values could be divided into two (*divisio imperfecta*). That is to say that a *longa* could be composed of either two or three breves, a breve of two or three semibreves and a semibreve of two or three minims. This innovation provoked a major scholarly debate as it meant a departure from the established belief that tripartite division alone was valid and (owing to its resonance with the Holy Trinity) reverent. Second the *ars nova* theorists held that that smallest notatable time unit was to be calculated as the 27th part of the long, applying perfect divisions on all levels. This third part of an imperfect semibreve was called *semibrevis minima,* in short: *minima,* minim. Third, to denote this newly invented smallest note a new symbol was fashioned, which signalled a further departure from chant notation, sanctioned by the Church and regarded as absolutely sacrosanct. Already the early mensural theorists, such as John of Garland and Franco of Cologne, had tampered with the ligatures of chant notation so that they could represent note values unequivocally through them. The *ars nova* theorists violated it further by creating a new figure, or rather by distorting a traditional one, adding a tail (*cauda*) on top.[92]

imperfect modus, perfect and imperfect tempus, and major and minor prolation." PETRUS DICTUS PALMA OCIOSA *Compendium,* p. 517 (ff. 63v–64r).

91 My allegorical interpretation of the number 12 does not intend to conflict with the divergent readings offered by LEECH-WILKINSON 1993, p. 180, who sees the total number of twelve rather than eight modes as indicative of an improvisatory practice, and SACHS 2005, pp. 71f., who reconstructs an intrinsic logic of this classification. In either case the biblical and theological connotations of the number 12 would add an overtone to the scheme that served a persuasive end. From a Mariological perspective one might be reminded of the twelve stars in the crown of the "mulier amicta sole" (Rev 12,1), traditionally interpreted as the Blessed Virgin.

92 On these innovations and the paradigmatic debates they inflamed see, for instance, HAAS 1982 and GALLO 1984.

In the early fourteenth century, as pointed out above, these innovations drove a major rift between traditionalist and modernist factions of music theorists. Directly relevant for our investigation is that they were not only contested by traditionally minded theorists (headed by Jacques de Liège), but officially ostracised by the Church, most notably in the extravagant bull *Docta sanctorum* of Pope John XXII (c.1321); monastic institutions soon tuned in with the reproach of the new practices, if they had not long forbidden them. Of this context Petrus is significantly silent – because he sells as solutions the very devices that were attacked and prohibited from other sides.

Even if a critically minded reader might have noticed this sleight of hand, Petrus still had a trump card up his sleeve. After all, rational organisation was a very powerful argument within the Cistercian mode of thinking about music. As a historically conscious Cistercian would have remembered, *ratio* remained the ultimate reliable criterion in the Cistercian chant reforms of the early twelfth century, when all other attempts to recover the authentic Gregorian melodies had failed. In their zeal to restore the pristine ideals of coenobitic monasticism, the early Cistercians subscribed to a literal and strict interpretation of the rule of their founder St Benedict. The desire to live exactly by the rule, for instance, prompted Stephen Harding, the third abbot of the order, to adopt the Milanese rite for its hymns, because the term "ambrosianum" occurred in the rule of St Benedict in conjunction with this genre.[93] Ironically, the faithful intention was undermined by reality, for in fact the hymns recorded in Milanese sources were substantially different hymns from those sung of Ambrose's day.[94] Moreover, the Milanese Hymnal Cistercian scribes used a their master copy was so idiosyncratic that the Cistercians soon became the target of ridicule and scathing criticism, not in the least from their notorious rival Peter Abelard.[95] In order to retrieve the authentic chants of the antiphoner (and probably the gradual as well)[96] Stephen Harding sent a delegation of cantors and scribes to Metz, where they believed the original Gregorian rite was still

93 See prologue of the Cistercian Hymnal: "Mandamus filiis sancte ecclesie: nos hos hymnos, quos beatum ambrosium archiepiscopum constat composuisse, in hunc nostrum locum, novum videlicet monasterium, de mediolanensi ecclesia in qua cantantur detulisse; communique fratrum nostrorum consilio ac decreto statuisse ut amodo a nobis omnibusque posteris nostris hii tantum nullique alii canantur; quia ambrosianus beatus pater et magister noster benedictus in sua regula, quam in hoc loco maximo studio decrevimus observandam, nobis proponit canendos." Quoted after *Cîteaux, documents primitifs*, pp. 148f.

94 Stephan Harding's preface to the Hymnal is published in WADDELL 1970. The contents of the Hymnal were first edited by WEINMANN 1950, since then a critical edition (including the early Cistercian additions to the 'Ambrosian' nucleus) has been prepared by WADDELL 1984.

95 PETRUS ABAELARDUS *Epistola x*, p. 245. See also WADDELL 1976.

96 Only a fragment of the Cistercian gradual, which represents the stage of the first reform, has come down to us: Paris, Bibliothèque nationale, lat. 2544, f. 1r–2v. See WADDELL 1971, p. 95.

observed.[97] According to tradition, the liturgical books of Metz cathedral were copied directly from a (lost) exemplar produced under the supervision of St Gregory in Rome. Upon consultation of the actual books, however, the Cistercians were shocked by the Metz sources, which Bernard described as "corrupt in both music and text, extremely disordered and in almost all respects despicable".[98] At first this disappointment did not create an unsurpassable obstacle to Stephen Harding, the initiator of the first reform. However inconsistent the Metz version appeared, Harding attributed it to the weakness of human reason and instead put his full trust in tradition.[99] Stephen's successor Bernard came to the opposite conclusion: If the Metz chants were irrational, then they were not authentic. The corrupted tradition, deprived of its authority because of multiple and erroneous readings, had to be emended through the application of strictly rational principles.[100] Bernard assigned this task to a commission of experts from within the order. Guido Augensis, the director of the enterprise, laid down the theoretical foundations of the reconstruction in his chant treatise *Regule de arte musica*.[101] After *auctoritas* as guiding principle had

97 The date of the first reform has been established by MAÎTRE 1995, p. 39, as between 1109 and 1113, i.e. under abbot Stephen Harding.

98 BERNARDUS CLARAEVALLENSIS *Epistola S. Bernardi*, p. 21: "Inter cetera quæ optime æmulati sunt patres nostri, Cisterciensis videlicet ordinis inchoatores, hoc quoque studiosissime et religiosissime curaverunt ut in divinis laudibus id canerent quod magis autenticum inveniretur. Missis denique qui Metensis ecclesiæ antiphonarium – nam id Gregorianum esse dicebatur – transcriberent et afferent, longe aliter rem esse quam audierant invenerunt. Itaque examinatum displicuit, eo quod et cantu et littera inventum sit vitiosum et incompositum nimis, ac pæne per omnia contemptibile."

99 GUILIELMUS DE MALMESBURY *Gesta regum anglorum*, col. 1287: "Ratione, ineuiens, supremus rerum Auctor omnia fecit, rationa omnia regit; ratione rotatur poli fabrica, ratione ipsa etiam quæ dicuntur errantia torquentur sidera, ratione moventur elementa; ratione et æquilibritate debet nostra subsistere natura. Sed quia per desidiam sæpte a ratione decidit, leges quondam multæ latæ novissime per beatum Benedictum regula divinitus processit quæ fluxum naturæ ad rationem revocaret; in qua etsi habentur quædam quorum rationem penetrare non sufficio, auctoritate tamen acquiescendum censeo. Ratio enim et auctoritas divinorum scriptorum, quamvis dissonare videantur, unum idemque sunt: namque cum Deus nihil sine ratione creaverit, et recreaverit; qui fieri potest ut credam sanctos patres, sequaces scilicet Dei, quicquam præter rationem edicere, quasi soli auctoritati fidem debeamus adhibere?"

100 MAÎTRE 1995, p. 40–42.

101 This treatise is edited in MAÎTRE 1995. At one place in the treatise Guido feels the need to vindicate why the *auctoritas* had to be given up in favour of *ratio* (MAÎTRE 1995, p. 212): "Quod nos considerantes in aliqua eorum calumniam impingimus, non ut antiquis detrahamus sed ut modernis consulamus, ut dum videlicet ad sue rectitudinis normam singula reduxerimus, per ea ipsa de propriis modorum compositionibus faciamus doctrinam. Denique nemo mihi opponat auctoritatem Gregorii, ac si aliquid contra eum moliri videar. Cuilibet enim in talibus zelanti veritatem, eam solam novimus opponi ab his videlicet qui non veritatis indagatores, sed obstinati sunt emulatores antiquitatis, qui procul dubio predicti patris defendunt blasfemias. Cum enim in usibus suis omnes aut fere omni ecclesie dissentiant, que illarum obsecro gloriabitur se esse galline filiam albe, ut dum suo usui privilegium gregoriane vendicaverit auctoritatis quamlibet ceterarum

failed them disastrously, the Cistercians resorted to *ratio* as ultimate criterion.[102] Applying strict rational standards they revised and unified the Metz chant. The resulting purified edition was then codified as the authoritative and authentic text to be used by all monasteries within the order.

These experiences, Petrus would have correctly surmised, struck a sympathetic chord with Cistercians in situations when in absence of *auctoritates* the value of practices could not be assessed. In such cases of emergency the criterion of *ratio* could have been accepted as an alternative credential to (corrupted) *auctoritas.* Thus Petrus could count on the fact that his 'flowers of mensural music' would be approved of at least on account of their strictly rational and numerical organisation – to say nothing of precedents in the visual realms, where floral ornamentation had long been accepted. The back door Petrus had opened through his discursive argument served in effect a thoroughly practical purpose: The musical examples given for the twelve modes of mensural 'flowers' smuggle in the latest trends of musical composition – at least indirectly. Anxious not to jeopardise his carefully developed apologia for current *discantus* technique, Petrus did not dare to quote from contemporary works. Nonetheless his examples, which are far from schematic illustrations, fairly adequately reproduce typical features of *ars nova* compositions.[103] Even if Petrus did not have the courage to discuss their musical features openly, he constructed examples in such a way that they were analogous to the repertoire in terms of melodic contour, rhythmic organisation, dissonance treatment and, most importantly, the technique of *contrapunctus diminutus,* i.e. the decoration of a contrapuntal core through prolongations, transition and neighbour notes, suspensions, appogiaturas, syncopations etc. Petrus' examples provide a unique treasure chest of paradigmatic pieces enabling an apprentice to acquire the most recent compositional skills and to familiarise himself with the style of his day. Thorough study (aided, perhaps, by the supervision of a musically experienced teacher) would suffice to extract

ineptie arguat vel pertinatie? Ausum igitur prebet dicendi que rei suggeret probabilitas, ipsa tot usuum controversia, ubi enim vel duo inter se diversa sentiunt, utrunque falli facile sed neutrum errare impossibile est. Nunquam enim veritas veritati reclamat, sed falsitas perunque falsitati contraria est."

102 See also Bernardus Claraevallensis *Epistola S. Bernardi,* p. 40: "[…] contra usum omnium ecclesiarum antiphonarium hoc corrigere coacti sumus, magis nimirum naturam quam usum æmulantes. […] Si ergo opus singulare et ab omnibus antiphonariis diversum fecisse reprehendimur, id nobis restat solatii quod nostrum ab aliis ratio fecit diversum; alia vero inter se diversa fecit casus, non ratio, vel aliud quippiam quod in causa casui non præponderat."

103 This has first been observed in a seminal, though as yet preliminary and unpublished paper by Leech-Wilkinson 1985. It is regrettable that Leech-Wilkinson did not fully elaborate his promising and fascinating close reading of the musical examples (even in Leech-Wilkinson 1993, pp. 176–179 only a voice-leading analysis of the example for mode 1 is provided). Petrus' technique to pack all that is to learn about 14th-century polyphony into paradigmatic examples, certainly merits a study of its own (which is in fact currently prepared by the author of this article), but goes beyond the theological scope of this essay.

the compositional know-how, wrapped up in polyphonic decorations of liturgical melodies,[104] and apply these skills to the trendy but illicit genres of the motet and rondeau, which Petrus mentions only in passing in the penultimate paragraph of his treatise.[105] As a composition tutor Petrus remains wisely under cover, hiding potentially offensive information from the eyes of critical censors. Apart from comments on the numerical (and thus rational) structure of the individual 'flowers' he completely abstained from explaining any technical points about the compositions, hoping that the examples would speak for themselves and be understood by the devotees of the most innovative musical practices. "... quoad praesens nihil amplius est dicendum"[106] – a fully worked out theory of *ars nova* counterpoint and notation would only have put the enterprise at risk and counteracted the argumentative strategy of a Cistercian music theorist, whose sophistry is clearly remarkable. We do not know whether Petrus really managed to talk the Order into licencing elaborate polyphony. The isolated occurrence of his *Compendium de discantu mensurabili* in a single German manuscript rather suggests that his efforts were in vain and his theories ignored and perhaps even ostracised. But nonetheless it stands as an extraordinary, if unique monument of a Cistercian apologia for mensural music.

104 The sources of the tenor parts in Petrus' examples have been identified by Sachs 2005, p. 73.

105 "Sed quia per istam artem sive doctrinam minimam cognitionem notarum ob ipsarum diversas figurationes et propter alterationes necnon ob divisionem modi et temporis et aliquando propter dictorum modi et temporis perfectionem obtinere non valeas in solidum, eo propter te qui ad perfectionem huius nobilis et gaudentis scientiae pervenire desideras consulo bona fide atque laudo, quatinus, antequam de huiusmodi floribus antedictis intromittas in aliqua arte de discantu mensurabili diversas ipsius figurationes continente et in aliquibus motetis et rondellis utramque perfectionem et prolationem maiorem scilicet et minorem continentibus sufficienter sis edoctus et tunc sine aliqua difficultate artem istam cum gaudio perficies." Petrus dictus Palma ociosa *Compendium*, p. 534 (f. 68r).

106 "... at present there is nothing further to say". Petrus dictus Palma ociosa *Compendium*, p. 519 (f. 65r).

Table 1: Monastic Prohibitions of Discantus and Mensural Polyphony

Cistercian

Statutes (1217), no. 31:

De abbatibus de Dora et Tinterna in quorum abbatiis, ut dicitur, triparti vel quadriparti voce, more sæcularium canitur, committitur abbatibus de Neth et de Flesleya, qui ad prædicta loca personaliter accedentes, rei veritate diligenter exquisita, quæ viderint emendanda diligenter corrigant et quid inde fecerint, in sequenti Capitulo denuntient.

Statutes(1297)

In primis, ut ab Ordine nostro, qui a sui origine in multa puritatis simplicitate fundatus est, omnis curiositatis superfluitas auferatur, diffinitionem de cantibus et modulationibus et aliis præcipuis solemnitatibus Beatæ Virginis et in octavis ac per octavas, et in diebus sabbatorum. faciendis anno præterito editam, sic modificat Capitulum generale quod nihil omnino novum in cantibus et modulationibus huiusmodi aliquatenus attentetur.

Statutes (1320), no. 9:

Item ridiculosas novitates superinductas in officio divino nolens sustinere de cetero, Capitulum generale ordinat et diffinit quod antiqua forma cantandi a beato patre nostro Bernardo tradita, sincopationibus notarum et etiam hoquetis interdictis in cantu nostro simpliciter quia talia magis dissolutionem quam devotionem sapiant, firmiter teneatur; contra facientes ad præsidentis arbitirium puniantur. Abbates autem et abbatissæ hoc statutum faciant inviolabiter observari.

Carthusians

Statuta nova (1326), 34/20:

Decantetur servitium divinum in ecclesia secundum ritus Ordinis nec immisceant se distantus, cum illa scientia sit peregrina ab Ordine et aliena, inexemplaris et curiosa. Instrumenta musica librosque discantus seu cantus figurati interdicimus universis.

Dominicans

General Chapters of Bologna (1244) and London (1250):

Cantus autem iste debet esse sine discantu et sine octava.

Carmelites

Constitutions (1357):

Sed neque motetos neque upaturam [i.e. hickup = 'hocket'] vel aliquem cantum magis ad lasciviam quam ad devocionem provocantem aliquis decantare audeat sub pena gravioris culpe per unam diem transgressoribus infligenda.

Table 2:
Erfurt, Stadt- und Regionalbibliothek, CA 8° 94
Codicological Description

provenance: Erfurt, Collegium Amplonianum
98 ff., composite manuscript, consisting of five fascicles:
- fascicle 1: ff. 1r–36v, German origin, late 13th/early 14th century
- fascicle 2: ff. 37r–58v, German origin, late 13th/early 14th century
- fascicle 3: ff. 59r–74v, French(?) origin, c.1350
- fascicle 4: ff. 75r–86v, German origin, first half of the 14th century
- fascicle 5: ff. 87r–98v, French origin, second half of the 14th century

Contents:

ff. 2r–27v	Iohannes dictus Cotto sive Affligemensis: De musica cum tonario
f. 28r	Hermannus Contractus: Ter terni sunt modi
ff. 28v–29r	Hermannus Contractus: »Ter tria iunctorum sunt« ⟨versus ad discernendum cantum⟩
f. 29r-v	Anon.: »Primi forma toni venit ex alamire priori« ⟨didactic verse on the characteristics of the tones⟩
ff. 30r–35v	Ps.-Odo: Dialogus de musica
ff. 35v–36r	Anon.: ⟨Treatise on the measurements of bells⟩
f. 36r	Anon: »Palma sinistra docet per iuncturas digitorum«
ff. 37r–38v	Anon.: »Rustica deflenti parvo« ⟨Æsopi apologi quidam metrici⟩
f. 38v	table of melodic formulae
ff. 39r–51v	Guido Aretinus: Micrologus
ff. 51v	Guido Aretinus: acrostic poem »GUIDO«; versified table of neumes; versified tonary; solmisation table
ff. 52r–54v	Anon.: »Inter alias diffinitiones« ⟨treatise on plainchant and tonary⟩
ff. 54v–55r	Anon.: »Primam fistulam« ⟨three treatises on the measurements of organ pipes⟩
f. 55r-v	Anon.: »Metire a protine ad protinem«
ff. 59v–68r	Petrus dictus Palma ociosa: Compendium de discantu mensurabili
ff. 68v–70r	Anon.: Compendium totius artis motetorum
ff. 70v–71r	Anon.: »Ars discantandi datur his et duclisonandi« ⟨versified Ars discantandi⟩
ff. 75r–77r	Anon.: »Septem sunc claves artis musicæ« ⟨treatise on plainchant and tonary⟩
ff. 77v–79r	Anon.: »Modus secundi toni« ⟨treatise on the tones⟩
f. 80r	Anon. »Dyatessaron alia constat« ⟨tonary⟩
ff. 80r–82r	Anon.: »Primum querite«
f. 82r	Anon.: »Primus autentus prothus«
ff. 82–83r	Anon.: »Pater in. Gloria patri et fioli[!]«
f. 83r	Hermannus Contractus: Ter terni sunt modi

f. 83v	Anon.: Versus ad inceptiones psalmorum
f. 83v	Anon.: »Gurtulus. Eptaphonus. Clivis« ⟨versified table of neumes⟩
ff. 83v–84r	Anon.: »Pythagoras philosophus primus apud grecos« ⟨Erfurter Traktat⟩
ff. 84v–86r	different short texts of various natures
ff. 87r–97v	Magister Lambertus: Tractatus de musica (excerpts)

Bibliography

Sources

1. Theological, Ecclesiastical and Literary Sources

Aelred Rievallensis *Speculum Caritatis*
Aelred Rievallensis: *Speculum Caritatis*, in *Opera omnia*, ed. Anselm Hoste (CChr.CM 1), Turnhout 1971, 1–240.
Albericus Casinensis *Flores Rhetorici*
Albericus Casinensis: *Flores rhetorici*, ed. Mauro Inquanez, Henry M. Willard (Miscellanea Cassinense 14), Montecassino 1938.
Bernardus Claraevallensis *Apologia*
Bernardus Claraevallensis: *Apologia ad Guillelmus abbatem*, in *Sancti Bernardi Opera*, ed. Jean Leclercq, Charles Hugh Talbot, Henri M. Rochais, iii, Rom 1963, 61–108, editio 81–108.
Bernardus Claraevallensis *De consideratione*
Bernardus Claraevallensis: *De consideratione ad Eugenium papam*, in *Sancti Bernardi Opera*, ed. Jean Leclercq, Charles Hugh Talbot, Henri M. Rochais, iii, Rom 1963, 379–493, editio 393–493.
Bernardus Claraevallensis *De diligendo deo*
Bernardus Claraevallensis: *Liber De diligendo deo*, in *Sancti Bernardi Opera*, ed. Jean Leclercq, Charles Hugh Talbot, Henri M. Rochais, iii, Rom 1963, 109–154, editio 119–154.
Bernardus Claraevallensis *Sermo 2*
Bernardus Claraevallensis: *Sermo 2 – In Annunciatione*, in *Sancti Bernardi Opera*, ed. Jean Leclercq, Charles Hugh Talbot, Henri M. Rochais, v, Rom 1968, 30–34.
Bernardus Claraevallensis *Sermo 3*
Bernardus Claraevallensis: *Sermo 3 – In Annunciatione*, in *Sancti Bernardi Opera*, ed. Jean Leclercq, Charles Hugh Talbot, Henri M. Rochais, v, Rom 1968, 34–42.
Bernardus Claraevallensis *Sermo 70*
Bernardus Claraevallensis: *Sermones super cantica canticorum, Sermo 70*, in *Sancti Bernardi Opera*, ed. Jean Leclercq, Charles Hugh Talbot, Henri M. Rochais, ii, Rom 1958, 207–213.
Cæsarius Heisterbacensis *Dialogus miraculorum*
Cæsarius Heisterbacensis: *Dialogus miraculorum*, ed. Joseph Strange, i-ii, Cologne 1851.
Canivez *Statuta Capitulorum*
Joseph-Marie Canivez: *Statuta Capitulorum generalium Ordinis Cisterciensis ab Anno 1116 ad Annum 1786*, i-vi, Louvain 1933–1941.
Cîteaux, documents primitifs
Cîteaux, documents primitifs. Texte latin et traduction française, ed. and tr. Gabriel Ghislain, Jean-Christophe Christophe, Cîteaux 1988.
Fontes Liturgicæ Carmelitanæ
Fontes Liturgicæ Carmelitanæ, ed. Paschalis Kallenberg, Rom 1962.

GUILIELMUS DE MALMESBURY *Gesta regum anglorum*
GUILIELMUS DE MALMESBURY: *Gesta regum anglorum* (PL 179, 1441–1680).

MARBODUS DE RENNES *De ornamentis verborum*
MARBODUS DE RENNES: *De ornamentis verborum – Liber decem capitulorum. Retorica, mitologia e moralità di un vescovo poeta (secc. XI-XII)*, ed. ROSARIO LEOTTA (Per Verba 10), Florence 1998.

PETRUS ABAELARDUS *Epistola x*
PETRUS ABAELARDUS: *Epistola x ad Bernardum Clarævallensem,* in *Peter Abelard. Letters IX-XIV*, ed. EDMÉ RENNO SMITS, Groningen 1993, 120–136, editio 239–247.

PETRUS AB SALIMBENE DE ADAM *Cronica*
Cronica Fratris Salimbene de Adam Ordinis Minorum, ed. OSWALD HOLDER-EGGER (MGH Scriptorum 32/ I), Hannover/ Leipzig 1905–1913.

TACITUS *Germania*
P. CORNELIUS TACITUS: *Germania*, ed. ALF ÖNNERFORS, Stuttgart 1983.

THOMAS DE AQUINO *Summa Theologiæ*
THOMAS DE AQUINO: *Summa Theologiæ*, ed. PAULINAE, Rom 1962.

VAN DAMME/DE LA CROIX *Les plus anciennes textes de Cîteaux*
JEAN-BAPTISTE VAN DAMME, JEAN DE LA CROIX: *Les plus anciens textes de Cîteaux. Sources, textes et notes historiques* (Commentarii Cistercienses, Studia et Documenta 2), Achel 1974.

2. Music Treatises and Musical Editions

BERNARDUS CLARAEVALLENSIS *Epistola S. Bernardi*
BERNARDUS CLARAEVALLENSIS: *Epistola Sancti Bernardi de revisione cantus Cisterciensis et tractatus "Cantum quem Cisterciensis Ordinis ecclesiae cantare"*, ed. FRANCISCUS J. GUENTNER (Corpus Scriptorum de Musica 24), Neuhausen 1974.

De musica mensurabili
ANONYMOUS: *De musica mensurabili*, ed. CECILY SWEENEY, ANDRÉ GILLES (Corpus Scriptorum de Musica 13), Neuhausen 1971.

De musica mensurata
De musica mensurata: the Anonymous of St. Emmeram, ed. and tr. JEREMY YUDKIN, Bloomington 1990.

FRANCO DE COLONIA *Ars cantus mensurabilis musicæ*
FRANCO DE COLONIA: *Ars cantus mensurabilis musicæ*, ed. GILBERT REANEY, ANDRÉ GILLES (Corpus Scriptorum de Musica 18), Neuhausen 1974.

GUIDO ARETINUS *Regulę rhythmicæ*
GUIDO ARETINUS: *Regulę rhythmicæ*, ed. JOSEPH SMITS VAN WAESBERGHE, EDUARD VETTER (Divitiæ Musicæ Artis A/4), Buren 1985.

HIERONYMUS DE MORAVIA *Tractatus de Musica*
HIERONYMUS DE MORAVIA: *Tractatus de Musica*, ed. SIMON CSERBA (Freiburger Studien zur Musikwissenschaft 2), Regensburg 1935.

JOHANNES DE GROCHEO *De musica*
Der Musiktraktat des Johannes de Grocheo, ed. ERNST ROHLOFF (Media Latinitas Musica 2), Leipzig 1943.

JOHANNES HOTHBY *Calliopea legale*
Die Calliopea legale des Johannes Hothby, ed. ANTON WILHELM SCHMIDT, Leipzig, 1897.
JOHANNES HOTHBY *De arte contrapuncti*
JOHANNES HOTHBY: *De arte contrapuncti*, ed. GILBERT REANEY (Corpus Scriptorum de Musica 36), Neuhausen 1977.
JOHANNES HOTHBY *De musica mensurabili*
JOHANNES HOTHBY: *Opera omnia de musica mensurabili*, ed. GILBERT REANEY (Corpus Scriptorum de Musica 31), Neuhausen 1982.
JOHANNES HOTHBY *De proportionibus*
JOHANNES HOTHBY: *Opera omnia de proportionibus*, ed. GILBERT REANEY (Corpus Scriptorum de Musica 39), Neuhausen 1997.
JOHANNES HOTHBY *Tractatuli contra Ramum*
JOHANNES HOTHBY: *Tres tractatuli contra Bartholomeum Ramum*, ed. ALBERT SEAY (Corpus Scriptorum de Musica 10), Neuhausen 1964.
JOHANNES HOTHBY *Musical Works*
The Musical Works of John Hothby, ed. ALBERT SEAY (Corpus Mensurabilis Musicæ 33), Neuhausen 1964.
JOHN TEWKESBURY *Quatuor principalia*
JOHN TEWKESBURY: *Quatuor principalia musicæ*, ed. EDMOND DE COUSSEMAKER in *Scriptorum de musica nova series a Gerbertina altera*, IV, Paris 1876, 200–298.
MAGISTER LAMBERTUS *Tractatus de musica*
MAGISTER LAMBERTUS: *Tractatus de musica*, ed. EDMOND DE COUSSEMAKER: *Scriptorum de musica nova series a Gerbertina altera*, Paris 1864, I, 251–81.
PETRUS DICTUS PALMA OCIOSA *Compendium de discantu mensurabili*
PETRUS DICTUS PALMA OCIOSA: *Compendium de discantu mensurabili*, ed. JOHANNES WOLF: "Ein Beitrag zur Diskantlehre des 14. Jh.", in *SIMG 15* (1913/14) 504–534.
PS.-AQUINAS *De arte musica*
Thomæ Aquinatis de arte musica, ed. GUARINUS D. AMELLI, Milan 1880.
PS.-BEDE *Musica quadrata seu mensurata*
PS.-BEDE: *Musica quadrata seu mensurata* (PL 90, 919–938).
ROBERTUS DE HANDLO *Regule*
ROBERTUS DE HANDLO: *Regule*, ed. PETER M. LEFFERTS, Lincoln NE 1991.
Tracatus de musica
ANONYMUS OP: *Tracatus de musica*, ed. ULRICH MICHELS: "Der Musiktraktat des Anonymus OP: ein frühes Theoretikerzeugnis der Ars nova", in *Archiv für Musikwissenschaft 26* (1969) 56–62.

Literature

Bell 1999
David N. Bell: "From Molesme to Cîteaux: The Earliest 'Cistercian Spirituality'", in *Cistercian Studies Quarterly 34* (1999) 469–482.

Bernhard e.a. 1990
Michael Bernhard, Arno Borst, Detlef Illmer, Klaus-Jürgen Sachs, Albrecht Riethmüller, Frieder Zaminer: *Rezeption des antiken Fachs im Mittelalter* (Geschichte der Musiktheorie 3), Darmstadt 1990.

Bent 1998
Margaret Bent: "The Grammar of Early Music: Preconditions for Analysis", in *Tonal Structures in Early Music*, ed. by Cristle Collins Judd, London/New York 1998, 15–59.

Bielitz 1977
Mathias Bielitz: *Musik und Grammatik. Studien zur mittelalterlichen Musiktheorie* (Beiträge zur Musikforschung 4), München/Salzburg 1977.

Bony 1987
Pierre Bony: "An Introduction to the Study of Cistercian Seals: The Virgin as Mediatrix, Then Protectrix on the Seals of Cistercian Abbeys", in *Studies in Cistercian Art and Architecture 3* (1987) 201–240.

Cothren 1982
Michael Cothren: "Cistercian Tile Mosaic Pavements in Yorkshire: Context and Sources", in *Studies in Cistercian Art and Architecture 1* (1982) 112–119.

Crocker 1990
Richard Crocker: "French Polyphony of the Thirteenth Century", in *The New Oxford History of Music. The Early Middle Ages to 1300*, ed. by Richard Crocker and David Hiley, Oxford/New York ²1990, 636–678.

de Visch 1656
Charles de Visch: *Bibliotheca Scriptorum Sacri Ordinis Cisterciensis*, Douai 1649.

Eco 1980
Umberto Eco: *Il nome della rosa*, Milan 1980.

Eco (versio Anglica) 1994
Umberto Eco: *The Name of the Rose*, tr. by William Weaver, London 1994.

Elm/Joerissen 1980
Die Zisterzienser. Ordensleben zwischen Ideal und Wirklichkeit, Eine Ausstellung des Landschaftsverbandes Rheinland Rheinisches Museumsamt, Brauweiler. Aachen – Krönungssaal des Rathauses 3. Juli–28. September 1980, hg. von Kaspar Elm, Peter Joerissen (Schriften des Rheinischen Museumsamtes 10), Bonn 1980–1982.

Everist 1993
Mark E. Everist: *French Motets in the Thirteenth Century* (Cambridge Studies in Medieval and Renaissance Music 3), Cambridge 1993.

Ferreira 2001/2002
Manuel Pedro Ferreira: "Early Cistercian Polyphony. A Newly-Discovered Source", in *Lusitania Sacra 13–14* (2001/2002) 267–313.

FROBENIUS 1988
WOLF FROBENIUS: "Hoquetus", in *Handwörterbuch der musikalischen Terminologie,* III (1988) 1–13.
FRODL-KRAFT 1965
EVA FRODL-KRAFT: "Das 'Flechtwerk' der frühen Zisterzienserfenster: Versuch einer Ableitung", in *Wiener Jahrbuch für Kunstgeschichte 20* (1965) 7–20.
FUHRMANN 2005
WOLFGANG FUHRMANN: *Herz und Stimme. Innerlichkeit, Affekt und Gesang im Mittelalter* (Musiksoziologie 13), Kassel e. a. 2004.
GALLO 1984
ALBERTO GALLO: "Die Notationslehre im 14. und 15. Jahrhundert", in *Die mittelalterliche Lehre von der Mehrstimmigkeit,* ed. by FRIEDER ZAMINER (Geschichte der Musiktheorie 5), Darmstadt 1984, 257–356.
GRASSIN-GUERMOUCHE 2001
SÉVERINE GRASSIN-GUERMOUCHE: "Sur la pratique polyphonique chez les Cisterciens", in *Études grégoriennes 29* (2001) 129–166.
GRASSIN-GUERMOUCHE 2005
SÉVERINE GRASSIN-GUERMOUCHE: *Les polyphonies 'simples' à la fin du Moyen Âge: Étude générique et repertoire de sources,* PhD Tours 2005 (ts.).
HAAS 1982
MAX HAAS: "Studien zur mittelalterlichen Musiklehre I: Eine Übersicht über die Musiklehre im Kontext der Philosophie des 13. und 14. Jahrhunderts", in *Aktuelle Fragen der musikbezogenen Mittelalterforschung.* Texte zu einem Basler Kolloquium des Jahres 1975, ed. by WULF ARLT (Forum Musicologicum. Basler Beiträge zur Musikgeschichte 3), Winterthur 1982, 323–456.
HERMANN 1926
HERMANN JULIUS HERMANN: *Die deutschen romanischen Handschriften. Beschreibendes Verzeichnis der illuminierten Handschriften in Österreich* (Beschreibendes Verzeichnis der illuminierten Handschriften in Österreich 8, Teil 2), Leipzig 1926.
HILEY 1993
DAVID HILEY: *Western Plainchant. A Handbook,* Oxford/New York 1993.
HUCKE 1984
HELMUT HUCKE: "Das Dekret *Docta sanctorum patrum* Papst Johannes XXII." in *Musica Disciplina 38* (1984) 119–131.
HUGLO 1974
MICHEL HUGLO: "Il Manoscritto 1136 della Biblioteca Oliveriana di Pesaro", *Rivista Italiana di Musicologia 9* (1974) 20–36.
HUGLO 1992
MICHEL HUGLO: "La place du *Tractatus de Musica* dans l'histoire de la théorie musicale du XIIIe siècle: Étude codicologique", in *Jérôme de Moravie: un théoricien de la musique dans le milieu intellectuel parisien du XIIIe siècle,* ed. by CHRISTIAN MEYER, Paris 1992, 34–642.

Huot 1997

Sylvia Huot: *Allegorical Play in the Old French Motet. The Sacred and the Profane in Thirteenth-Century Polyphony*, Stanford 1997.

Kinder 2002

Terryl N. Kinder: *Cistercian Europe: Architecture of Contemplation*, Kalamazoo 2002.

Körndle 1998

Franz Körndle: "Die Motette vom 15. bis zum 17. Jahrhundert", in *Messe und Motette*, ed. by Horst Leuchtmann, Siegfried Mauser (Handbuch der musikalischen Gattungen 9), Laaber 1998, 90–153.

Knapp 1990

Janet Knapp: "Polyphony at Notre Dame of Paris", in *The New Oxford History of Music. The Early Middle Ages to 1300*, ed. by Richard Crocker, David Hiley, Oxford/New York ²1990, 557–635.

Leach 2000

Elizabeth Eva Leach: "Counterpoint and Analysis in Fourteenth-Century Song", in *Journal of Music Theory 44* (2000) 45–79.

Leech-Wilkinson [1985]

Daniel Leech-Wilkinson: "Contrapunctus diminutus and prolongation", unpublished paper, accessible at http://www.kcl.ac.uk/kis/schools/hums/music/dlw/cdp.htm.

Leech-Wilkinson 1993

Daniel Leech-Wilkinson: "Written and Improvised Polyphony", in *Polyphonie de tradition orale: Histoire et traditions vivantes.* Actes du Colloque de Royaumont 1990, ed. by Christian Meyer, Paris 1993, 171–182.

Leech-Wilkinson 2001

Daniel Leech-Wilkinson: "Petrus frater dictus Palma ociosa", in *The New Grove of Music and Musicians*, xix (²2001) 523f.

Leitmeir 2005

Christian Thomas Leitmeir: "Types and Transmission of Musical Examples in Franco's *Ars cantus mensurabilis musicæ*", in *Citation and Authority in Medieval and Renaissance Musical Culture. Learning from the Learned*, ed. by Suzannah Clark, Elizabeth Eva Leach, Woodbridge 2005, 29–44.

Leclercq 1954

Jean Leclercq: "Epîtres d'Alexandre III sur les Cisterciens", in *Revue Bénédictine 64* (1954) 68–82.

Levy 1974

Kenneth Levy: "A Dominican Organum Duplum", in *Journal of the American Musicological Society 27* (1974) 183–211.

Lillich 1993

Meredith P. Lillich: "Recent Scholarship concerning Cistercian Windows", in *Studiosorum Speculum:* Studies in Honor of Louis J. Lekai, O.Cist., ed. by Francis Swietek, John Sommerfeldt, Kalamazoo 1993, 233–262.

LYMANT 1980
BRIGITTE LYMANT: "Die Glasmalerei bei den Zisterziensern", in ELM/JOERISSEN 1980, 345–356.

MAAS-EWERD 1993
THEODOR MAAS-EWERD: "Salve Regina. Liturgiewissenschaft", in *Marienlexikon*, V (1993) 649.

MAÎTRE 1990
CLAIRE MAÎTRE: "Étude lexicologique d' un traité dit de Saint Martial", in *Cantus Planus.* IMS Study Group. Papers read at the Third Meeting Tihany 1988, ed. by LÁSZLÓ DOBSZAY, Budapest 1990, 257–265.

MAÎTRE 1991
CLAIRE MAÎTRE: "Un traité cistercien d' Ars nova", in *Aspects de la musique liturgique au Moyen Age.* Actes des Colloques de Royaumont de 1986, 1987 et 1988, ed. by CHRISTIAN MEYER, Paris 1991, 281–291.

MEMELSDORFF 2006
PEDRO MEMELSDORFF: "John Hothby, Lorenzo il Magnifico e Robert Morton in una nuova fonte manoscritta di Mantova", in *Acta musicologica 78* (2006) 1–32.

MIRÆUS 1614
AUBERTUS MIRÆS: *Chronicon Ordinis Cisterciensis*, Köln 1614.

NICOLAI 1994
BERND NICOLAI: "Die Entdeckung des Bildwerks. Frühe Marienbilder und Altarretabel unter dem Aspekt zisterziensischer Frömmigkeit", in *Studien zur Geschichte der europäischen Skulptur im 12. und 13. Jahrhundert*, ed. by HERBERT BECK, Frankfurt am Main 1994, I, 29–43.

NORTON 1986a
CHRISTOPHER NORTON: "Table of Cistercian Legislation on Art and Architecture", in *Cistercian Art and Architecture in the British Isles*, ed. by CHRISTOPHER NORTON, DAVID PARK, Cambridge 1986, 315–393.

NORTON 1986b
CHRISTOPHER NORTON: "Early Cistercian Tile Pavements", in *Cistercian Art and Architecture in the British Isles*, ed. by CHRISTOPHER NORTON, DAVID PARK, Cambridge 1986, 228–55.

RECKOW 1982
FRITZ RECKOW: "*Vitium* oder *color rhetoricus*? Thesen zur Bedeutung der Modelldisziplinen grammatica, rhetorica und poetica für das Musikverständnis", in *Aktuelle Fragen der musikbezogenen Mittelalterforschung.* Texte zu einem Basler Kolloquium des Jahres 1975 (*Forum Musicologicum. Basler Beiträge zur Musikgeschichte* 3), Winterthur 1982, 307–321.

RICHTER 1993
CHRISTA RICHTER: "The Cistercian Stained Glass of Doberan", in *Studies in Cistercian Art and Architecture 4* (1993) 161–183.

RISM *B III*[6]
Répertoire Internationale des Sources Musicales. The Theory of Music. Volume VI: *Manuscripts from the Carolingian Era up to c.1500. Addenda, Corrigenda* , ed. by CHRISTIAN MEYER, München 2003.

Rudolph 1987
Conrad Rudolph: "The 'Principal Founders' and the Early Artistic Legislation of Cîteaux", in *Studies in Cistercian Art and Architecture 3* (1987) 1–45.

Sachs 2005
Klaus-Jürgen Sachs: "… *artem istam cum gaudio perficies* – zum Traktat des Petrus dictus Palma ociosa (1336)", in *Mittelalter und Mittelalterrezeption.* Festschrift für Wolf Frobenius, ed. by Herbert Schneider (Musikwissenschaftliche Publikationen 24), Hildesheim e. a. 2005, 54–74.

Schneider 1977
Ambrosius Schneider: *Die Zisterzienser. Geschichte, Geist, Kunst,* Köln ²1977.

Strunk/Treitler 1982
Source Readings in Music History, ed. by Oliver Strunk, Leo Treitler, New York/London 1982.

Tanay 1989
Dorit Esther Tanay: *Music in the Age of Ockham: The Interrelations between Music, Mathematics and Philosophy in the Fourteenth Century,* D.Phil. University of California, Berkeley 1989 (ts.).

Tanay 1999
Dorit Esther Tanay: *Noting music, marking culture: The intellectual context of rhythmic notation, 1250–1400* (Musicological Studies and Documents 46), Stuttgart 1999.

Vermeeren 1956
Petrus J.H. Vermeeren: *Über den Kodex 507 der Österreichischen Nationalbibliothek (Reuner Musterbuch),* The Hagues 1956.

Waddell 1970
Chrysogonus Waddell: "The origin and early evolution of the Cistercian antiphonary: reflections on two Cistercian chant reforms", in *The Cistercian Spirit.* A symposium in memory of Thomas Merton, ed. by M. Basil Pennington (Cistercian Studies Series 3), Shannon 1970, 190–223.

Waddell 1971
Chrysogonus Wadell: "The early cistercian experience of liturgy", in *Rule and Life: An Interdisciplinary Symposium,* ed. by M. Basil Pennington (Cistercian Studies Series 12), Spencer MA 1971, 77–116.

Waddell 1976
Chrysogonus Wadell: "Peter Abelard's *letter 10* and Cistercian liturgical reform", in *Studies in medieval cistercian history 2* (1976) 75–86.

Waddell 1984
Chrysogonus Wadell: *The Twelfth-Century Cistercian Hymnal* (Cistercian Liturgy Series, 1–2), i-ii, Gethsemany Abbey KY 1984.

Waddell 2003
Chrysogonus Wadell: "Saint Bernard of Clairvaux, Sweet Singer of Israel: The Textual Reform of the Primitive Cistercian Breviary", in *Cistercian Studies Quarterly 38* (2003) 439–448.

Warnatsch-Gleich 2005
Friederike Warnatsch-Gleich: *Herrschaft und Frömmigkeit. Zisterzienserinnen im Hochmittelalter* (Studien zur Geschichte, Kunst und Kultur der Zisterzienser 21), Berlin 2005.

WEINMANN 1905
KARL WEINMANN: *Hymnarium Pairisiense. Das Hymnar der Zisterzienser-Abtei Pairis im Elsaß*, Regensburg 1905.
ZAKIN 1979
HELEN ZAKIN: *French Cistercian Grisaille Glass*, New York 1979.
ZALUSKA 1989
YOLANTA ZALUSKA: *L'enluminure et le scriptorium de Cîteaux au XIIe siècle* (Cîteaux, Commentarii cistercienses. Studia et Documenta 4), Cîteaux 1989.
ZALUSKA 1991
YOLANTA ZALUSKA: "II. Manuscripts de Cîteaux (XIIe siècle)", in *Manuscrits enluminés de Dijon*, ed. by YOLANTA ZALUSKA, Paris 1991, 49–126. Plate 1: Plate 2:

Plate 1
Obazine Interlace Window I

Plate 2
Obazine, Palmette Window

Plate 3
Altenberg, Choir Window

Plate 4
Altenberg, Clerestory Window

Plate 5
Reuner Musterbuch, f. 11r

Plate 6
Reuner Musterbuch, f. 6r

Plate 7
Meaux, Rosette

Plate 8
Beaulieu,
Two-colour tiles

Archa Verbi 3 (2006) 200–211

Nuntii

International conference
Suárez's Metaphysics
Disputationes Metaphysicae in their historical and systematic context
Prague, October 1–3, 2008

The Academy of Sciences of the Czech Republic is pleased to announce a conference on Suárez's Metaphysics to take place October 1–3, 2008 in Prague (Czech Republic).
The conference aims to review and evaluate the metaphysical thought of Francisco Suárez in his key metaphysical treatise *Disputationes Metaphysicae* within three sections. The first section entitled "Historical influences upon Suárez's metaphysics" concentrates on the mapping of medieval philosophical and theological sources of Suárez's metaphysics. The second, "Suárez's Metaphysics as a Metaphysical System" deals with the question of Suárez's metaphysical system in its synchronicity. The last section, "The Impact of Suárez's Metaphysics upon Early Modern Philosophy", is engaged in the issue of Suárez's doctrinal influence not only on the early modern rationalism, but also on the development of the baroque scholasticism as such. For further information see www.flu.cas.cz/suarezmetaphysics, or contact the organizers on the following e-mail address: suarez@skaut.org.

Tagungsbericht

Spargentes semina verbi – Hochmittelalterliche Bischofssitze als geistige Zentren und Orte der Verkündigung des Evangeliums

Internationale Tagung des Lehrstuhls für Kirchengeschichte der Universität Bamberg in Verbindung mit der Internationalen Gesellschaft für theologische Mediävistik (IGTM) Bamberg, 23.–27. Juli 2007

In einem sehr anregenden Eröffnungsvortrag sprach Prof. Dr. Arnold Angenendt, Münster, zu dem Thema »Zwischen Kollegialität und Papsthoheit. Das Erzbistum als Strukturelement der Kirchenpolitik«. In einem großen Bogen wurde die Entwicklung der bischöflichen Kollegialität von den Anfängen bis zu den unmittelbaren Folgen des Vaticanums II geschildert. Dabei hob er besonders hervor, daß die Idee der Kollegialität – entstanden in der Antike – bereits im Mittelalter weitestgehend deformiert worden sei. Die besondere Rolle der Bischöfe im sog. Reichskirchensystem und die Entsakralisierung des Herrschers haben dabei entscheidenden Anteil gehabt. Aber auch die zunehmende Superiorität des Papsttums und der sich langsam entwickelnde Jurisdiktionsprimat dürfen nicht außer Acht gelassen werden.

Die erste Sektion des Dienstags stand unter der Überschrift »Das Bistum Bamberg in seiner Gründungsphase«. Frau Dr. des. ULRIKE SIEWERT, Bamberg, beleuchtete in ihrem Vortrag »Die Bamberger Bistumsgründung und die Entstehung einer sakralen Landschaft. Die Bedeutung des Nebenstifts St. Stephan in der Bamberger Kirchenlandschaft« die einzigartige Lage der verschiedenen Sakralbauten in Bamberg, die insgesamt ein Kreuz darstellen sollten. Dabei ergab sich, daß in diesem Bild der rechte Querbalken durch das bedeutende Stift St. Stephan gebildet wurde, dessen besondere Vorrangstellung an zahlreichen Beispielen aus den Quellen anschaulich gemacht werden konnte.

In gewohnt kenntnisreicher Weise erläuterte dann Prof. Dr. FRANZ MACHILEK, Bamberg, mit seinem Beitrag »Heinrich II., die Gründung des Bistums Bamberg und Ungarn« noch einmal die Zusammenhänge zwischen Bistumsgründung und Heidenmission, die in der glücklichen Verbindung zwischen den beiden Herrscherhäusern endlich zu einer Befriedung der Ungarn geführt hat. Er spricht sich dezidiert für eine Identifikation des Bamberger Reiters mit König Stephan von Ungarn aus.

Inwieweit das Papsttum unmittelbar in die Vorgänge um Bamberg eingebunden war, erläuterte PD Dr. GEORG GRESSER, Bamberg, in seinem Vortrag »Das Bistum Bamberg und das Papsttum 1007–1052«. Im Zentrum des Vortrags stand der Bamberger Bischof Suidger, der als nachmaliger Papst Clemens II. wesentlich zur Sicherung seiner Diözese beigetragen hat. Es wurde deutlich, daß Bamberg ohne das Papstgrab und die sich daran anschließende, durch den hl. Papst Leo IX. in Gang gesetzte Verehrung dieses Grabes heuer wohl kaum ein solches Jubiläum hätte feiern können, da das Bistum schon bald seinen mächtigen Gegenspielern im deutschen Episkopat erlegen wäre.

Die zweite Sektion des Tages trug den Titel »Bistumsgründungen im Vergleich«. Zunächst beleuchtete Dr. PETRA WEIGEL, Jena, einen östlich gelegenen Raum in ihrem Vortrag »Landesausbau, Kirchenpolitik, Christianisierung und ethnische Wahrnehmung in den Diözesen Mainz, Merseburg und Naumburg im 11. und 12. Jahrhundert«. Sie konnte glaubhaft machen, daß es im genannten Zeitraum durchaus noch größere Gruppen von nicht christianisierten Slawen entlang der Flüsse gegeben hat und das diese erst sehr langsam in das kirchenpolitische Gesamtsystem der Erzdiözesen Mainz, Köln und Magdeburg eingebunden werden konnten. Insbesondere das rheinische Geschlecht der Ezzonen konnte im Orlagau um Saalfeld lange eine besondere Stellung des Kölner Erzbistums gegenüber anderen Kulturträgern verhindern.

Einen Blick weit in den Osten wagte Prof. Dr. PETER BRUNS, Bamberg, in seinem Beitrag »Jetzt hat der Türke seinen Nacken unter das Joch der Gottesfurcht gebeugt – Nestorianische Asienmission und Bistumsgründungen vom 8. bis zum 13. Jahrhundert«. Als ausgewiesener Kenner der Entwicklung der syrischen Kirchensprache und der komplexen und verworrenen Situation der verschiedenen theologischen Entwicklungen nach Chalcedon (431) im Osten, hob er hervor, daß es in der Tat einen kurzen Moment in der Geschichte gegeben habe, an dem es möglich gewesen wäre, die Türken (und die Mongolen) in die abendländische Christenheit einzubetten. Erst die mangelnde Unterstützung aus dem Westen und die untereinander zerstrittenen religiösen Gruppierungen im Orient hätten mit dazu beigetragen, das Vordringen des Islam in diesen Raum zu erleichtern.

Ganz tief in den Westen führte dann der Vortrag von Prof. Dr. LUDWIG VONES, Köln, der den Zuhörern »Bischofssitze als geistige Zentren eines katalanischen Kulturraumes im 10. Jahrhundert: Barcelona, Vic und Girona« vorstellte. Der renommierte Spanienfachmann konnte zeigen, daß die Bistümer im Norden Spaniens auch schon im 10. Jahrhundert über ausgezeichnete Bibliotheken verfügten. Berühmte Männer, wie z.B. Gerbert von Aurillac, der spätere Papst Silvester II., haben bereits von dieser Situation profitieren können.

Die beiden nächsten Vorträge beschäftigten sich mit Italien. Prof. Dr. HORST ENZENSBERGER, Bamberg, Hilfswissenschaftler und Spezialist für Süditalien aus Leidenschaft, entführte uns in die »Normannische Bistumsorganisation in Süditalien und Sizilien«. Mit gewaltigen Bildern von zahlreichen Dokumenten, Siegeln und Buchmalereien entstand vor den Augen der Betrachter ein farbenfrohes Bild dieses sehr heiklen und von mancherlei Friktionen geprägten Raumes. Papsttum, Byzanz und Normannen bildeten hier ein Mächtedreieck, in dessen komplizierten Wechselwirkungen ein Lavieren der Handlungsträger schwierig war. Insbesondere die Entwicklung der Struktur der sizilianischen Kirche unter den Päpsten Lucius III. und Clemens III. (1188) hatte Bestand bis zum Ende des 19. Jahrhunderts.

Herr Dr. DOMENICO PARDUCCI, Pisa, versuchte, »Die Toskanischen Bischöfe im 10. und 11. Jahrhundert« für das Oberthema fruchtbar zu machen. Eine detaillierte Auswertung des bischöflichen Urkundenmaterials (Pisa, Lucca, Florenz) machte deutlich, daß es zum einen noch viel zu tun gibt, zum anderen, daß aufgrund der mangelhaften Editionslage viele Fragen unbeantwortet bleiben müssen.

Am Mittwoch fanden sich alle Teilnehmer in der Staatsbibliothek Bamberg ein. Hier brachte Herr MARKUS SCHÜTZ, Erlangen, in seinem Beitrag »Neue Bistümer, neue Bücher? Die Erstausstattung der Dombibliotheken in Bamberg und Merseburg als Indikator für zugedachte Zentralfunktionen« die spannende Frage auf, ob und inwieweit aus den Buchbeständen auch schon Konzeptionen für die spätere Zeit in Bezug auf Verwaltung, Bildung oder Mission ablesbar sein könnten. Daß Heinrich II. einen immensen Bücherschatz nach Bamberg brachte ist bekannt; wenig wissen wir über die konkrete Zielsetzung dieser Maßnahme, die sicher nicht nur repräsentativen Charakter hatte. Im Anschluß daran führte uns sehr engagiert der Direktor der Staatsbibliothek, Herr Prof. Dr. WERNER TAEGERT, durch die Schauräume, die bei manchem Betrachter nicht nur Staunen und Bewunderung, sondern auch vielfältige Fragen auslösten. In gewohnt spannender Form vorgetragen, konnten einige Rätsel und Geheimnisse dann auch vor Ort gelöst werden.

Die erste Sektion des Donnerstag stand unter dem Thema »Am Bamberger Dom: Liturgie, Judenpolitik und Heidenmission«. Hier war es zunächst Herr Prof. Dr. JÜRGEN BÄRSCH, Liturgiewissenschaftler aus Eichstätt-Ingolstadt, der beeindruckend zum Thema »Der Bischof im Licht seiner Ordinationsliturgie im Mittelalter. Liturgiehistorische und liturgietheologische Anmerkungen zum Ritus der Bischofsweihe in mittelalterlichen Pontifikalien« sprach. Wandlungen im Ritual sind danach immer Reaktionen auf ein verändertes Amtsverständnis. Hier spielt insbesondere die Entsakralisierung des Herrschers in der Gregorianischen Reform und die damit verbundene neu Ausrichtung der Salbungs- und Übergaberiten eine zentrale Rolle.

Ein bedeutender Neuansatz in der Bewertung des Bamberger Fürstenportals gelang Herr Prof. Dr. MARKUS J. WENNINGER, Klagenfurt, in seinem Beitrag »*Nulla salus extra ecclesiam* – Antijüdische Bildpropaganda an hochmittelalterlichen Bischofskirchen«. Nur wenn man die Gesamtkomposition mit allen einzelnen Figuren als einen Kommentar zur kirchenpolitischen und theologischen Debatte der damaligen Zeit versteht, ergibt sich eine in sich schlüssige und klare Aussage. Die Aufstellung der Ecclesia abgerückt von der Domwand ist demnach falsch.

Ein Blick auf unseren Nachbarn Tschechien ermöglichten die Herren Dr. STANISLAV BÁRTA und JIRI KNAP, Brno (Brünn), die in zwei Referaten die »Bischöfliche Kirchenreform, Laienseelsorge und Heidenmission am Beispiel des Olmützer Bischofs Bruno von Schauenburg (1245–1281)« demonstrierten. Der Focus lag hier auf den kirchlich-pastoralen Tätigkeiten des Bischofs und seiner für das Lyonense II (1274)· vorbereiteten *Relatio*: Laienseelsorge und Heidenmission in Mähren im 13. Jahrhundert.

Der Nachmittag stand unter dem Motto »Theologie in Bamberg«. Zunächst erhellte Dr. T. J. H. MCCARTHY, Dublin, in seinem Beitrag »Bamberg as a centre for eleventh-century Biblical scholarship: the Glosa in vetus et novum testamentum of Karlsruhe, Badische Landesbibliothek 504" die Zusammenhänge zwischen den verschiedenen erhaltenen Handschriften der Glosa und brachte dann als Ergebnis auf den Punkt, daß wir es im Fall von Codex 504 wohl mit dem Exemplar entweder Tiemos oder Frutolfs zu tun haben könnten. Entscheidender als dieses Faktum ist aber der nunmehr eindeutig nachzuzeichnende Weg über Regensburg: Frutolf als Schüler von Otloh aus St. Emmeram hat hier den Weg geebnet. Der Verfasser kann glaubhaft machen, daß Bamberg insbesondere im Bereich der biblischen Theologie ein intellektuelles Zentrum darstellte.

Tiefer in die Geheimnisse mittelalterlicher Theologie führte der Beitrag von Frau Dr. VIKI RANFF, Freiburg, die anhand eines Briefwechsels die besondere Qualität der Ausbildung in Bamberg erläutern konnte. »Eine trinitätstheologische Frage Bischof Eberhards von Bamberg an Hildegard von Bingen« hat diese mit einem ausführlichen Schreiben beantwortet. Daß überhaupt solche schwierigen Themen zur Trinität in Bamberg interessierten, zeigt die überragende Stellung, die die Bamberger Domschule im 11. und 12. Jahrhundert auch in systematischen Fragen der Theologie innehatte.

In eine ähnliche Richung ging der Beitrag von Herrn Dr. MATTHIAS M. TISCHLER, Frankfurt/Main, der sich des »Streit um Christus. Bambergs Stellung in den europäischen Auseinandersetzungen zu Eucharistielehre und Christologie zwischen 1050 und 1150« annahm. Anhand zweier Beispiele erläuterte er die hohe Kompetenz in Bamberg und zeigte auch, daß sich schon damals renommierte Wissenschaftler zu Disputationen in Bamberg getroffen haben. Sowohl der Abendmahlsstreit des Berengar von Tours als auch die Auseinandersetzungen um die Thesen des Gilbert von Poitiers im Universalienstreit haben den Domscholaster Meinhard bzw. Bischof Eberhard II. in Verbindung gebracht mit den Großen der Zeit.

Frau Dr. DAGMARA WOJCIK, Warschau, versuchte in ihrem Beitrag »Comment les sermons modèles ont-ils été utilisé par le clergé séculier? L'exemple des *Sermones de tempore et de sanctis* de Martin le Polonaise († 1278)« die Verbreitung des Traktates von dem auch als Martin von Troppau bekannten Historiker, Staatstheoretiker und Theologen nachzuzeichnen. Zahlreiche Varianten und verschiedenartige Zusammenstellungen in den 12 bekannten Sammelhandschriften lassen auf einen sehr unterschiedlichen Benutzerkreis schließen.

Der letzte Tag stand unter der Überschrift »Bildung und Gelehrsamkeit im Hoch- und Spätmittelalter«. Pater Dr. JOSE ANTONIO PACHAS, SDB, Santiago de Chile, bemühte sich in seinem Vortrag »La Alteridad a la Luz del Misterio de Dios en el Super Dionysii mysticam theologiam de San Alberto Magno" um eine Verbindung von Aristotelismus und Mysterien-Theologie bei Albertus Magnus. Und Herr Dr. MIKOLAJ OLSZEWSKI, Warschau, beleuchtete in seinem Vortrag das Problem der »*Theologia ut medicina supernaturalis*: Nicolas's of Ockham Understanding of the Nature of Theology«.

Der Tagungsband wird in der Reihe »Archa Verbi«, Subsidia 3, Aschendorf Verlag in Münster publiziert werden, die von der Internationalen Gesellschaft für theologische Mediävistik (IGTM) herausgegeben wird.

PD Dr. Georg Gresser

IL XII CONGRESSO INTERNAZIONALE DI FILOSOFIA MEDIEVALE DELLA S.I.É.P.M. Palermo, 16 – 22 settembre 2007.

Dal 16 al 22 settembre 2007 si è tenuto a Palermo il XII Congresso Internazionale di Filosofia Medievale, organizzato dalla Société Internationale pour l'Étude de la Philosophie Médiévale (S.I.É.P.M.) e dall'Officina di Studi Medievali, con la collaborazione dell'Università degli Studi di Palermo (Dipartimento di Civiltà Euro-Mediterrane) e della Società Italiana per lo Studio del Pensiero Medievale. Sotto il titolo di «Universalità della Ragione – Pluralità delle filosofie nel Medioevo», il congresso ha inteso sancire un nuovo corso negli studi di filosofia medievale, in cui la pluralità, quale incontro di diversi molteplici, è stata riconosciuta non solo come categoria assolutamente necessaria allo studio del pensiero medievale, ma anzi come la più forte peculiarità che ha caratterizzato il Medioevo stesso. Nell'idea e nello studio del Medioevo occorre dunque procedere ad una disgregazione strutturale, ossia ad una regionalizzazione dei testi, dei problemi, del pensiero stesso.

L'attività congressuale si è articolata in sessioni plenarie, ordinarie e speciali. Le sessioni plenarie (con interventi di L. Sturlese, O. Boulnois, S. Gersh, P. Porro, G. Kapriev, C. Manekin, M. Rashed, P. Lucentini, C. Mews, T. Ricklin, C. D'Ancona, D. Hasse, I. Rosier, G. d'Onofrio, R. Cross, J.-I. Saranyana, T. Gregory) sono state guidate dalla dialettica tra unità e pluralità, perché l'appello all'universalità della ragione, nel Medioevo, si trova di fronte ad una costante molteplicità: di religioni, di tradizioni filosofiche, di linguaggi, di aree geografiche. Nelle sessioni ordinarie e speciali, invece, gli interventi erano raggruppati attorno ad un tema più specifico: lo studio di un preciso autore, o di un'area geografica e culturale, o di una problematica di rilievo.

In attesa della pubblicazione degli atti, si intende qui rendere brevemente nota, tra i numerosi interventi in programma, di alcuni che ci sono parsi particolarmente rilevanti per lo studio della teologia medievale. Va ricordata in primo luogo la conferenza di OLIVIER BOULNOIS («La raison dans la religion. Philosophie et interprétation rationnelle des écritures dans les trois Lois»): lo studioso ha voluto ricostruire le condizioni che hanno dato origine alla polarità filosofia-teologia, ricercando le radici stesse della teologia, intesa come ragione ‹dentro› una religione, nel cristianesimo, nell'islam e nel giudaismo medievale.

All'Alto Medioevo è stato dedicato l'intervento di GIULIO D'ONOFRIO («Filosofi e teologi a Roma. Ascesa e declino dell'universalismo speculativo medievale»): lo studioso riconosce in quest'epoca un universalismo speculativo assoluto, che si fonda sulla coerenza universale della verità, sul parallelismo tra ‹ordo rerum› e ‹ordo idearum›, che subordina alla dimensione teologica ogni altra conoscenza scientifica; questo universalismo entrerà in crisi nel XII secolo, proprio mentre si andrà affermando l'idea della teologia come ‹scienza›. Alla teologia nell'Alto Medioevo, e in particolare nell'età carolingia, ha dedicato la propria attenzione anche ARMANDO BISOGNO («Ragione e fede nel paradigma teologico dell'età carolingia»), individuando nella teologia carolingia un vero e proprio ‹paradigma›, ossia un preciso programma culturale, basato sulla cooperazione tra ragione e fede.

Vanno inoltre segnalati gli interventi rivolti all'analisi testuale di alcuni commentari ai testi biblici e alle *Sentenze* di Pietro Lombardo. In particolare, EGBERT PETER BOS ha consacrato la propria relazione («Augustine, the Holy Spirit and Reason. His Commentary [Beginning] on Paul's Letter to the Romans») ai due commenti di Agostino all'Epistola ai Romani: di questi, l'uno (*Expositio quarundam propositionum ex Epistula ad Romanos*) è composto di brevi note, mentre l'altro (*Epistulae ad Romanos inchoata expositio*) è un vero e proprio commentario, mai portato a termine dall'autore. JULIE CASTEIGT («Du commentaire d'Albert le Grand sur le Prologue de l'Evangile selon saint Jean à celui de Maître Eckhart: hypothèse pour tenter de rendre raison d'une transformation») ha invece studiato i commenti al Prologo del Vangelo di Giovanni di Alberto Magno e di Meister Eckhart: ella individua tra i due autori una trasformazione e pensa che tale mutamento avvenga a partire da una nuova meditazione teorica sul ‹logos›. Per quanto concerne invece i commenti alle *Sentenze*, si segnala in particolare l'intervento di PORTER CAMARIN («Identifying Theological Authority in Book I of Gerardus Odonis' Sentences Commentary») sulle fonti teologiche del Libro I del *Commento alle Sentenze* di Gerardus Odonis, tra le quali si trova anche la bolla *Cum inter nonnullos* di papa Giovanni XII, nonché le conferenze dedicate al *Commento alle Sentenze* di Durando di St. Pourçain: ANDREAS SPEER («The Critical Edition of the First Version of Durand's Sentences Commentary») si è soffermato sull'edizione critica della prima versione del commentario, mentre Jean-Luc Solère («Doubts and Hypotheses about the Text of Durand's First and Second Redactions – I *Sent.*, d. 17») ha illustrato i rapporti tra la prima e la seconda redazione.

Un terzo intervento su Durando di St. Purçain (Guy Guldentops, «Durandus of St Pourçain's Legitimation of Religious Intolerance») si è invece concentrato sulla legittimazione, proposta dall'autore medievale, dell'intolleranza religiosa nei confronti degli eretici: nel IV Libro del *Commento alle Sentenze* Durando, erede in questo di una lunga tradizione della teologia cattolica, distingue tra gli infedeli, che non hanno ricevuto la fede cristiana e che pertanto sono da tollerare, e gli eretici, che invece minano la fede cristiana dall'interno e devono essere severamente puniti. Proprio il tema dell'ortodossia e dell'eresia è stato l'oggetto di una sessione speciale, che ha ospitato molteplici interventi incentrati sul concetto stesso di eresia come nodo di riflessione teologica e filosofica (Sebastian Lalla, «Grenzen des Häretischen»), nonché su numerose questioni e autori specifici, dalla patristica al XIII secolo: la critica di Ireneo di Lione alla concezione gnostica del martirio (Juan Carlos Alby, «*Martyrium verum, sententiam eorum.* La crítica de San Ireneo a la concepción gnóstica del martirio»); l'immagine di Almarico di Bène offerta dalle prime fonti del XIII secolo, che consentono di ricostruire più chiaramente la sua dottrina, condannata come eretica nel 1215 dal Concilio Lateranense IV (Rosario Andrea Lo Bello, «L'immagine di Almarico di Bène nelle prime fonti del XIII secolo»); la legittimazione della repressione degli eretici nel pensiero della scolastica (Guglielmo Russino, «*Utrum haeretici sint tolerandi*: la repressione dell'eresia nel pensiero scolastico») e in particolare in Tommaso d'Aquino (Luciano Cova, «*Per mortem a mundo excludi.* Persecuzione e soppressione fisica degli eretici in Tommaso d'Aquino e nella tradizione teologica latina»); infine, i problemi di interpretazione della condanna universitaria del 1277 a Parigi (Francisco León Florido, «La condena universitaria de 1277: ¿La ortodoxia religiosa contra la Filosofia? Problemas de interpretación»).

Grande attenzione è stata dedicata anche al tema del dialogo interreligioso: laddove, infatti, i due interlocutori non sono uniti dalla stessa fede, il dialogo non può che ricorrere a ciò che è comune, la ragione, come strumento di conversione e di confronto con l'altro. Il dialogo interreligioso è così un terreno privilegiato per un uso della ragione che pretenda di essere universale, valido per l'intera umanità. In particolare, Rafael Ramon Guerrero («Un caso de diálogo religioso en el siglo X: Las respuestas del filósofo cristiano Yahyā b. 'Adi al judío 'Irs b. 'Utmān b. Sa'īd») ha presentato un caso di dialogo interreligioso nella Bagdad del X secolo: quello tra l'arabo cristiano Yahyā b. 'Adi e l'ebreo 'Irs b. 'Utmān b. Sa'īd. L'intervento di Catarina Belo («Averroes on Other Religions, with a Focus on Christianity and Judaism»), invece, ha esaminato la posizione di Averroè nei confronti di cristianesimo e giudaismo, e le loro relazioni, sia all'interno del progetto filosofico dell'autore sia da un punto di vista più strettamente teologico. Jorge M. Ayala Martínez («La polémica judeo-cristiana de Pedro Alfonso de Huesca») si è concentrato sul *Dia-*

logus contra judaeos scritto all'inizio del XII secolo da Pietro Alfonsi, mentre il *Liber de concordantia legis Dei*, trattato in difesa della fede cristiana contro ebrei, musulmani ed eretici, scritto nella seconda metà del XIV secolo da Juan de Valladolid, ebreo convertito al cristianesimo, ha costituito l'oggetto della relazione di ADELINE RUCQUOI e JOSÉ MARÍA SOTO RÁBANOS («Utilización de Aristóteles en la obra *De concordantia legis Dei* de Juan de Valladolid»). ALEXANDER FIDORA («Concepts of Philosophical Rationality in Inter-Religious Dialogues: Crispin, Abaelard, Aquinas, Llull») ha inteso analizzare come il dialogo interreligioso abbia contribuito a dare forma al concetto di razionalità filosofica nell'Occidente latino tra l'XI e l'inizio del XIV secolo, prendendo a questo fine in considerazione le *Disputationes* di Gilberto Crispino, le *Collationes* di Pietro Abelardo, la *Summa contra gentiles* e il *De rationibus fidei* di Tommaso d'Aquino, e l'*Ars* di Raimondo Lullo. Più specificamente a Tommaso d'Aquino è stato dedicato l'intervento di DAVID B. TWETTEN («Aquinas' Definition of God as a Foundation for a Pluralistic Natural Theology»): egli ha voluto mostrare che il concetto di Dio di cui Tommaso si serve in teologia naturale, e al quale fanno riferimento le sue prove dell'esistenza di Dio, è un concetto assai poco connotato da quegli attributi che a Dio attribuisce una religione; è cioè un concetto ‹minimalista›, che può costituire il terreno su cui fondare una teologia naturale ‹pluralistica›. ANDREA DI MAIO, invece, ha sottolineato come nel sec. XIII Tommaso e Bonaventura abbiano teorizzato i due opposti e complementari tipi di dialogo che il cristianesimo ha messo in atto nel suo rapportarsi agli ‹altri›: l'uno, quello di Tommaso, dialettico, fondato sulla dimostrazione razionale, l'altro, quello di Bonaventura, ‹testimoniale›, che ha come perno la forza della testimonianza di vita e dei miracoli. Sul tema del dialogo interreligioso si ricorda inoltre l'importante sessione su Niccolò Cusano, con interventi dedicati al *De pace fidei*, al *De visione Dei* e ai sermoni, che si proponevano di ricercare la specifica via proposta dal Cusano alla pace tra le religioni e il fondamento filosofico da cui tale proposta era giustificata e sorretta (GREGORIO PIAIA, «Pluralità delle scuole e *concordantia philosophorum* nel *De pace fidei* di Nicolò Cusano»; DAVIDE MONACO, «La visione di Dio e la pace nella fede»; KAZUHIKO YAMAKI, «Universalität der Vernunft und Pluralität der Philosophien in *De pace fidei* des Nikolaus von Kues»; KLAUS REINHARDT, «Das Christentum als universelle Vernunftreligion? Die Auffassung des Nikolaus von Kues, besonders in seinen Predigten»). Infine, l'intervento di CARLOS FRAENKEL («Platonism, Religious Pluralism and Religious Superiority in Late Antiquity and the Early Middle Ages») ha avuto per oggetto la possibilità di un pluralismo religioso fondato sulla filosofia politica di Platone; in particolare, lo studioso ha confrontato questo pluralismo religioso a base platonica, di cui si può trovare un esempio in Numenio di Apamea e in al-Fārābī, con la differente prospettiva di Filone di Alessandria e di Maimonide, volta ad affermare la superiorità del giudaismo sulle altre religioni.

Un nodo centrale emerso nelle relazioni presentate è senza dubbio il rapporto tra fede e ragione, tra *credere* e *intelligere*, tra teologia e filosofia. In particolare, JAMIL IBRAHIM ISKANDAR («Ibn Sīnā diante da Religião e da Filosofia») ha dedicato il proprio intervento al rapporto tra fede e ragione in

Avicenna, mentre lo studio di Mohamed Mesbahi («La raison philosophique et la raison théologique chez Averroès») ha avuto per oggetto il concetto di ragione – come ragione filosofica e come ragione teologica – in Averroè. Celina Ana Lértora Mendoza («Tres versiones del concordismo medieval: Averroes, Maimónides y Tomás de Aquino») ha confrontato tre diversi tentativi medievali di concordismo, ossia di armonizzazione tra la fede e la ragione: quello di Averroè, quello di Maimonide e quello di Tommaso d'Aquino. Si è sottolineata, inoltre, la distinzione tra *fides* e *credulitas* in Teodorico di Chartres: mentre la *credulitas* appartiene all'ambito dell'*opinio*, la *fides* è tale perché si esplica in una *scientia*, la *theologia*, che fa uso di procedimenti razionali e di argomenti necessari (Vera Varjota Rodrigues, «*Universalis dicitur quasi communicabilis. Scientia*, *fides* et *credulitas* chez Thierry de Chartres»). Maria Burger («Albertus Magnus: *fides et ratio* als Erkenntnisprinzipien der Theologie»), indagando sullo statuto di scientificità della teologia, ha analizzato i concetti di *fides* e *ratio* come principi di conoscenza della teologia in Alberto Magno. Catherine König-Pralong («Le raisonnement par cas chez Henri de Gand: entre *via naturae et via fidei*»), invece, ha voluto mostrare come il concetto di teologia che Enrico di Gand teorizza all'inizio della propria *Summa* venga poi applicato nei *Quodlibeta*. La questione della scientificità o meno della teologia in Goffredo di Fontaines, inoltre, è stata oggetto dello studio di Federica Caldera («Croire et savoir: science philosophique et sagesse théologique chez Godefroid de Fontaines») che si è concentrato sulla questione xx del *Quodlibet* ix. Si ricorderanno anche, su questo tema, due interventi su Raimondo Lullo: Francesco Fiorentino («*Credere* et *intelligere* dans les *Opera latina* tardives de Ramon Lull») ha analizzato il rapporto tra *intelligere* e *credere* negli *Opera Maiorchina, Messanensia* e *Tuniciana* di Lullo, mostrando che l'*intelligere* è qui inteso come attività di comprensione del dato di fede che implica anche una conversione, tramite la ragione, degli infedeli; Marcia Colish («Method and Misconstruction in Ramon Lull's *Book of the Gentile and the Three Sages*»), invece, ha indagato il metodo di applicazione di argomenti razionali alla teologia del *Libro del Gentile e dei tre Saggi* e ha sostenuto che non può essere accolta la tesi revisionista che pone Lullo in relazione più con Anselmo d'Aosta e con la scolastica del xii secolo che con quella del xiii. A questo riguardo è di rilievo anche la sessione dedicata a Giovanni Duns Scoto, nella quale sono stati trattati in particolare i seguenti temi: la credibilità delle dottrine cristiane nella seconda parte del Prologo dell'*Ordinatio* (Roberto Hofmeister Pich, «Scotus on the credibility of Christian doctrines»); la conoscenza di Dio, con riferimento alla distinzione tra quegli attributi che di Dio si possono affermare con la ragione, e quelli che invece sono conosciuti solo grazie alla Rivelazione (Luis Alberto De Boni, «*Praeter de te a philosophis praedicta, catholici te laudant omnipotentem*»); le potenzialità e i limiti della ragione nei confronti del dato di fede, come emergono dal trattato *De primo Principio* (Marcella Serafini, «Dignità e limiti della ragione nel *De primo Principio* di G. Duns Scoto»). Olli Hallamaa («The enchantment of science – What is left of theology in the strain of calculators?»), invece, ha analizzato le opere dei *calculatores* di Oxford, soprattutto Roger Roseth: nei trattati teologici di questi autori domina un interesse per la logica e per le scienze della natura tale da far dubitare che resti un reale spazio per la teologia. La distinzione tra filosofia e teologia nel sentire dei teologi scolastici è stata al centro della relazione di Kent Emery («Thinking Philosophically: The Self-Consciousness of the Theologian»), che ha preso in considerazione soprattutto Dionigi il Certosino. Meredith Ziebart («Nicolas Cusanus and his Appraisal of Antique Philosophy»), infine, ha analizzato il rapporto tra fede e ragione in Cusano, e ha suggerito che l'apprezzamento del valore della ragione all'interno di una prospettiva religiosa possa essere riconosciuto nel recupero, da parte del filosofo di Cusa, della filosofia antica pagana.

Numerosi interventi, inoltre, hanno studiato alcuni temi di dogmatica delle diverse religioni medievali: il concetto di resurrezione dei morti in Maimonide – che nel *Commento alla Mishnà*, nella *Mishneh Torah* e nel *Trattato sulla Resurrezione dei morti* esprime al riguardo una posizione fortemente innovativa – e nei suoi critici (Giuseppe Laras, «La concezione maimonidea sulla resurrezione dei morti ed il confronto con i suoi critici»); la relazione tra l'onniscienza divina e la libertà della scelta umana in Maimonide e Gersonide (Arthur Hyman, «Divine Omniscience and Human Choice in Maimonides and Gersonides»); l'onnipotenza divina nella *Theologia Scholarium* di Pietro Abelardo (Giuseppe Allegro, «*An plura vel pauciora facere possit Deus quam faciat et contra.* La questione dell'onnipotenza al tempo di Pietro Abelardo»); la conciliazione, in Tommaso d'Aquino, tra possibilità dell'azione divina e naturalismo, ossia una concezione del mondo come dominato da leggi naturali meccaniche (Ignacio A. Silva, «Indeterminismo en la naturaleza y acción divina en *De Potentia Dei* de Tomás de Aquino»); violenza, *raptus* ed estasi in Rolando Cremona e Tommaso d'Aquino (Barbara Faes, «Violenza, *raptus*, estasi nella riflessione teologica di Rolando Cremona e di Tommaso d'Aquino»); la metafora come concetto fondamentale per l'enunciazione di Dio in Bonaventura (Antonio Joaquim Rocha Martins, «Métaphore et Théologie chez saint Bonaventure»); la teoria dell'ubiquità divina di Odo Rigaldi, elaborata in risposta ad una corrente di panteismo del primo Duecento (Antoine Côté, «The Theological Metaphysics of Odo Rigaldi»); l'influenza di Giovanni Damasceno sulla dottrina dell'incarnazione di Duns Scoto (Gerard Sondag, «L'influence de Jean de Damas sur Jean Duns Scot dans la doctrine *Assumptus homo*»); la dottrina della creazione nel *Malmad ha-Talmidim* di Yaakov Anatoli (Gadi Charles Weber, «The Three Levels of Yaakov Anatoli's *Malmad ha-Talmidim*»); la dottrina della creazione nelle tre redazioni del *Commento alle Sentenze* di Durando di St. Pourçain e in Pietro di Palude (Fiorella Retucci, «La dottrina della creazione in Durando di San Porciano e Pietro di Palude»). Un tema che ha ricevuto particolare attenzione è quello della virtù: Riccardo Saccenti («La définition de vertu chez les théologiens de la première moitié du XIIIe siècle») ha evidenziato le caratteristiche del dibattito teologico sulla virtù nella prima metà del XIII secolo, quando la definizione di virtù di Pietro Lombardo (*Sentenze,* II, d. 24) si confronta con quella aristotelica (espressa nel II libro dell'*Etica Nicomachea*); Istvan P. Bejczy («Vertus infuses et vertus acquises dans la théologie de la première moitié du XIIIe siècle») si è invece soffermato sulla distinzione tra virtù acquisite e virtù infuse nella teologia morale della prima metà del XIII secolo, sostenendo la tesi che la presenza del concetto di virtù acquisita abbia preparato una via alla ricezione dell'*Etica nicomachea*; MARTIN TRACEY («Prudence in the *Summae De Bono* of Albert the Great, Philip the Chancellor, and William of Auxerre») ha confrontato le trattazioni dedicate alla virtù della prudenza nella *Summa de bono* di Filippo il Cancelliere, nella *Summa aurea* di Guglielmo d'Auxerre e nel *De bono* di Alberto Magno. IRENE ZAVATTERO («L'acquisition de la vertu dans les premiers commentaires à l'Éthique à Nicomaque»), infine, ha studiato il problema dell'acquisizione della virtù nei primi commentari latini all'*Etica nicomachea* (prima metà del XIII sec.) individuando in essi un luogo fondamentale di confronto tra le dottrine dei filosofi e quelle dei teologi.

Una sessione speciale è stata dedicata al tema del simbolo e dell'immagine nel Medioevo. Al suo interno si è studiato, muovendo dal dibattito iconoclasta, il valore riconosciuto alle immagini nel platonismo e nelle religioni monoteiste (MARIA TILDE BETTETINI, «Immagine e finzione, l'icona e il dibattito iconoclasta»); la nozione di ‹agalma› procliano come base della identificazione tra ‹symbolon› e ‹eikōn› nello pseudo-Dionigi (STEFANIA BONFIGLIOLI, «Tra simbolo e icona: le soglie dell'agalma neoplatonico»); il concetto di icona, medio tra il visibile e l'invisibile, che è alla base del secondo concilio niceno (ROSANNA GAMBINO, «Icona e conoscenza tra natura e persona nel secondo concilio niceno»); i concetti di ‹eikōn› e ‹hypostasis› nel pensiero greco-bizantino (ANCA VASILIU, «Image de personne: l'eikôn et l'hypostase dans la pensée gréco-byzantine»); la relazione tra segno materiale e significato spirituale dell'icona nei *Libri Carolini* (FRANCESCO PAPARELLA, «Natura e valore dell'immagine. La relazione tra segno iconico e significazione traslata nella cultura carolingia: il caso dei *Libri Carolini*»); il cosiddetto ‹simbolismo eucaristico› di Ratramno di Corbie e ‹simbolismo universale› di Ugo di S. Vittore, che vengono riconosciuti come appellativi entrambi inadeguati all'oggetto che intendono designare (COSTANTINO MARMO, «Il simbolo di Ugo di San Vittore: le ragioni di un abbandono»).

Allo pseudo-Dionigi e alla sua eredità sono stati dedicati anche altri interventi: uno studio dei concetti di *apophasis* e *kenosis* in questo autore (CICERO CUNHA BEZERRA, «‹Apóphasis y kenósis›: consideraciones sobre la relación entre neoplatonismo y mística en Dionisio Pseudo Areopagita»); il recupero del modello della cosmologia dionisiana in Raimondo Lullo (ANTONIO FERNÁNDEZ BORDOY, «Autour des modèles de création divine: la récupération du Psd.-Denys dans la cosmologie lullienne»); i commenti di Tommaso Gallo e di Roberto Grossatesta alla *Teologia Mistica* (JAMES MCEVOY, «Translation and Interpretation: Thomas Gallus and Robert Grosseteste, Readers of the Ps. Areopagite») e dello stesso Grossatesta ai *Nomi Divini* (JEAN-MICHEL COUNET, «Noms divins et connaissance de Dieu chez Robert Grosseteste»).

Inoltre, al centro di numerose relazioni si è trovato il pensiero di Anselmo d'Aosta. In particolare, l'argomento del *Proslogion* può essere interpretato alla luce della nozione anselmiana di infinito e collegato più strettamente alla prova dell'esistenza di Dio che si legge nel *De libero arbitrio* di Agostino

(Matthew Siebert, «Anselm's Argumentum and Infinity»); in favore della universale accettabilità della definizione di Dio del *Proslogion* (Dio come *aliquid quo majus cogitari non possit*) si è sottolineato il legame di Anselmo con un passo del II commento di Boezio al *De interpretatione* 16a 7–11 (John A. Demetracopoulos, «The Universality of the Definition of God: Anselm's *Proslogion* 2 and Boethius' 2nd Commentary on Aristotle's *De Interpretatione*»); è stato studiato il senso della *ratio fidei* di Anselmo, come vero accordo tra fede e intelligenza, tra preghiera e ragione (Paulo Ricardo Martines, «Le sens de la *ratio fidei* chez S. Anselme»); infine, Sergio Paolo Bonanni («Anselmo e Abelardo: alle radici della *theologia*, tra argomenti certissimi e ragioni verisimili») ha presentato un confronto tra Anselmo e Abelardo: partendo entrambi dal riconoscimento del valore universale della ragione, il primo si serve di un procedere deduttivo che si fonda su ‹argomenti certissimi›, mentre il secondo fa ricorso a ‹ragioni verisimili› e al metodo della *translatio*.

Si ricorda, infine, nell'ambito di una sessione dedicata al confronto tra la filosofia medievale e il pensiero contemporaneo, l'intervento di Silvana Filippi («Cuatro ‹filosofías del Éxodo› y la crítica heideggeriana a la onto-teología»): la studiosa ha preso in considerazione quattro diverse filosofie che nascono da Esodo 3, 14 (Agostino, Maimonide, Tommaso d'Aquino e Meister Eckhart), in un confronto con l'affermazione heideggeriana dell'oblio dell'essere e della metafisica come onto-teo-logia.

Caterina Tarlazzi

Archa Verbi 4 (2007) 212–222

Recensiones

Rolf Bergmann/Stefanie Stricker: *Katalog der althochdeutschen und altsächsischen Glossenhandschriften.* Unter Mitarbeit von Yvonne Goldammer und Claudia Wich-Reif. 5 Textbände, 1 Tafelband. Berlin/New York: Walter de Gruyter, 2005. – XIV, 3016 S. – 254 Schwarzweiß-, 57 Farbabbildungen. – ISBN 3-11-018272-6. – € 898.

Der *Katalog der althochdeutschen und altsächsischen Glossenhandschriften* bildet die reife Frucht und das vorläufige Endergebnis jahrzehntelanger Forschungen zum Gegenstand der mittelalterlichen Glossographie. Bereits 1973 konnte Rolf Bergmann ein *Verzeichnis der althochdeutschen und altsächsischen Glossenhandschriften* vorlegen, dem in den Jahren 1982, 1985 und 1991 vier aktualisierende Nachtragslisten folgten. Das hier vorzustellende Kompendium baut auf den genannten Vorarbeiten auf und führt sie bis in die Gegenwart fort. An dieser Stelle sei der Versuch unternommen, das monumentale Werk aus Sicht der theologischen Mediävistik zu würdigen. Um die Relevanz der Glossenforschung für die historische Theologie darzustellen, sollen zunächst einige Informationen zu Wesen und Bedeutung der Glossen im Allgemeinen vorausgeschickt werden. Die Glossenforschung bildet ein Teilgebiet der historischen Sprachwissenschaft. Der Begriff ›Glossen‹ bezeichnet meist isoliert dastehende Wörter, die einem zugrunde liegenden Trägertext entweder vom Schreiber oder von späterer Hand hinzugefügt wurden. Im Einzelnen unterscheidet man ›Interlinearglossen‹, ›Marginalglossen‹ und ›kontextuelle Glossen‹, je nachdem, ob die Glossen am Spaltenrand, zwischen bzw. unter den Zeilen oder flüssig in den Grundtext eingetragen wurden. ›Griffelglossen‹ wiederum bezeichnen Glossen, die nicht mit Feder und Tinte geschrieben, sondern – für das Auge oft kaum wahrnehmbar – mit dem Schreibgerät in das Pergament geritzt wurden. Bezüglich ihrer Sprachform gilt, daß die Glossen des Mittelalters sowohl in Latein (vereinzelt auch in Griechisch) wie auch in der Volkssprache abgefaßt sein konnten. Aus heutiger Sicht liegt die Bedeutung der Glossen vor allem darin, Material bereitzustellen, das der Erläuterung und inhaltlichen Aneignung eines gegebenen Grundtextes diente und dadurch wichtige Hinweise auf die Wirkung dieses Textes gewähren kann. Eine zusätzliche Bedeutungsebene besitzen Glossen, die in der Volkssprache geschrieben wurden. Sie bilden wertvolle Zeugnisse für die Erforschung der Volkssprachen generell und für die Entwicklung einer muttersprachlichen Fach- und Wissenschaftsterminologie im Besonderen. Unter den im vorliegenden Katalog angesprochenen althochdeutschen bzw. altsächsischen Glossen versteht man Glossen, die in der Zeit des Althochdeutschen bzw. im Rückgriff auf Quellen der althochdeutschen und der altsächsischen Literatur entstanden sind. Meist handelt es sich um Übersetzungen, seltener um Interpretamente der lateinischen Grundwörter. Etwa die Hälfte bis zwei Drittel des althochdeutschen Wortschatzes liegt ausschließlich in Form von Glossen vor, ein Befund, der den großen Wert von Glossenhandschriften für die Erforschung der althochdeutschen Sprache erkennbar macht. Über den lexikalischen Aspekt hinaus kommt den Glossen die Funktion zu, wichtige Aufschlüsse über die entwicklungsgeschichtlichen, stratigraphischen und fachterminologischen Verläufe und Schichtungen der Rezeption eines Werkes vermitteln zu können. Um ein konkretes Beispiel zu nennen: Anhand der althochdeutschen Glossierung läßt sich ermitteln, ab wann etwa Gregor der Große in deutscher Sprache rezipiert wurde, welche Überlieferungswege diese Rezeption genommen und auf welchem Wortbestand sie basiert hat. Gerade hinsichtlich Gregors des Großen sind die Befunde erstaunlich: hier liegen 13 950 deutsche Glossen in 99 verschiedenen Handschriften vor. Dieser gewaltige Überlieferungsbefund übersteigt das entsprechende Ergebnis für Augustinus (31 Glossen in 24 Handschriften) um einen exponentiellen Faktor. Die Erklärung für dieses Phänomen, so Rolf Bergmann nach mündlicher Mitteilung, könnte darin liegen, daß Gregor der Große die bedeutendste Basisgestalt im Bereich einer propädeutisch orientierten, glossenstarken Theologie- und Bildungsgeschichte war, Augustinus dagegen eher ein Autor für den ›fertigen‹ Theologen. Antworten auf diese und viele verwandte Fragen wird ein unter Leitung von Rolf Bergmann stehendes, für 2008 angekündigtes ›Handbuch der althochdeutschen und altsächsischen Glossographie‹ geben, das die systematischen Schlußfolgerungen aus der im Katalog ausgebreiteten Befunderhebung ziehen wird. Letztendlich gewähren Glossen wertvolle Einblicke in die Bildungsgeschichte mittelalterlicher Klöster und Kathedralschulen. Was leistet nun der Katalog von Bergmann/Stricker für die theologische Mediävistik? Hier ist zunächst auf die Menge der dokumentierten Handschriften hinzuweisen. Im Ganzen bietet das Verzeichnis 1303 Nummern glossentragender Handschriften. Damit ist ein gewaltiger Quellenfundus erschlossen, und zwar ein Quellenfundus, der zu einem hohen Anteil in das Gebiet der theologischen Text- und Literaturgeschichte fällt. Neben der Bibel und Bibelkommentaren gehören, um nur Einiges zu nennen, Autoren der Patristik und der karolingischen Renaissance, ferner der Vorscholastik und Scholastik sowie Texte aus den Bereichen Legendarik, Hymnologie und klösterliche Lebenskultur hierzu. Der Glossenkatalog ›siebt‹ dieses Material und stellt es aus einer spezifischen Perspektive heraus dar. Die Beschreibungen der Handschriften erlauben eine rasche Orientierung über ihren Inhalt und stellen darüber hinaus die relevante Forschungsliteratur für eine weitergehende Beschäftigung mit ihnen bereit. Folgende Kategorien sind berücksichtigt: laufende Nummer (bezugnehmend auf das Verzeichnis in ›Bergmann 1973‹); besitzende Bibliothek und Signatur der Handschrift; Hinweis auf die Edition der Glossen bei Elias von Steinmeyer/Eduard Sievers: Die althochdeutschen Glossen. Bd. 1–5. Berlin 1879–1922 [Nachdruck Dublin-Zürich 1968/69]; Autopsievermerk; kodikologische Beschreibung; Inhaltsangabe; Geschichte der Handschrift (Entstehung und Zwischenbesitz); Sekundärliteratur zum gesamten Kodex; Ausführungen zu den Glossen (Zahl und Art, Zeit und Ort, sprachliche und sprachgeographische Einordnung, Edition, Sekundärliteratur). Die Bände 1 bis 4 des Katalogs enthalten standardisierte Beschreibungen der Glossenhandschriften, Band 5 bringt eine Bibliographie (S. 1979–2235), Register zu den Autoren, Werken, Orten, Personen, Kodikologie und Glossencharakteristik, des weiteren eine sprachliche und sprachgeographische sowie eine chronologische Übersicht. Letztendlich erscheint ein Verzeichnis der noch unedierten Glossen. Der sechste und abschließende Band enthält 311 Abbildungen von Glossenhandschriften, die im Katalog beschrieben wurden. Sein Ziel ist es, eine »angemessene Veranschaulichung der Glossenüberlieferung nach Glossierungstypen, Erscheinungsformen der Glossen, nach ihrer zeitlichen und räumlichen Verteilung und ihrem Textbezug« (S. 2379) zu geben. Damit sollten sämtlich Glossierungstypen (Textglossierung, Textkommentarglossierung, Einzelwörter, Sachglossare, Textglossare, Geheimschriften, Griffelglossen und Rötelglossen) und Glossierungsräume, ferner alle Jahrhunderte sowie die häufiger glossierten Texte vor Augen geführt werden. Da der Tafelband zudem die wichtigsten Sachinformationen zur jeweiligen Handschrift und ihren Glossen enthält, kann er fast als Vorstufe zu einem Lehrbuch der Glossenkunde gelten. Es kann an dieser Stelle nicht Aufgabe sein, die Zuverlässigkeit der einzelnen Katalogeinträge im Detail zu prüfen. Sie scheinen mir in ihrer Verbindung von Autopsie und Auswertung der einschlägigen Sekundärliteratur aussagekräftig genug zu sein. Hier seien, aus Sicht der theologischen Literatur- und Geistesgeschichte, einige abschließende Beobachtungen zum Nutzen des Werkes angefügt. Die

Überlieferung althochdeutscher/altsächsischer Glossen setzt im ersten Drittel des 8. Jahrhunderts ein. Von dort hält sie sich, wenn auch zum Schluß in marginalem Umfang, bis ins 16. und 17. Jahrhundert. So ergibt sich durch eine großflächige Auswertung des Gesamtmaterials der Befund, daß der Schwerpunkt des althochdeutschen Glossenmaterials (bewertet nach der Zahl der Glossenhandschriften, nicht der Glossen) im 9. und 11. Jh. liegt. Konkret lassen sich für das 8. Jh. 29, für das 9. Jh. 202, für das 10. Jh. 190 und für das 11. Jh. 210 Glossenhandschriften nachweisen. Für das 12. Jh. finden sich noch 165 glossierte Handschriften, während es im 13. Jh. nur noch 74 Kodizes sind, die glossiert wurden. Ihre Zahl sinkt weiter mit 37 Handschriften für das 14. und 24 Handschriften für das 15. Jh. Aus dieser am Material selbst gewonnen Erhebung geht hervor, daß offenbar die karolingische Renaissance und die Salierzeit besonders ergiebig waren für den Transfer lateinischer Texte in die deutsche Sprache. Fragt man, welche Texte und Autoren am reichhaltigsten glossiert wurden, so gilt folgendes: An der Spitze steht wie zu erwarten die Bibel. Von den insgesamt 321 mit Glossen versehenen Handschriften entfallen 150 auf das Alte und 161 auf das Neue Testament. Hinzu kommen 10 glossierte Handschriften der Gesamtbibel (Pandekten) sowie Ausgaben einzelner Bücher, Verzeichnisse der biblischen Bücher und Bibelglossare. Weitere stark glossierte Autoren sind Prudentius (248), Hieronymus (184), Vergil (128 inklusive der Vergilkommentare des Servius), Beda Venerabilis (126), Isidor von Sevilla (125), Horaz (117), Glossierte Viten, Legenden und Passionen (114), Hrabanus Maurus (73) und Walafrid Strabo (71). Deutlich abfallend gestalten sich die Ergebnisse für Grammatisches (48), Sachglossare (44), Predigten (36), Donatus (25) und Cicero (21). Wertet man die volkssprachliche Glossierung als Indikator für die Rezeption eines Textes, so zeigt sich, daß die Bibel und Patristik weit vor der paganen Antike und Werken des Mittelalters die wichtigsten Textfundamente der althochdeutschen Glossensprache darstellten. Bezüglich der Entstehungsprovenienz gilt, daß St. Gallen mit 71 Glossenhandschriften die Rangliste deutlich anführt, gefolgt von Tegernsee (23), Köln (14), Freising (13), Echternach (13), Regensburg (12), Benediktbeuren (10), Fulda (9), Salzburg (9), Reichenau (8) und Würzburg (6). Es waren also nicht zuletzt die frühen Missionsklöster, die einen nachhaltigen Schub in der Entwicklung der althochdeutschen Glossographie und damit in der volkssprachlichen Inkulturation christlichen Gedankengutes leisteten. Diese und andere Ergebnisse kann der vorliegende Katalog im Sinne eines groß angelegten Referenzwerkes zur Erschließung des althochdeutschen Glossenbestandes in aller Deutlichkeit untermauern. Sein Nutzen auch für die theologische Mediävistik steht außer Frage.

Michael Embach, Trier

Paolo Chiesa/Lucia Castaldi (Ed.): *La trasmissione dei testi latini del medioevo.* Mediaeval latin texts and their transmission. TE.TRA. 1 (Millenio Medievale 50. Strumenti e Studi N. S. 8), Firenze 2004. – XV und 494 S. – ISBN 88-8450-111-3. – € 75.

Mit diesem ersten Sammelband eines neuen, auf weitere Folgebände angelegten Handbuches zur Überlieferungs-, Rezeptions- und Editionsgeschichte der mittelalterlichen lateinischen Autoren- und Werktradition ist sicherlich eines der ambitioniertesten mittellateinischen Unternehmungen der nächsten Jahre, wenn nicht Jahrzehnte, begonnen worden. Es sieht sich in der konzeptionellen Nachfolge des inzwischen unentbehrlich gewordenen, von Leighton Durham Reynolds herausgegebenen Handbuches *Texts and Transmission.* A Survey of Latin Classics, Oxford 1983 [²1986 u.ö.], das die Überlieferung der wichtigsten lateinischen Klassiker der Antike und ihre bisherige und künftige editorische Aufbereitung zum Gegenstand hat. Das Konzept von Te.Tra ist schnell erklärt: Jeder Band enthält eine möglichst von A bis Z reichende Auswahl von knappen Artikeln zur Überlieferung mittellateinischer Autoren und Werke sowie zu ihrem aktuellen Editionsstand. Die Zusammenstellung der Beiträge folgt keinem chronologischen, geographischen oder kanonischen Ordnungsprinzip. Sie wird vielmehr durch die Bereitschaft der zumeist einschlägig mit der Textforschung befaßten modernen Forscher gespeist, aus ihrem Wissensschatz zu diesem und den kommenden Sammelbänden Artikel beizusteuern. Ihre Publikation ist also auch ein Spiegelbild des inhaltlichen und methodischen Standes der Forschung, ihrer Interessen und ihrer beklagenswerten Lükken. Insofern muß der Durchdringungsgrad der Artikel – erkenntlich etwa am Nebeneinander von bereits konzisen Textstemmata und vorläufigen Handschriftenlisten – unterschiedlich sein, da nur zu den wenigsten mittellateinischen Autoren und Werken bislang eine abschließende Forschungsbilanz gezogen werden kann. Der experimentelle Charakter der entworfenen Forschungspanoramen und das spannungsreiche Zusammenspiel der recht verschiedenen Vorstellungen von Philologie auf Handschriftenbasis werden gleichfalls in den Beiträgen der Folgebände zu beobachten sein. Autoren mit einer umfänglichen Werk- und Handschriftenüberlieferung wie beispielsweise Alkuin werden sich zudem über mehrere oder viele Bände verstreut behandelt finden. Im Unterschied zu den Artikeln des *Verfasserlexikons*, die auf die Werküberlieferung mittelalterlicher, lateinisch schreibender Autoren des Alten Reiches eingehen, entwickelt Te.Tra ein gesamteuropäisches Panorama, in dem die handschriftliche Textüberlieferung der jeweiligen Autoren und Werke im Mittelpunkt steht. Da Te.Tra ein internationales Gemeinschaftsprojekt ist, kommen sämtliche moderne Wissenschaftssprachen als Publikationssprachen zur Anwendung. Die mit dem Sammelband eröffnete neue Publikationsform wird schrittweise den Blick auf die Tiefendimension mittellateinischer Textüberlieferung freilegen, indem sie die wirkmächtigen Autoren und Werke hervortreten läßt und ihre jeweilige Forschungslage zu skizzieren vermag. Das bereits angedeutete Auswahlprinzip garantiert nicht immer eine angemessene Repräsentanz theologiegeschichtlich einschlägiger Autoren und Werke in den Bänden von Te.Tra. Dennoch sind in der vorliegenden Publikation von 49 Artikeln mit ca. 150 Werken zumeist aus der Zeit vor 1000 eine Reihe von mehr oder weniger bekannten Texten behandelt: der Werkkatalog *Renotatio librorum domini Isidori* des Braulio von Saragossa (S. 46–52), die griechisch-lateinischen Übersetzungen des Ct-Kommentars des Philo von Carpasia und des Iac [...] Iud-Kommentars des Didymus aus der Feder des Epiphanius Scholasticus (S. 81–91), der Ps-Kommentar des Gregor von Tours (S. 166), einige Werke des Ildefons von Toledo, und zwar *De virginitate perpetuae beatae Mariae, Liber de cognitione baptismi, Liber de itinere deserti* und *De viris illustribus* (S. 176–186), bzw. des Isidor von Sevilla, hier *Allegoriae* sive *Liber de interpretatione quorundam nominum Veteris Novique Testamenti, Quaestiones in Vetus Testamentum, Sententiae* und *Synonyma* (S. 196–226), die antihäretischen Schriften des Paulinus von Aquileja, *Contra novellos inprobae Felicianae sectae errores libri III* und *Liber exhortationis* (S. 326–339) sowie des Samson von Córdoba, *Apologeticus* (S. 397–399). Beschlossen wird der Band von drei Registern, die sämtliche Handschriftensignaturen (S. 451–472), mittelalterliche Autoren und Werke (S. 473–479) und moderne Gelehrten (S. 481–494), die in den Artikeln genannt werden, verzeichnen. Offenkundig sind diese Indices recht flott erstellt worden, da sich in ihnen zahlreiche Irrtümer der Artikel fortpflanzen, die Zitierweise von Signaturen und Namen inkonsistent ist und bisweilen die alphabetische Ordnung nicht eingehalten wird. Stichproben in Artikeln, die in den Kompetenzbereich des Rez. fallen, haben ergeben, daß nicht alle den inzwischen erreichten Forschungsstand widerspiegeln, so etwa der Beitrag von Walter Berschin zu Notker Balbulus (S. 306–316; wieder abgedruckt in DERS.: *Mittellateinische Studien*, Heidelberg 2005, Nr. XVII): Zu ergänzen sind ebenda, S. 306f. für die *Gesta Karoli* gegenüber Hans F. Haefele, auf den sich der Beitrag stützt, die Handschriften Aberdeen, University Library, Ms. 389, Langheim OCist., 1556 und München, BSB, clm 28351, Bamberg, 2. Viertel des 12. Jahrhunderts. Beharrliche Textlektüre vermag zudem das Bild der noch wenig ausgeleuchteten hoch- und spätmittelalterlichen Rezeption dieses Werkes im Gebiet des Alten Reiches zunehmend aufzuhellen und dadurch erhaltene Handschriften präzise zu lokalisieren. Nach Bruno Griesser, dem Herausgeber des *Exordium Magnum Cisterciense* des Konrad von Eberbach († 1226), wies Ferruccio Gastaldelli vor einigen Jahren erneut auf die Benutzung von Notker I 32 in diesem Werk (dist. VI c. 2) hin: „Le disavventure della filologia. Nota critica sull'edizione dell'›Exordium Magnum Cisterciense‹«, in *Annali della Facoltà di Lettere e Filosofia dell'Università di Macerata 32* (1999) 487–494, hier 490; deutsch: »Kritische Bemerkungen zur Ausgabe des ›Exordium Magnum Cisterciense‹«, in *Cistercienser Chronik 110* (2003) 221–228, hier 224. Konrad benutzte wahrscheinlich die Eberbacher Handschrift Oxford, Bodl. Libr., Laud. misc. 569. Der Bischof von Bamberg Lupold von Bebenburg (1353–1363) beschreibt in c. 2 seines *Libellus de zelo christianae religionis veterum principum Germanorum* die Lehrtätigkeit der zwei im Frankenreich Karls des Großen auftauchenden Iren [Andreas und] Clemens insbesondere auch in Kenntnis von Notker I 1f. In der neuen Edition ist diese Quelle noch nicht erkannt: Jürgen Miethke/Christoph Flüeler: *Politische Schriften des Lupold von Bebenburg* (MGH Staatsschriften des späteren Mittelalters 4), Hannover 2004, 430 Z. 20 – 431 Z. 7. Lupold dürfte den Bamberger Codex Gotha, Forschungsbibliothek, Memb. II 93 gelesen haben. Der Gründungsrektor der Universität Tübingen und Kirchenrechtsprofessor Johannes Nauclerus (1430–1510) hat für seine zwischen 1498 und 1504 ausgearbeitete und im Jahr 1516 gedruckte Weltchronik gleichfalls Notkers Werk benutzt: Paul Joachimsen: *Geschichtsauffassung und Geschichtschreibung in Deutschland unter dem Einfluß des Humanismus* 1 (Beiträge zur Kulturgeschichte des Mittelalters und der Neuzeit 6), Leipzig/Berlin 1910, 99. Möglicherweise hat er seine Kenntnis aus der Blaubeurer Handschrift Wien, ÖNB, Cod. 532 geschöpft, da es enge Beziehungen zwischen dem alten Benediktinerkloster und der jungen Universität Tübingen gab. München, BSB, clm 28351 lag im Spätmittelalter im Augsburger Benediktinerkloster Sankt Ulrich und Afra und enthält Randnotizen des Humanisten Konrad Peutinger (1465–1547): Matthias Martin Tischler: *Einharts Vita Karoli.* Studien zur Entstehung, Überlieferung und Rezeption (MGH. Schriften 48, I), Hannover 2001, 844.

Matthias M. Tischler, Frankfurt am Main

Nick Havely: *Dante and the Franciscans – Poverty and the Papacy in the Commedia* (Cambridges studies in medieval literature 52), Cambridge: Cambridge University Press, 2004, – XVI, 212 S. – ISBN 0-521-83305-1. – € 66.

Nick Havely's purpose in this book is »to extend the understanding of Commedia's politics by reading it in relation to Franciscan controversies, particularly those involving poverty and the role of papacy« (p. 2). The first chapter of the book is designed to draw the context for the period in which Dante started to write the Divine Comedy. In the first part of the chapter, Havely concentrates on Dante himself and embarks on a very interesting and useful task – the search for the origins of the negative attitudes to involuntary poverty in the literature produced by the late thirteenth and early fourteenth century Tuscan poets. He is convincing in showing the influence of the Tuscan poets like Cecco Angiolieri on Dante's despise of poverty. Dante's own dramatic impoverishment as a result of exile from Florence deals a blow to his early attitude, and makes him much more receptive to the ideas that exalts poverty. While the personal miseries of the poet were escalating, on the rise were also the poverty controversies in the Franciscan Order, roughly around the same time. The second part of the chapter is devoted to the stance of the so-called Spirituals, and an important poetic defender of poverty, the Franciscan Jacopone da Todi. The arguments of Havely in this part rely heavily on the secondary sources on Franciscans like Manselli, Davis or early works of Burr, and therefore he has no means to avoid the mainstream shortcomings of the Franciscan historiography. He writes that the 1290s or early 1300s were a »time when the conflict between the Spirituals and the Conventuals in the Order were intensifying« (p. 29), while it is quite misleading to assume the existence of two distinct groups of observation in the Order, and anachronistic to use the term »Spiritual« and »Conventual« for anyone in the thirteenth century. The thirteenth-century Franciscan history is in dire need to be rewritten not as the history of conflicts that aroused from discussions of the ›evangelical poverty‹ and its place in the Order's Rule, but rather as a history of the striking abuses and corruption, and the friars' ambiguous and desperate attempts to eradicate and at best to control it. The important question from the present book's perspective is, of course, not how we historians today see the debates of thirteenth-century Franciscans, but how Dante perceived the turmoils that Franciscan Order has gone through. Could it be that he saw the discussions of Olivi and Ubertino da Casale, assuming he had access to them, as a practical reaction to the widespread corruption in the Order which neither the popes nor the Order's administration were able to stop? Or did he regard them as something more abstract arising from two theoretical stands in the Order, one that saw the evangelical poverty inherent in the Rule, and other, not. In this respect, Havely does not offer much more than suggesting the possibility of Dante having read Olivi's or Ubertino's work, or having frequented the Franciscan studium at Santa Croce based on Dante's own words that he frequented ›the schools of the religious and the disputations of those who teach philosophy‹ (p. 32). There is not a single solid evidence for either of these possibilities. Furthermore, one should be reminded of the decision of 1279 Assisi general chapter that prohibited the presence of seculars in the philosophy lectures held in the convents, and of the fact that there is no evidence that the Franciscan libraries ever lent books to the lay people. Only in the fourteenth century have the friars chained some of the books and created the ›public‹ nonlending, reference libraries open to the seculars. As the only way to prove that Dante indeed read or heard directly the arguments of the »Spirituals« is to find some striking, difficult-to-refute similarities between his work and that of Franciscans, which Havely attempts to do in the rest of his book, it is rather strange that he readily assumes at the end of his contextual first chapter that Dante ›had access to both radical and orthodox Franciscan ideas on the subject‹ (p. 43). In the successive three chapters, respectively *Inferno, Purgatorio* and *Paradiso,* Havely tries to prove how the Franciscan apocalyptic and mystical writing and imagery converges with that of Dante. In the second chapter, he deals mainly with Inferno 19 and 27 to demonstrate in particular Dante's use of ›the Spiritual Franciscan discourse in his representation of decadent papal or prelatical authority‹ (p. 85). He argues for example that Dante's association of Nicholas III with avarice is influenced by the ›radical Franciscan prophecy‹ (p. 52), or the association of the prelates with the *meretrix magna* of the Apocalypse owes to Franciscan apocalyptic exegesis (p. 57). The third chapter alignes the Franciscan authored *Sacrum Commercium,* and the purgatory as two imageries of ascent, where the central element for the penitents is to reach the poverty in spirit, a concept equally central to St Francis's conversion and Rule. The fourth chapter of *Paradiso,* in particular the portrayal of St Francis serves to illustrate link between the evangelical poverty, and authority in Dante's mind. He points, for example, to the possible relation between the Bardi Dossal's panel painting in the Franciscan convent of St Croce and the imagery of Francis's conversion described in Paradiso II. Perhaps more could be said on why Dante criticizes Ubertino, a ›Spiritual spokesman‹, through the person of Bonaventure in Canto 12 as one who constricts the Franciscan Rule. The points made in these chapters are well worth making, and Havely exhibits a praiseworthy erudition when it comes to the Dante's corpus and the commentators of the Commedia, and is able to steer around the utterly vast amount of Dantescan material. If one accepts the arguments of the author as to the influence of the controversies of the Franciscan Order on a Florentine intellectual like Dante, then this book can also stand as a testimony of how much the Franciscan literature and debates made an impact on the lay literature and intellectual life of the Middle Ages.

Neslihan Şenocak,
Columbia University

Stephen A. Hipp: *»Person« in Christian Tradition and the Conception of Saint Albert the Great. A Systematic Study of its Concept as Illuminated by the Mysteries of the Trinity and the Incarnation* (Beiträge zur Geschichte der Philosophie und Theologie des Mittelalters. Neue Folge 57), Münster: Aschendorff 2001. – III, 565 S. – ISBN 3-402-04008-5. € 67, 50.

Wird von Meister Eckhart, einem stark neuplatonisch beeinflußten Theologen, der von prominenten Philosophiehistorikern (Kurt Flasch, Loris Sturlese, Alain de Libera) bekanntlich für die sogenannte ›Albert-Schule‹ in Anspruch genommen wird, die Individualität als der gerade Gegensatz zur Persönlichkeit aufgefaßt – »ie mêr wir eigen sîn, ie minner eigen«, heißt es ja in seinen *Reden der Unterweisung* –, so betont die am aristotelischen Seinsverständnis orientierte christliche Metaphysik – darunter auch, ja insbesondere Albert der Große – immer wieder das Gegenteil: daß Persönlichkeit nämlich allein in Zusammenhang mit Bestimmtheit zu denken ist. An diesen Aspekt der Metaphysik Alberts zu erinnern – und das tut die Studie von Stephen A. Hipp *sans ambages* – ist sicherlich alles andere als überflüssig, in Zeiten nämlich, wo die Albert-Forschung in erster Linie darauf aus ist, die Verwandtschaft seiner Metaphysik mit dem aristotelischen Realismus des Thomas von Aquin zu *vergessen* – so die berühmte Forderung Alain de Liberas – und die neuplatonisch orientierten Momente seines Denkens herauszuarbeiten, die ja seine Rolle als ›Gründer‹ der sogenannten ›deutschen Dominikanerschule des 13. und 14. Jh.s‹ (Ulrich von Straßburg, Dietrich von Freiberg, Meister Eckhart, Berthold von Moosburg etc.) deutlich machen sollen. Hipps Studie geht der Frage bzgl. der Person aus einer philosophischen Perspektive nach, welche sich allerdings bewußt, ja selbstbewußt, zur Theologie der christlichen Tradition bekennt. Hipp führt seine philosophische Erörterung also im Rahmen – genauer: im *Lichte* – der theologischen Diskussionen um die christlichen Dogmen der Trinität bzw. der Inkarnation, wohl wissend, daß dieses Verständnis nicht das philosophisch einzig mögliche ist [S. 13: »[...] the traditional understanding of these terms are perhaps not the only ones possible, especially when one considers that the reality of the Trinity and Incarnation shall play a normative role in the elaboration of their understanding (according as the truths of faith illuminate the truths of natural reason)«]. Das Buch stellt also die Untersuchung eines philosophisch fragenden Theologen dar, der sich selbst zugleich als ein durch das theologische Wissen geleiteter Philosoph versteht, der dieses mit Hilfe der Philosophie »besser zu verstehen und zu artikulieren« versucht (S. 14 Anm. 16: »the refinement and articulation of our understanding of the theology«). Freilich gibt es auch Philosophie, die sich ohne jegliche theologische Voraussetzung – ›a-theologisch‹ – mit der Frage nach der Persönlichkeit beschäftigt, die dabei also von der christlichen Tradition, ja von ›Tradition‹ überhaupt als dem, was das philosophische Fragen verhindere, völlig absieht: ein »modernes Persönlichkeitsverständnis« (S. 15: »the modern concept of personality«), welches von dem der Scholastik – so Hipp (S. 23 Anm. 34) – zu unterscheiden sei. Das scholastische Persönlichkeitsverständnis geht aus einem »metaphysischen Standpunkt« hervor (S. 15: »metaphysical standpoint«), der die Person als ein natürlich gegebenes, individuell bestimmtes Seiendes versteht, das eben als solches die höchste Art und Weise besagt, wie etwas überhaupt sein kann – denn die Person ist ja das, was, wie es heißt, »der Natur die Kröne verleiht« (S. 14). Die Persönlichkeitsauffassung der modernen, der Methode nach ›a-theologischen‹ Philosophie – die Hipp ausdrücklich außerhalb seines Interessenhorizonts läßt – hebt hingegen die (weil vor›gegebene‹) vorhandene Natur als solche auf und versucht die Persönlichkeit allein und ausschließlich in Vernunft›vollzug‹ zu gewinnen. (vgl. S. 15–16: »The modern concept of personality is not what we are interested in. This should be obvious from our metaphysical standpoint which sharply contrasts with the prevalent philosophical trend globally depicting personhood as some form or combination of self-consciousness, intersubjectivity or autonomy«). Die Persönlichkeit der modernen Philosophie läßt sich dementsprechend nicht von einem jeden existierenden menschlichen Individuum als solchem aussagen – eine Position, die Hipp zu Recht als »unacceptable« bezeichnet (S. 24). Der Titel des Buches gibt also Hipps Anliegen sehr genau wieder: *»Person« in Christian Tradition* – dasselbe gilt für den Untertitel (»A Systematic Study of the Concept of Person as Illuminated by the Mysteries of the Trinity and the Incarnation«), da Hipp ja der Überzeugung ist, das theologische Wissen verhindere die philosophischen Überlegungen nicht, sondern es »erhelle« sie (vgl. S. 13 Anm. 16: »It is a presupposition here that the truths of theology are able to shed light upon philosophical considerations«). Im ersten Teil der Studie (»I. Introduction«) geht Hipp auf die verschiedenen historischen Momente der »christian tradition« ausführlich ein: Konzil von Nicäa (325), die Kappadokier (Basilius von Caesarea († 379), Gregor von Nyssa († nach 394) und Gregor von Nazianz († 390)), erstes Konzil von Konstantinopel (381), Nestorius († ca. 451), Kyrill von Alexandria († 444), Konzil von Ephesos (431), Konzil von Chalkedon (451), Boethius († 524), zweites Konzil von Konstantinopel (553), drittes Konzil von Konstantinopel (680–681), viertes Konzil von Konstantinopel (869–870), Gilbert von Poitiers († 1145) und Richard von Sankt Viktor († 1173). Im zweiten Teil beschäftigt er sich mit Albert dem Großen (»II. The Notion of Personality in Saint Albert the Great«). Dazu kommt noch ein dritter Teil als zusammenfassender Überblick (»III. Synthesis and Overview«). Hipp präsentiert Alberts Personbegriff – nicht ganz zu Unrecht – als Paradigma des christlichen Personverständnisses (S. 17: »since he, perhaps better than any other medieval author, synthesizes the many metaphysical facets involved in the consideration of person«), seine Studie somit – schon im Titel – als ein Albert-Buch (*»Person« in Christian Tradition and the Conception of Saint Albert the Great*), welches allerdings keine Darstellung der Position Alberts als einer bloß historisch ›vergangenen‹ bietet, sondern vielmehr als einer Position, deren »dauernder Wert und rationale Solidität« (»perennial value and rational solidity«) hervorgehoben wird (vgl. S. 18). Ja, Hipp präsentiert seine eigenen Thesen als eine Entwicklung der Position Alberts (vgl. S. 19: »... our thesis represents a theological development of elements especially present in the writings of St. Albert«). Bei der Untersuchung wird eine »analytische« Methode verwendet, welche ja »begriffliche Präzision« (»conceptual rigor«) anstrebt, um Mißverständnisse bzgl. der zentralen christlichen Glaubensartikel zu vermeiden (»misapprehension of the central articles of Christian faith«) (S. 9; vgl. S. 26 Anm. 38). Der Autor selbst spricht von einer »spekulativen Analyse«, ja »Zerlegung«, der in der Formulierung der theologischen Dogmen der Trinität und der Inkarnation traditionell verwendeten Begriffe‹ (vgl. S. 10: »a speculative dissection of philosophical concepts employed in the elaboration of theological truths«). Es handelt sich dabei um eine ›beschreibende‹ Methode, welche die zu erläuternden Begriffe nicht von der Untersuchung selbst ›genetisch‹ hervorbringen läßt, als solche nämlich, die in der Entwicklung der Sache selbst ihren notwendigen Platz bekommen, sondern es verhält sich eher umgekehrt: Die bereits ›vorhandenen‹, durch die Tradition ›vor-gegebenen‹ Begriffe werden beschreibend analysiert, ja mit Hilfe von zahlreichen graphischen Darstellungen (55 an der Zahl!) ›wieder-gegeben‹. Diese Verbildlichung der begrifflichen Unterscheidungen ist für Hipp jedoch unumgänglich, damit der Leser – von dem ja eine enorme Geduld verlangt wird – in der großen Vielfalt der in den verschiedensten historischen Kontexten gründlich ›sezierten‹ Begriffe den Überblick überhaupt nicht verliert. An der Studie von Hipp ist vor allem die dezidierte Deutung des Personverständnisses Alberts – und damit desjenigen der christlichen Tradition überhaupt – im Sinne dessen, was man später als »aristotelisch-thomistische Metaphysik« bezeichnen wird (vgl. S. 20) – im Sinne eines Verständnisses nämlich, das Hipp von dem der platonischen Tradition abhebt. An dieser werden vor allem zwei Momente kritisiert: einerseits die Entwertung der Individualität, ja der Bestimmtheit überhaupt. »Die Grenze, die Negation« – so schreibt Hegel in seinen *Vorlesungen über die Geschichte der Philosophie* über die Metaphysik des Parmenides, den Platon selbst bekanntlich als den Vater seines Idealismus erkannt hat (vgl. *Sophistes*, 241d) –, »die Bestimmtheit in jeder Form, das Individuelle, Einzelne, also das Negative ist gar nicht.« Kennzeichnend für den Platonismus ist – andererseits – die Entwertung der Existenz: Das ›eigentliche‹ Sein wird ja mit dem Wesen identifiziert, es hat somit mit der bloßen (!) Existenz so gut wir gar nichts zu tun, welche ihm ja als etwas Fremdes von außen zu-kommt, welche ›eigentlich‹ bloßer ›Abfall vom Sein (= vom Wesen) ins Nichts‹ sei. Hipp spricht in diesem Zusammenhang von »der für Platons *Sophistes* kennzeichnenden essentialistischen Position« (S. 103 Anm. 286: »the essentialist position proper to the ›Sophist‹«), die am Wesen sozusagen ›klebt‹ (Anm. 286, vgl. S. 102: »an ontology unable ever to exit from essentiality«) und damit den Wert des Individuellen – Ausdruck ja der Liebe Gottes zu einem jeden einzelnen seiner Kinder – übersieht (vgl. S. 530: »The irreductible value of the individual is something practically imperceptible by the metaphysician inevitably plunged in the world of essences and universals. Yet the individual, as manifested in the revelation of God's incomprehensible love for every one of his children, is that which is most precious and worthy of respect«). Schon die Kappadokischen Väter bezeichneten die Person hingegen als ὑπόστασις, ein Ausdruck, der ja nichts anderes als ›reelle, solide Basis‹ bedeutet (vgl. S. 35: »a base or ›foundation‹«; »the most consistent reality«), und zwar – im Unterschied zur οὐσία als dem Allgemeinen-Abstrakten – ein als Konkretes Reelles (vgl. S. 39: »ὑπόστασις is the οὐσία insofar as concretized in objective reality«). Wo das bestimmende Element τὸ ἴδιον, τὸ ἰδίαζον, vgl. S. 40–46) fehlt, da kann eben nichts sein (vgl. S. 49–50: »The originality of the Cappadocians lies in using the word ὑπόστασις to designate the person in distinction from substance. [...] This distinction between οὐσία and ὑπόστασις [...] represents a cultural and philosophical rupture with the ancient Greek perspective, inasmuch as it places a primordial (an ontological) value upon the individual, in contrast to the Greek philosophical conviction that universals have the preeminent claim to ›truth‹, and upholds the profoundly Christian vision of the intrinsic worth (i.e. perfection) of every person«). Für das lateinische Mittelalter blieb vor allem Boethius grundlegend, der ebenso »einen eher realistischen Standpunkt« vertritt (vgl. Anm. 286, S. 103: »the rather realist Boethian perspective«), der insbesondere von Albertus Magnus und Thomas von Aquin weitergeführt werden wird. Im Gegensatz zum idealistischen Seinsverständnis wird das ›esse‹ dabei nicht als die allgemein-abstrakte ›essentia‹ oder ›natura‹ des Dinges aufgefaßt, sondern als der dieser hinzukommende »Akt des Existierens« (S. 102 Anm. 286: »the fact of existing«; »the actual existence of a nature«; S. 103 Anm. 286: »act of an essence, that is, the act which poses a nature in reality«; »the actuality«). In diesem Zusammenhang verwendet Boethius den Ausdruck ›subsistentia‹, der ja ein real, selbständig existierendes Etwas bezeichnet (S. 124–127: »›subsistentia‹ designates every entity which really exists, the ›per se‹ and independently existing nature«; vgl. S. 115: »the subsistent – being nothing other than the same essence with its ›actus essendi‹«). Bestimmtheit und Existenz gehören also wesentlich zum Seinsverständnis der realistischen Metaphysik (S. 130 Anm. 372: »to exist [...], an existential mode proper to the concrete nature«), nach der das Sein nur entsprechend einer ›bestimmten Eigenschaft‹ empfangen bzw. besessen werden kann, durch welche das Seiende ja zu etwas von allen anderen Seienden Unterschiedenem wird – im Fall der rationalen Natur nämlich zu der jeweiligen Person als einem jeweilig, ja ›jemeinig‹, Einzigartigen (»incommunicabilis«) [vgl. S. 130–131 Anm. 372: »This is because the entitative act of being which is received (or, in the case of God, simply possessed) by a nature (which is now the supposit because of its actualization and possession of being) is received (or possessed) according to a particular property by which the nature (supposit) is uniquely distinguished from every other supposit«]. Eben diesen Aspekt gibt nun die berühmte Person-Definition des Boethius wieder: »persona est substantia individua naturae rationalis«, welche ja mit der des Richard von Sankt Viktor (»persona est substantia incommunicabilis«) letztlich doch identisch sei (vgl. S. 175). Albertus Magnus – freilich nicht nur er, sondern auch andere mittelalterliche Theologen, etwa der erwähnte Richard von Sankt Viktor – werden in diesem Zusammenhang von der ›proprietas personalis‹ sprechen, durch die (bzw. in der) die rationale Natur empfangen bzw. besessen wird – als das nämlich, was der Person ihr ›unterschiedenes Sein‹ verleiht, um sie dadurch eben als solche zu konstituieren: »personalis proprietas« – schreibt Albert in diesem Sinne in der späten *Summa theologiae* – »est in persona sicut in eo cui confert esse distinctum« (I, tr. 9, q. 39, c. 2, a. 1, ad 12; editio Coloniensis, Bd. XXXIV, S. 298; vgl. Hipp, S. 450; vgl. noch S. 283: »Albert clearly affirms that person signifies, in addition to substance, the distinguishing ›proprietas‹ founding that singularity«). Diese zentrale Rolle der Individualität, ja der Bestimmtheit überhaupt im Werk Alberts, die Stephen A. Hipp – zu Recht – besonders betont (vgl. insbesondere S. 301; 313; 348; 364; 383; 475), zeigt deutlich, inwieweit die seit den 80er Jahren unternommenen Versuche, seine Metaphysik als die Grundlage der stark platonisch-idealistisch geprägten Metaphysik der ›Deutschen Dominikanerschule‹ zu betrachten, doch zum Scheitern verurteilt sind – denn ein Denker wie Meister Eckhart wird ja genau das Gegenteil fordern: das Ablegen oder gar die ›Vernichtung‹ der ›Eigenschaft‹ (›proprietas‹), damit das Sein als das ›Unterschiedslose‹ (›indistinctum‹) ›im‹ Menschen aufkommt. Hipps Lektüre Alberts im Lichte der christlichen Tradition zeigt somit vor allem eines: Gelegentlich ist es besser, wenn alles beim Alten bleibt.

Andrés Quero-Sánchez

OLDŘICH PŘEROVSKÝ (Ed.): *Huguccio Pisanus: »Summa Decretorum«. Tom I Distinctiones I – XX,* (Monumenta Iuris Canonici. Series A: Corpus Glossatorum 6/1), Città del Vaticano: Biblioteca Apostolica Vaticana 2006 . – 372 S. – ISBN 88–210–0804–5. – € 110.

Die wirklichen Leistungen und Erfolge in der Kirchlichen Rechtsgeschichte bieten kritische Editionen, in denen das Material der bislang auffindbaren Handschriften eines Werkes aus dem Mittelalter einer kritischen Bearbeitung unterzogen ist. Solche verläßlichen Werkausgaben geben der historischen Forschung neue Impulse, nicht zuletzt auch zur Revision von Urteilen, die der neuen Quellenlage nicht mehr entsprechen. Eine solche Edition hat nun der Salesianerpater und Kanonist Oldřich Přerovský mit der Herausgabe der ersten zwanzig Distinctiones der *Summa Decretorum* des Huguccio Pisanus vorgelegt. Dabei handelt es sich um den ersten Band einer auf 16 Bände angelegten Gesamtausgabe. Eine kritische Ausgabe der Summe des Bologneser Dekretisten Huguccio zur *Concordia discordantium canonum* des Gratian ist ein seit über 50 Jahren geplantes und nun zu einem ersten Abschluß gekommenes Projekt, dessen Idee im »Institute of Research and Study in Medieval Canon Law« in Washington entstanden ist und das von maßgeblichen Kanonisten, Historikern und Rechtsgelehrten wie Alphons Stickler, Stephan Kuttner, Piet Huizing, Luigi Prosdocimi und Peter Landau gefördert wurde. Von 1983 bis 1995 stellte Professor Dr. Oldřich Přerovský von der Päpstlichen Universität Salesiana in Rom das Editionsmanuskript fertig. Dieser Text wurde nochmals von einigen Experten vor allem auf seine Übereinstimmung mit über 30 Handschriften, vor allem aber mit der Leithandschrift München Clm. 10247.2002 hin gegengelesen. Der einschließlich einer »praefatio« 337 Seiten umfassende lateinische Text mit einem kritischen Apparat bietet eine sorgfältig erarbeitete Grundlage für den zentralen Kommentar zum *Decretum Gratiani*, den der Professor für Kanonisches Recht in Bologna Mitte des 12. Jahrhunderts geschrieben hat, ehe er 1190 Bischof von Ferrara wird und bis zu seinem Tod 1210 dort wirkt. Diese kritische Editionsausgabe enthält über den Text hinaus einen Anhang mit den von Huguccio verwendeten Quellen aus der Heiligen Schrift, aus Konzilsdokumenten, aus den Dekretalen der Päpste, aus der theologischen Fachliteratur, aus dem *Corpus Iuris Civilis* sowie aus seiner Hauptquelle, dem *Decretum Gratiani*. Thematisch beziehen sich die Distinktionen auf das Menschengeschlecht, dem verschiedene Arten des Rechts zu eigen sind (D.1); auf den Begriff der »lex« und seine Verwendung im Rechtswesen (D.2); auf das kanonische Recht im Besonderen (D.3); auf die Entstehung und Anwendung von Gesetzen (D.4); auf die Privilegien und den Unterschied zwischen »ius naturale« und den anderen Rechtsarten (D.5); auf die Feststellung, was Sünde ist und was nicht (D.6); auf die Unterscheidung zwischen geistlichem und weltlichem Recht (D.7); auf das allen zukommende »ius naturale«, das aber nicht in jedem Recht rezipiert ist (D.8); auf das Verhältnis zwischen »ius naturale« und Gewohnheitsrecht (D.9) und auf das Verhältnis zwischen kirchlichem und weltlichem Recht (D.10). Zusammen mit dem Werk von Wolfgang R. Müller, *The Life, Works and Thought of the Twelfth Century Jurist*, Washington 1994, wird die nunmehr im Druck vorliegende kritische Textedition eine lohnenswerte Grundlage für die weiterführende Erforschung der Kanonistik im 12. Jahrhundert sein.

Ilona Riedel-Spangenberger (†), Mainz

Directiones Auctorum

Prof. Dr. Mechthild Dreyer, Lehrstuhl für Philosophie des Mittelalters, Philosophisches Seminar, Johannes Gutenberg-Universität Mainz, D–55099 Mainz

Prof. Dr. Michele C. Ferrari, Lehrstuhl für Lateinische Philologie des Mittelalters und der Neuzeit, Institut für Alte Sprachen, Friedrich-Alexander-Universität Erlangen-Nürnberg, Kochstr. 4/3, D–91054 Erlangen

Prof. Dr. Wolfgang Haubrichs, Lehrstuhl für deutsche Literatur des Mittelalters und deutsche Sprache, Universität des Saarlandes, FR 4.1 Germanistik, Postfach 151150, D–66041 Saarbrücken

Falko Klaes, Fachbereich Sprach- und Literaturwissenschaften (Germanistik), Universität Trier, D–54286 Trier

Prof. (em.) Dr. Raymund Kottje, Historisches Seminar, Philosophische Fakultät, Rheinische Friedrich-Wilhelms-Universität Bonn, Konviktstraße 11, 53113 Bonn

Prof. Dr. Claudine Moulin, Lehrstuhl für Ältere Deutsche Philologie/Sprachgeschichte, Fachbereich Sprach- und Literaturwissenschaften (Germanistik), Universität Trier, D–54286 Trier

Prof. Dr. Michel Perrin, Centre d'Etudes du Moyen Age et de la Renaissance, Faculté des Lettres, Université de Picardie-Jules Verne, Amiens, Chemin du Thil, F- 80 025 Amiens

Prof. Dr. William Schipper, Department of English, Memorial University, St. John's, NF, A1C 5S7, Kanada

Prof. Dr. Georg Wieland, Lehrstuhl für philosophische Grundfragen der Theologie, Universität Tübingen, Katholisch-Theologisches Seminar, Liebermeisterstraße 12, D–72076 Tübingen

The International Society for the Study of Medieval Theology

The Society was founded April 20th 2002 in Frankfurt am Main. "The aim of the Society is to promote the exchange among scholars in the field of medieval theology for the benefit of both research and teaching. The society represents the discipline at public, ecclesiastical and other bodies concerned with the organisation of scholarship. It cooperates with other research institutions, societies and associations engaged with research on the Middle Ages. It hopes to promote the cooperation of researchers within its own discipline and its parts, namely Church History, History of Theology (especially History of Exegesis, History of Spirituality, History of Liturgy, History of Canon Law and Sermon Studies) and with other related disciplines, especially Medieval History, Auxiliary Sciences, History of Philosophy, Art History, History of Music and History of Languages and Literature." (Statutes §1,2)

The Society has been granted the status of a charitable organization.

The Society organizes an annual meeting and cooperates with its members in the hosting and organization of further congresses and publications. The Yearbook *Archa Verbi* and a series of *Subsidia* have been founded in order to promote the discipline and research in all branches of the study of Medieval Theology.

Any scholar in the field can become member of the Society if she or he is recommended by two members and application is accepted by the board of the Society. The membership fee is currently at 50,– for individuals and 100,– for institutions and comprises the subscription to the Yearbook. The reduced membership fee for students is at 10,– . The president of the Society is Fr. Prof. Dr. Rainer Berndt SJ (Frankfurt am Main). The other board members are Dr. Ursula Vones-Liebenstein (Frankfurt) as treasurer, Dr. Pavel Blažek (Prague) as secretary and Prof. Riccardo Quinto (Padova) as writing chairman.

Further information can be obtained at:

Internationale Gesellschaft für Theologische Mediävistik e.V.
c/o Hugo von Sankt Viktor-Institut für Quellenkunde des Mittelalters
Offenbacher Landstraße 224
D–60599 Frankfurt am Main (Germany)
Fon: +49/69/6061–222; Fax: +49/69/6061–307
email: igtm-geschaeftsstelle@gmx.de
homepage : http://www.sankt-georgen.de/igtm/

ARCHA VERBI. YEARBOOK FOR THE STUDY OF MEDIEVAL THEOLOGY
ARCHA VERBI. SUBSIDIA

The Yearbook as well as the Subsidia are published by the International Society for the Study of Medieval Theology. Languages of publication are English, French, German, Italian and Spanish. In the reviews-section of the Yearbook books and other media are discussed which are relevant for the study of Medieval Theology in all its parts.

Archa Verbi accepts articles and short text editions which are in line with the thematic focus of the Society.

In principle all disciplines of research into the Middle Ages (e.g. Church History, History of Exegesis, History of Theology, History of Canon Law, Art History and the Auxiliary disciplines) are considered relevant insofar they further the knowledge of the History of Christianity.

The *Subsidia* series is dedicated to the publication of monograph studies on research projects in the already mentioned disciplines.

The manuscripts received are subject to a double blind peer review, i.e. two assessors charged by the scriptores evaluate the quality of the manuscript. Only the front page of the article may therefore bear the name of the author and also within the body of the article no reference to the identity of the author is to be made.

On the basis of the assessors' opinion the scriptores together with the coetus editionis decide whether the article will be accepted for publication. The decision is made by majority vote with a veto reserved for the scriptores in unanimity.

The annotations of the assessors are sent back to the author together with those of the scriptores and the coetus editionis for a revision of the manuscript. The revised manuscript is discussed by the scriptores together with the expert members of the coetus editionis. The scriptores decide if the revision is accepted.

Further information is to be found at:
http://www.sankt-georgen.de/igtm/Publikationen/ArchaVerbi/Richtlinien.pdf

Manuscripts for *Archa Verbi* are to be sent to:
Prof. Dr. Volker Leppin
Theologische Fakultät
Friedrich-Schiller-Universität
Fürstengraben 6
D–07743 Jena (Germany)
email: volker.leppin@uni-jena.de

Manuscripts for *Subsidia* series are to be sent to:
Internationale Gesellschaft für Theologische Mediävistik e.V.

Books to be reviewed and arrangements for reviews are to be addressed to:
Prof. DDr. Thomas Marschler
Kath. Theol. Fakultät
Universität Augsburg
Universitätsstrasse 10
D–86159 Augsburg